KB188678

넘어져도 괜찮아

무릎 좀 까지면 어때

《每天演好一个情绪稳定的成年人》
作者: 老杨的猫头鹰

Chinese Edition Copyright ⓒ 2019 by China South Booky Culture Media Co.,LTD.
All Rights Reserved.
Korean Translation Copyright ⓒ 2020 by Da Yeon Publishing Co.
Korean edition is published by arrangement with China South Booky Culture Media Co.,LTD.
through EntersKoreaCo.,Ltd.

이 책의 한국어판 저작권은 ㈜엔터스코리아를 통한 저작권자와의 독점 계약으로
도서출판 다연이 소유합니다.
신 저작권법에 의하여 한국 내에서 보호를 받는 저작물이므로
무단 전재와 무단 복제를 금합니다.

넘어져도 괜찮아
무릎 좀 까지면 어때

라오양의 부엉이 지음 | 하진이 옮김

다연
DAYEONBOOK

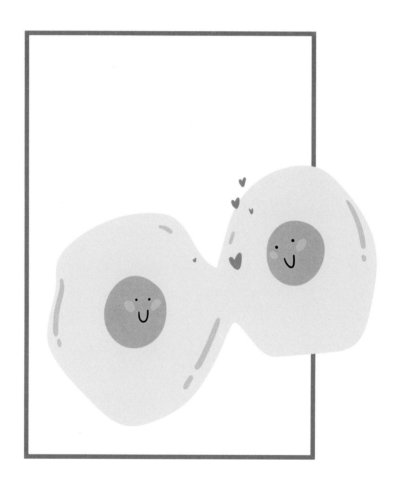

우정이란 무엇인가? 만나자마자 오랜 친구처럼 친해지는 것이며, 그 감정이 변함없이 지속되는 것이다.
사랑이란 무엇인가? 병이 들 만큼 당신을 좋아해서 백약이 무효인 것이다.

세상이 돌아가는 법칙:
당신이 우수해지면 나머지 일들도 덩달아 호전된다.

한 번 놓쳐버린 사람은
당신이 밤낮으로 그리워하고
기억한다고 해서 다시 돌아오지 않는다.

당신이 싫어하는 사람에게 모든 주의력을 집중시킨다면, 진정으로 당신을 아끼고
사랑하는 사람에게는 참으로 불공평한 일이 될 것이다.

이른바 '이를 악물고 버틴다'는 말은 '얼마간의 희생이 필요하다'는 뜻이다.
그러기 위해서는 진심에서 우러나오는 마음으로 희생하며 설령 나쁜 결과를 얻더라도
기꺼이 받아들일 마음의 준비가 필요하다.

당신은 SNS 계정을 바꿀 때마다 캐릭터 설정을 바꾼다.
그래서 매번 새로운 SNS 앱을 개설하면
새로운 인격으로 변신한다.

용기란 무엇인가? 뒤를 돌아보지 않는 것이다.
강인함이란 무엇인가? 좋은 소식을 조용히 기다리는 것이다.

어릴 때는 눈물이
모든 문제를 해결하는 무기이다

하지만 어른이 되면 웃음이야말로
현실에 맞설 수 있는 무기이다

당신은 훌륭한 연기자이다. 특히 즐거운 척 거짓으로 꾸밀 때는 그야말로 '사랑만 받고 자란' 사람이라는 인상을 준다. 당신은 무표정한 모습으로 귀여운 이모티콘을 누르고, 또 차가운 표정으로 '하하하'라고 글 올린다.

당신의 겉모습은 고분고분한 '예스맨'이지만, 그 내면은 최고의 '말대꾸쟁이'이다. 입으로는 항상 "네"라고, "마음대로 하세요"라고 말하지만 속으로는 '그게 말이 돼?' 하며 반감을 품는다. 남들에게는 '흔쾌히 도움을 베푸는' 느낌을 주지만 내심 '귀찮아 죽겠어'를 부르짖는다.

당신은 가끔 사랑에 빠지지만 지속적으로 유지하지 못한다. 본래는 가장 좋은 나이대에 가장 좋은 사람을 만날 거라고 여겼지만 현실은 다르다. 가장 좋은 나이대에 들어섰지만 주변 사람들이 한결같이 변변치 않게만 보인다. 한때는 이렇게 자신을 속이기도 했다.

'지나갈 테면 지나가라지. 원래 좋은 것은 항상 상자 깊숙이 숨겨두는 법이니까!'

하지만 나중에서야 깨닫는다, 자신의 상자는 바닥을 알 수 없을 만큼 깊다는 것을.

필요한 물건은 항상 어디에 뒀는지 까먹기 일쑤다. 반면에 잊고 싶은 안타까운 일은 제아무리 잊으려 해도 잊을 수가 없다. 마치 '과거'에 잘 가라고 이별주를 따라주려고 하는데 과거란 놈은 이렇게 말하는 듯하다.

"미안해서 어쩌지요? 오늘은 운전해야 해서 음주는 안 됩니다."

본래 당신은 벼랑 끝에서 되살아나는 기사회생을 꿈꿨지만 결국은 벼랑 아래로 추락하는 신세가 되고 말았다. 물론 노력해서 우수해지려고도 했다. 하지만 '아무것도 하지 않는' 편안함은 '내가 한 말은 꼭 해낸다'는 고통스러움을 간단히 이기고 만다. 인생의 승자가 되기를 원하지만 '노력해봤자 소용없다'는 좌절감은 '난 반드시 할 수 있다'는 확신을 짓뭉개고 만다.

당신의 몸속에는 자신을 싫어하는 당신이 살고 있다. 당신의 친근한 미소 뒤로는 따분함을 이기지 못해 연거푸 쏟아지는 하품이 숨어 있다.

누군가가 단톡방에 악담을 쏟아내면 자신을 두고 하는 말이라고 여긴다. 누군가가 몇 마디 칭찬의 말을 건네면 내내 그 말을 곱씹는다. 누군가가 무심코 비판 몇 마디 하면 마치 칼에 찔린 것처럼 가슴이 저리다. 당신이 보낸 메시지에 회신이 안 올 때는 두 번 다시 그에게 메시지를 보내지 않는다. 가장 친한 친구도 당신이 무슨 걱정을 하는지 알지 못한다. 엄마조차도 당신이 왜 괴로워하는지를 모른다.

당신은 어른이 된다는 것이 참 김빠진 일이라고 생각한다. 마음을 설레게 하는 일들은 찾아볼 수 없고 속상하고 짜증 나는 일만 끊임없이 일어난다. 또 이제는 즐거운 일도 그다지 즐겁다는 생각이 들지 않고 불쾌한 일도 그렇게 불쾌한 일은 아니라는 걸 알게 된다.

당신은 항상 스스로 선택한 인생을 놔두고 또 다른 인생을 부러워하며 당초의 선택을 후회한다. 마음속에서는 항상 이런 생각이 떠오른다.

'만일 그때 ~했다면 얼마나 좋았을까?'

당신의 장점은 '잘못을 고칠 줄 아는 것'이지만 대신 '한 번도 자신이 틀렸다고 생각하지 않는' 단점이 있다. 주특기는 '잘못을 반성하며 근신하는' 것이지만 정작 '잘못은 항상 남들이 저지른다'고 여긴다.

당신은 삶에 머리를 숙이고 순종해야만 생활이 좀 더 편해질 수 있다고 스스로를 설득한다. 하지만 삶은 오히려 횡포를 부리며 무릎까지 꿇으라고 강요한다.

당신은 소셜미디어 계정을 바꿀 때마다 캐릭터 설정을 바꾼다. 그래서 매번 새로운 SNS 앱을 개설하면 새로운 인격으로 변신한다.

당신은 시간은 그저 모든 병을 완치시킬 수 있다고 떠벌리는 돌팔이 의사에 불과하다는 사실을 깨닫는다. 점점 녹록지 않은 삶의 고단함, 현실의 야박함, 인간관계의 어려움을 깨닫고, 나는 '지극히 평범한 인간'에 불과하다는 비애와 '내가 뭘 더 할 수 있겠어?'라는 무력감을 느낀다. 지금까지 특별히 손에 쥔 것도 없었지만 앞으로도 딱히 퇴로를 찾을 수가 없다. 그저 제자리에서 맴을 돌며 불안에 시달릴 뿐이다.

살찌는 건 쉽지만 그 외에는 도무지 쉬운 일이라곤 하나도 없는 것이 바로 삶의 본질이다!

어차피 당신이 3일 연속 밤샘 근무를 하든 말든 위층 집의 천방지축 장난꾸러기 아이는 여전히 쿵쾅거리며 날뛸 것이고, 또 옆자리 연인들은 당신이 우울하든 말든 시시덕거리며 당신의 염장을 질러댈 것이며, 부인 혹은 남편

살찌는 것은 쉽지만 그 외에는 도무지 쉬운 일이라곤 하나도 없는 것이 바로 삶의 본질이다!

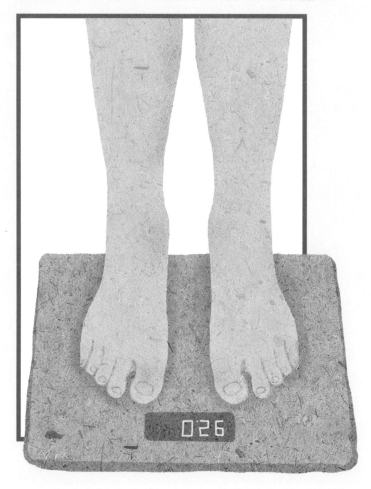

은 당신에게 방해가 되든 말든 밤늦도록 TV를 시청할 것이고, 상사는 당신이 기분 나빠하든 말든 기획안을 수월하게 승인해주지도 않는다⋯⋯.

당신이 절망에 무너지는 순간들, 당신을 불안에 빠뜨리는 일들, 당신이 도저히 헤쳐갈 수 없다고 느끼는 난관들은 어차피 당신 힘으로 견뎌 나아가야 한다. 모든 것이 속수무책인 현재와 원한 대로 이루어진 내일 사이에, 온 세상을 가득 채우는 근심 걱정과 뜻하는 대로 문제가 해결되는 순간 사이에는 아직 많은 시간이 남아 있다.

이 세상 곳곳에는 눈에 보이지 않는 투명한 장벽이 당신을 가로막고 있다. 어차피 뚫고 나가야 하는 거라면 온몸으로 부딪쳐라. 기껏해야 엉덩방아 찧는 것 말고 더 있겠는가?

학창 시절을 끝내도록 첫사랑의 추억을 만들지 못했어도 괜찮다. 사회생활을 하면서 마음을 터놓고 이야기할 친구가 손으로 꼽을 정도여도 괜찮다. 다만 마음속으로는 '무료하고 따분한 모임, 지겨운 화제'라고 업신여기면서도 누군가가 당신을 그 모임에 초대해주기를 내심 바라고 있을 것이 걱정스럽다.

우주선을 만들지 못하고, 회사를 창업하지 못해도 상관없다. 재능이 변변치 않고 외모가 수더분해도 그다지 중요하지 않다. 다만 당신은 강가에서 물고기를 얻기를 바라기만 하고 실제로는 아무런 행동도 하지 않으면서 정작 열심히 낚시하며 물고기를 잡는 사람들이 빈손으로 돌아가기를 기다리고 있는 건 아닌지 걱정스럽다. 당신은 그물을 손질하며 물고기를 잡을 준비도 하지 않으면서 그저 하늘에서 물고기가 쏟아지기를 바라고 있는 건 아닌가 하고 말이다.

안정적이고 평화로운 삶을 원하는 것도 좋다. 노력하기를 좋아하고, 권력과 재물을 좋아하는 것도 좋다. 다만 입으로 '나 자신을 소중히 여길 것이다'라고 말하는 것도 당신이고, 자신을 깊은 낭떠러지로 떠미는 것도 당신이며, 주먹을 불끈 쥐고 이 세상과 한판 승부를 벌이려고 하는 것도 당신이고, 한번 승부에 투항해버리는 것도 당신이 될까 봐 걱정스럽다.

성장에서 가장 중요한 임무는 자신을 닦달하며 채찍질하는 게 아니라 어깨에 짊어진 짐을 덜어주는 법을 배우는 것이다. 정서를 안정시키는 데 가장 중요한 일은 자기 자신과의 화해이지 이 세상의 모든 것과 대적하는 게 아니다.

신이 문을 닫았다면 창문까지 닫아걸지 않도록 발로 힘차게 그 문을 박차고 뛰쳐나가라. 운명이 당신의 목을 틀어쥐고 놓아주지 않는다면 운명이 공평하지 않다고 하소연할 것이 아니라 신의 손목을 비틀어라.

"추가 근무로 못 간 여행을 언제 또 시간 내서 가지?"라고 투정을 부리지 말고 대신 이렇게 자신에게 물어라. "게으름 피우느라 기울이지 않은 노력을 언제 보충하지?"라고 말이다. 또한 남들이 놀고 게으름 피우고 흐지부지 산다고 해서 당신도 안심하고 시간을 낭비해서는 안 된다. "나는 나무꾼이고 그들은 목동이다. 그들과 온종일 논다면 그들의 양은 실컷 풀을 뜯어 먹을 수 있지만 내 땔감은 언제 모을 것인가?"라고 수시로 자신을 일깨우라.

당신이 꾸준히 내면의 성장을 이룬다면 언젠가는 두각은 나타내게 될 것이다. 하지만 그저 쾌락과 향락만을 좇는다면 더욱 깊은 구덩이로 빠져들 것이다!

마음을 다스리는 것은 그저 참고 견딘다고 해서 해결되지 않는다. 얻었다가 잃는 일을 반복하며 차분하게 설명하고 또 행동으로 옮기며 밥도 잘

먹고 잠도 잘 자야만 되는 일이다.

마음을 다스리려면 반드시 실행 가능한 목표가 있어야 한다. 예컨대 오늘은 직장에 지각하지 않거나 학교에 게임기를 가져가지 않거나 친구랑 대화를 나누는 등의 그날그날 실현 가능한 목표를 세우는 것이 좋다. 그저 '나중에 돈을 벌면' 혹은 '나중에 시간이 생기면' 등의 토를 달아선 안 된다.

당신은 평범한 취미를 가져야 한다. 근처 맛집에서 소문난 음식을 먹는 등의 일상적인 취미가 안성맞춤이다.

또 아침에 일어나면 오늘 해야 할 가장 중요한 일이 무엇인지 정해야 한다. 가령 연습 문제 몇 페이지를 푼다거나 어제 하다 만 일을 완수한다든가 누구에게 사과한다든가 누구랑 영화를 보러 간다든가 하는 식의 목표가 좋다.

또 자신을 위해 단기적인 목표를 세우고 성취감을 느껴야 한다. 그래서 무료한 일상에 뜻밖의 즐거움과 형식미를 첨가하는 것이 좋다. 그렇게 해야만 요원하기만 한 꿈과 주변에 지뢰밭처럼 깔린 나쁜 정서에 무너지지 않을 수 있다.

그렇게 할 수 있다면 당신의 울음소리는 '소음 모드'로 전환하고, 당신의 정서는 '비행 모드'로 조절할 수 있다. 또 당신을 추켜세워주는 사람이 없을 때는 장난스럽게 자기 조소를 할 수 있고, 눈에 보이지 않는 손해를 봐도 의롭게 나서서 옆 사람을 도울 수 있고, 인정을 받지 못해도 마음이 흔들리지 않으며, 주변의 응원을 받지 못해도 자신의 본성을 잃지 않는다.

그렇게 할 수 있다면 향락에 몸을 맡겨도 그 속에 빠져들지 않으며, 야심만만한 포부를 가지되 잔꾀로 성공을 꾀하지 않으며, 욕망에 사로잡혀도 결코 방종하지 않는다. 설사 눈앞에 아득한 황무지가 펼쳐 있더라도 개

척자처럼 언젠가는 그 황무지가 기름진 옥토로 변하고 수많은 사람으로 북적거릴 것을 기대하는 것이다!

그렇게 할 수 있다면 자신이 무엇을 원하는지, 지금 가장 중요한 일이 무엇인지도 명확하게 알게 될 것이다. 그래서 모두가 주관 없이 남들이 하는 대로 따라 하더라도 당신은 굳건히 지킬 것이며, 남들이 세파에 휩쓸려도 당신은 자신이 무엇을 열망하는지 명확하게 알고 있을 것이다.

마음이 복잡하면 휴가를 내고, 마음의 병이 있으면 병가를 내라. 비참하고 의기소침해지면 그렇게 하라. 그 대신 다시 정신을 차리고 힘을 내야 한다!

운명은 본래가 그렇다. 세상의 진실하고 선량하고 아름다운 모습을 보여주면서도 동시에 거짓되고 악하고 추한 것과 마주치게 한다. 기약 없이 찾아오는 따듯함을 느끼게도 해주고 또 기약 없이 떠나가는 이별을 맛보게 한다. 또 관심과 사랑을 원하지만 끝내 얻을 수 없게 하고, 잃었다가 되찾는 감동도 준다. 그 때문에 당신은 사방팔방에 도사리는 위험과 악의를 감수하는 법을 배워야 하고, 동시에 인생이 갖은 우여곡절을 겪게 해주면서도 또 다른 탈출구를 준비해주는 것에 감사하는 법을 배워야 한다.

인생은 본래가 그렇다. 당신을 좋아하는 사람도 있고 반면에 싫어하는 사람도 있다. 또 누군가는 당신의 능력을 높이 사며 중시하는가 하면 또 누군가는 당신을 얕보며 무시한다. 또 당신을 칭찬하는 사람이 있는가 하면 당신을 비판하는 사람도 있다. 그러므로 당신을 좋아하는 사람들로부터 받는 기쁨으로 남에게 미움받는 우울함을 잠재우라. 또 능력을 인정받는 데서 오는 자부심으로 누군가에게 무시당하는 데서 오는 불안감을 제압하라. 그리고 칭찬이 주는 충족감으로 비판이 주는 좌절감을 지워버려라.

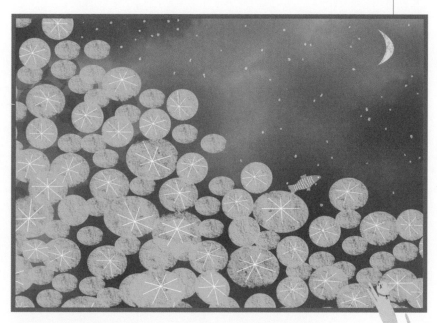

신이 문을 닫았다면 창문까지 닫아걸지 않도록 발로 힘차게 그 문을 박차고 뛰쳐나가라.

운명이 당신의 목을 틀어쥐고 놓아주지 않는다면 운명이 공평하지 않다고 하소연할 것이 아니라

신의 손목을 비틀어라.

이 세상을 살아가는 사람으로서 이 세상이 당신을 걱정하며 마음 졸이도록 만들지는 마라.

나이 한 살을 더 먹는 생일 축하나 새로운 1년을 맞이하는 새해 인사는 무작정 당신의 행복을 기원하지 않는다. 고달프고 힘든 사랑을 겪으면서도 여전히 '이 세상은 살 만하다'라고 느끼는 당신의 성숙을 축하해주는 것이다.

고되고 힘든 노력을 기꺼이 받아들이며 행복을 가꿔 나아가길 바란다.

랴오닝 션양에서
랴오양의 부엉이

이 세상 곳곳에는 눈에 보이지 않는 투명한 장벽이 당신을 가로막고 있다.
어차피 뚫고 나가야 하는 거라면 온몸으로 부딪쳐라.
기껏해야 엉덩방아 찧는 것 말고 더 있겠는가?

[Preface] _11

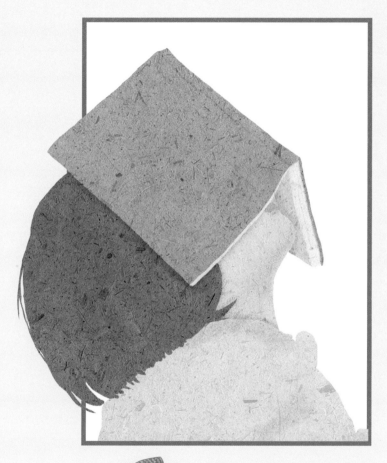

당신이 "마음에 두지 말라"고 아무리 조언해줘도
그 말을 듣는 상대방의 선택은 둘 중 하나이다.
그 말을 마음에 담아두거나 그 말에 내내 연연하거나!

PART 1

그래, 어른이 된다는 건
참 김빠지는 일이야

오늘도
아무렇지 않은 척
꾸미다

나는 줄곧 세 살배기 어린아이들은 그 어떤 고민거리도 없을 것이라고 여겼다. 친구로부터 이런 일화를 듣기 전까지는 말이다. 언젠가 친구는 길거리에서 부리나케 스쿨버스를 향해 달려가다 그만 땅에 곤두박질친 여자아이를 보았다. 그런데 여자아이는 울지도 않고 침착하게 일어나서는 옷에 묻은 흙먼지를 털어내며 이렇게 투덜댔다는 것이다.

"에잇, 넘어져 죽어버렸으면 얼마나 좋을까? 그럼 유치원 안 가도 되는데."

나는 줄곧 안정적인 수입과 행복한 가정을 꾸린 사람들은 항상 만족스러운 삶을 살 것이라고 여겼다. 누군가 이런 이야기를 들려주기 전까지는 말이다. 그는 언젠가 고급 레스토랑의 통로에서 30대 중반의 남성이 통화하는 모습을 보았다. 그 남성은 인내심을 시험하기라도 하듯 자신의 허벅지를 꼬집어대면서도 매우 공손한 말투로 누군가와 통화하고 있었다. 얼굴빛은 짜증으로 폭발하기 직전이었지만 전화 통화를 하는 그의 말투는 지극히도 공손하고 상냥했다.

"그래요, 사장님. 복사하려면 'ctrl+c'를 누르고, 붙여넣기는 'ctrl+v'를 치면 됩니다. 집의 컴퓨터에서 'ctrl+c'를 누르고 다시 회사 컴퓨터에서 'ctrl+v'를 치면 소용이 없어요. 네네, 똑같은 그림도 안 됩니다. 아니요, 아무리 비싼 컴퓨터라도 그건 불가능해요."

'이 세상에 힘들지 않은 사람은 없다'는 말이 참말인 듯싶다.

우 선배가 사무실 책상에 엎드려 자고 있었다. 나는 지나가다 살그머니 책상을 두드리며 나지막한 목소리로 깨웠다.

"선배, 빨리 일어나요, 곧 사장님 오실 거예요."

우 선배는 허둥지둥 상체를 들어 올리다 그만 책상 위의 물컵을 엎고 말았다.

다행히 근무 시간에 졸았다는 사실을 사장님에게 들키지 않은 선배는 나에게 '생명의 은인'이라고 문자를 보냈다. 나는 걱정스러운 마음에 앞으로는 저녁에 일찍 자라고 당부하는 메시지를 보냈다가 선배의 회신에 그만 웃음보를 터뜨리고 말았다.

"아니야, 일찍 잠자리에 들었는데 밤새 악몽에 시달렸단 말이야. 꿈속에서 수많은 사람이 나를 때려죽이겠다고 몽둥이를 들고 달려오잖아. 놀래서 깼다가 다시 잠들었는데 글쎄 그 사람들이 또 꿈에 나타난 거 있지? 이번에는 '감히 또 돌아와!'라면서 또 나를 죽이려고 들잖아. 결국 밤을 꼬박 새우고 말았어."

한바탕 배꼽을 쥐고 웃었지만 그 꿈이 실상은 그녀의 넉살 좋은 거짓말이라는 사실을 난 잘 알고 있다. 선배는 분명 어제도 밤늦게까지 야근을 하고 퇴근한 것이 분명했다. 그도 그럴 것이 어제 퇴근 시간 무렵 사장에게서 한바탕 호되게 야단맞는 것을 모든 직원이 함께 숨죽여 엿들었기 때문이다.

사장의 고함 소리는 그야말로 대포 소리 같았다. 마치 지구 반대편 남극에 사는 펭귄들까지도 들으라는 듯 이렇게 소리쳐댔다.

"자네의 그 빌어먹을 업무 태도 때문에 우리 회사가 언젠가는 망하고말 거야. 내일까지 새로운 방안을 제출하지 못한다면 사표 쓸 각오해!"

사장실에서 나오던 선배의 눈은 빨갛게 충혈되어 있었지만 그녀는 '오늘도 날씨가 참 좋네요'라는 식의 예의 바른 미소를 짓고 있었다. 마치 좀전에 사장에게 폭풍 질타를 맞은 것이 아니라 그저 흉금을 터놓고 정겨운 대화를 나누고 나온 것처럼 말이다.

우 선배는 일상생활에서 큰 사고를 치든 회사에서 큰 실수를 저지르든 언제나 '하늘이 무너져도 솟아날 구멍이 있다'는 식의 태연자약한 태도를 보였다. 마치 중요한 비즈니스 파티에서 발에 꼭 끼는 새 구두 때문에 발꿈치가 다 까져 피가 나는데도 우아하고 침착한 미소를 잃지 않는 사람처럼 말이다.

"허구한 날 사장에게 야단만 맞고 억울해 미치겠어. 돈 벌려고 회사 다니는 것이 아니라 고통스러운 대가를 치르려고 다니는 것 같아."

동료가 그녀에게 원망을 늘어놓을 때도 선배는 항상 이렇게 다독였다.

"회사에서 월급을 주는 이유가 뭔데? 그만큼 일하는 게 힘들고, 그만큼 고생하니까 주는 거지. 놀고 즐기기 위해 회사 다니는 거라면 오히려 우리가 사장에게 월급을 줘야 하지 않겠어?"

나는 선배에게 이렇게 물은 적이 있다.

"선배는 힘들지도 않아요? 사장이 오해한 거라고 자초지종을 설명하거나 아니면 억울하다고 원망이라도 늘어놔야지?"

선배는 대수롭지 않은 듯 말했다.

"그래 봤자지. 사장에게 중요한 건 오로지 그 일의 결과일 뿐이야. 내가 그 일을 위해 몇 날 며칠 야근을 하며 매달렸다는 것은 안중에도 없어. 게다가 내가 울고불고 힘들어해봤자 관심 가져주는 동료들도 없어. 모두가 그저 겉으로 드러나는 모습에만 관심을 둘 뿐이야. 결국 모든 짐은 나 혼자서 짊어져야 해. 다른 사람한테 눈물 콧물 짜면서 하소연할 바에야 차라리 배짱 좋은 여장부 흉내를 내는 것이 낫지."

선배는 이어서 말했다.

"지난 몇 년 동안 직장생활하면서 내가 얻은 가장 큰 소득이 뭔 줄 알아? 이젠 억울하게 야단맞고 기분이 엉망진창이 되더라도 하소연할 사람을 찾지 않게 된 거야. 한번은 아무도 없는 곳에서 한바탕 대성통곡하려고 아무렇지도 않은 척 웃으면서 팔층까지 올라간 적도 있는걸."

여기까지 이야기를 늘어놓던 선배는 환하게 웃으며 말했다.

"그래서 난 어떤 일을 당해도 절대로 의기소침해하거나 울적한 표정을 짓지 않아. 그래봤자 사람만 위축될 뿐이야!"

그렇다. 겉으로 보기에는 차분하고 침착해 보이는 사람들은 실상 내면에는 강인한 인내심을 지니고 있다. 그들은 온몸을 휘감는 슬픔이나 실망이 엄습하더라도 이내 스스로 마음을 다독인다. 소극적인 정서에 휘둘리지 않기 위해 마치 단 한 방울의 물도 새지 않도록 병마개를 꾹꾹 눌러 잠그는 것처럼 정신을 가다듬는다. 그러고는 다시 사람들 속으로 들어가 태연하게 오늘 하루의 일상을 살아간다.

어른이 되는 과정에서 가장 중요한 것은 자신을 드러내기를 멈추고 대신 감추는 법을 터득하는 것이다.

그렇다면 당신은 어떠한가?

평소에는 느리고 여유로운 삶을 즐기면서도 정작 배달 음식이 조금만 늦어도 노발대발 화를 내는 사람이 있다. 아침에 출근할 때만 해도 주변 사람들에게 오늘 하루도 즐거움을 가져다주는 작은 천사가 되어야지 하고 다짐하면서도 막상 업무가 시작되면 온통 신경질과 짜증으로 똘똘 뭉친 폭군으로 변하는 사람도 있다. 삶에 자신감으로 가득 차 있다가도 어느 한순간 좌절감에 빠져 헤어 나오지 못하는 이도 있다. 일단 자신감이 무너지면 자신이 할 수 있는 것이 아무것도 없다는 패배 의식에 시달리고, 또 일상생활의 사소한 걸림돌에도 그대로 주저앉고 만다! 심각한 경우에는 정서적 불안감을 이기지 못해 주변 물건을 마구 내던져 박살 내거나, 스스로 건물에서 뛰어내리거나, 대로에서 자동차의 가속기를 마구 밟아 폭주하거나, 급기야 무고한 행인을 흉기로 해치는 이들도 있다.

여기서 내가 하고 싶은 말은, 애초 분노와 좌절을 가져온 원인보다는 그러한 감정을 터뜨린 결과가 훨씬 심각하고 처참하다는 사실이다. 예컨대 종종 사소한 마찰이 대판 싸움으로 번지는 경우가 많다. "오늘은 반찬이 너무 짜다"라고 한마디 불평을 늘어놨다가 "이번 달 저녁밥은 무조건 외식이야!"라는 결과를 초래하거나 "왜 나를 이해 못 해주는데?"라는 불평 한마디가 결별로 이어질 때가 많다.

그래서 나는 제발 자신의 감정 섞인 표정과 말로 다른 사람의 감정과 생활에 영향을 미치지 말라고 강조하고 싶다. 유대관계가 약한 인간관계에

그 어떤 감정도 잠시 숨을 들이켜며 호흡을 정리하다 보면
진정되는 법이다. 그래도 정리되지 않는다면
한 번 더 호흡을 조절하면 된다! 불룩 튀어나온 배를
감추고 싶으면 있는 힘껏 숨을 들이켜라.
그래도 감춰지지 않으면 한 번 더 숨을 들이켜라.

서는 인내가 최고의 미덕이다. 자신의 일시적인 분노로 주변 사람을 도발해서는 안 된다. 인생에서 양보와 인내는 그 무엇보다도 소중한 미덕이다.

감정을 발산하는 데 조심하고 스스로 감정을 조절하며 자신의 감정을 숨길 수 있는 가면을 쓸 줄 알아야 한다. 어떻게 해야 이 세상을 바꾸거나 혹은 구할지 따위의 거창한 고민은 하지 않아도 된다. 그저 주변 사람들에게 감정적인 스트레스를 주지 않는 것만으로도 당신은 매우 훌륭한 일을 한 사람이다.

그 어떤 감정도 잠시 숨을 들이켜며 호흡을 정리하다 보면 진정되는 법이다. 그래도 정리되지 않는다면 한 번 더 호흡을 조절하면 된다! 불록 튀어나온 배를 감추고 싶으면 있는 힘껏 숨을 들이켜라. 그래도 감춰지지 않으면 한 번 더 숨을 들이켜라!

라오탕은 우리 집에서 한 블록 떨어진 전원주택 단지에 살고 있다. 어느 날 저녁 8시 무렵 라오탕이 전화를 걸어왔다. 그가 키우는 사모예드 강아지가 단지 내 경비원에게 붙잡혀 있으니 대신 찾아와달라고 부탁했다. 당시 그는 중요한 고객과의 접대 미팅이 있었다. 하필 그 고객이 라오탕을 콕 찍어서 코가 비틀어질 때까지 마셔야 한다고 붙잡고 늘어지는 바람에 자리를 비울 수 없었던 것이다.

내가 서둘러 경비실을 찾아갔을 때 경비실 안은 콩나물시루처럼 사람이 가득 차 있었다. 그들은 개 한 마리를 에워싼 채 수군대며 화를 내고 있었다. '백작'이라는 이름의 사모예드 강아지는 경비실 구석에서 몸을 잔뜩 웅크린 채 벌벌 떨고 있었다. 마치 빚쟁이들에게 몰린 파산한 서커스 단장 같았다.

내가 사람들 사이를 헤집고 다가서자 강아지는 한달음에 달려와 앞발로 나를 꼭 부둥켜안았다. '도대체 이 사람들이 왜 이러는지 모르겠다'는 식의 억울함이 가득 담긴 애절한 눈빛으로 날 보면서 말이다.

사건의 내막은 이랬다. 평소 유난히도 똑똑했던 '백작'이 그날 스스로 현관문을 열고 주택단지의 26번지에서 29번지까지 전력 질주를 한 것이다. 그 와중에 27번지의 김칫독, 28번지의 분재 화분, 그리고 29번지의 앵무새가 '장렬하게 희생'되고 말았다.

그 이야기를 들을 때까지만 해도 나는 그 일의 심각성을 미처 깨닫지 못했다. 아니 오히려 "사람이 안 다쳐서 다행이다", "나쁜 사람 만나서 붙잡혀가지 않아 얼마나 다행이야" 하며 안도의 한숨을 내쉬었다.

나는 사건의 전말을 라오탕에게 전해주는 한편 경찰서에 신고하겠다는 주민들을 달랬다. 라오탕은 밤 11시가 되어서야 귀가했다. 경비실에서 내내 그의 귀가를 기다린 이는 나와 '백작' 외에도 28번지와 29번지의 주민이 있었다. 그 두 집이 입은 손실이 가장 컸다는 사실은 나중에야 알았다. 백작이 깨뜨린 28번지 주민의 분재는 값비싼 흑송나무 분재였다. 일본의 친척에게 선물 받아 지금껏 10여 년 가까이 애지중지하며 키운 분재라며 라오탕에게 2만 위안을 배상해달라고 요구했다. 백작이 물어 죽인 29번지 주민의 앵무새는 그보다 한층 심각했다. 매우 희귀한 앵무새 종류인 데다 오랜 세월 자식처럼 여기며 키운 새라며 8만 위안을 배상해달라고 요구했다.

뜻밖에도 라오탕은 매우 침착했다. 그는 손해배상액을 깎으려고도 하지 않았고 화를 내기는커녕 불만조차도 내비치지 않았다. 그러한 라오탕의 모습에 오히려 두 주민이 자발적으로 5퍼센트를 할인해주겠다고 나설 정도였다. 신용카드로 배상액을 지불한 후에야 라오탕은 '백작'을 데리고 집으로 돌아갈 수 있었다.

나는 라오탕이 한바탕 '백작'을 혼내줄 거라 여겼다. 하지만 그는 야단조차 치지 않았다. 피곤한 듯 소파에 너부러져서는 백작의 머리를 쓰다듬으며 부드러운 어조로 말했다.

"야채나 닭고기가 먹고 싶으면 나한테 말하면 되는데 왜 네가 직접 나서서 남의 것을 잡아먹은 건데? 그렇게 비싼 걸 먹고 싶었어?"

그러고는 아무 일도 없었다는 듯 '백작'을 목욕시키고 털을 말린 뒤 먹을거리를 직접 만들어 먹였다. 그처럼 고된 '집사' 일을 다 마친 뒤에는 술 한잔하자며 나를 붙잡았다.

라오탕은 맥주를 한 모금씩 홀짝이며 이런저런 이야기를 늘어놓더니 급기야 울먹이기 시작했다. 온종일 신경이 날카롭게 곤두선 채 여차하면 '맨붕'이 올 것 같은 긴장 상태에서 살고 있다고 털어놨다. 까다로운 데다 이기적인 고객의 비위를 맞추고, 또 노련하고 구두쇠인 사장과 머리싸움을 벌이면서 말이다. 가끔은 이런 생활을 더 이상 할 수 없다는 막막함도 느낀다고 했다. 길을 나서기는 했는데 목적지가 어디인지도 모르겠고 또 눈앞에는 한 치 앞도 볼 수 없는 깊은 안개만 뒤덮여 있는 것 같아서 말이다.

술을 다 마신 뒤 라오탕은 언제 그랬냐는 듯 침울한 기운을 떨쳐내고 다시 평소의 침착하고 온화한 모습으로 돌아왔다. 나는 아무런 말도 묻지 않고 그저 묵묵히 그의 이야기를 들었다. 그러다 문득 이런 생각이 들었다. 라오탕이라고 왜 삶에 대한 원망이나 분노가 없겠는가? 그는 그저 그런 감정들을 꾹꾹 가슴에 눌러 담아 숨기고 있을 뿐이었다.

눈이 뒤집힐 정도로 화가 치민다면 아예 눈을 감아라.

이 세상에서 가장 대단한 사람은 누구일까? 아마도 최첨단 무기를 보유한 사람도 혹은 끝도 없는 은행 잔고를 가진 사람도 아닐 것이다. 심오한 삶의 이치를 깨달은 내로라하는 현자들도 아닐 것이다. 바로 자신의 감정을 조절하는 능력이 강한 자야말로 대단한 사람이 아닐까 하는 생각이 들었다. 그런 사람들의 강점은 추진력이 아니라 자제력에 있다. 그들이 주안점을 두는 것은 속도가 아니라 인내력이라는 뜻이다.

이 세상에는 실의에 빠져 낙담하는 사람들이 수도 없이 많다. 예컨대 실연을 당해 밤늦도록 잠을 이루지 못하고 뒤척이는 청년도 있다. 혹은 모두가 잠든 새벽 거리를 잔뜩 술 취한 채 활보하며 누군가에게 욕을 퍼붓는 직장인도 있다. 혹은 3일 연속 연장 근무를 하고 축 늘어진 몸을 이끌고 텅 빈 집을 향해 터덜터덜 걸어가는 이도 있다…….

하지만 아침이 되어 알람 소리가 울리면 이들은 지난밤의 슬픔이나 피로, 나약함을 떨쳐내고 중무장을 해야 한다. 그러고는 아무렇지도 않은 척 자신을 꾸미며 또다시 새로운 하루를 시작한다.

그렇다! 당신은 더 이상 어린아이가 아니다. 마치 장사하듯 당신의 감정을 잘 관리하며 그에 따른 손익계산을 따져야 하는 어른이다. 감정을 억누르는 것이 불필요한 마찰을 막을 최고의 방법이 아니라면, 분노나 '맨붕'은 더더욱 아닐 것이다.

나쁜 감정으로는 그 어떤 문제도 해결할 수 없다. 오히려 간단한 문제를 복잡하게 확대하여 더욱 큰 반감이나 오해, 거부감 심지어 혐오감마저 불러일으킬 수 있다. 어차피 나쁜 감정을 있는 그대로 터뜨려봤자 당신에게 되돌아오는 것은 우스꽝스럽고 난처한 흑역사일 뿐이다.

그러므로 성미가 거칠고 조급하거나 혹은 감정을 제대로 조절하지 못하는 자신을 '가시 돋친 장미'로 미화하지 말라. 뛰어난 능력이나 아름다운 외모, 혹은 좋은 성격을 가지고 있거나 남들로부터 사랑받는 사람들이야말로 장미에 비유할 자격을 갖추고 있다. 당신처럼 '걸핏하면 욱해서 성질을 부리거나 화를 내서 남들로부터 사랑받지 못하는' 사람은 그저 '가시 돋친 고슴도치'나 다름없다!

'어른이 된다는 것은 울음소리가 묵음으로 변하는 과정이다'라는 말이 있다. 왜 울음소리가 묵음으로 변하는 걸까? 어릴 때는 울거나 신경질을 부리면 어김없이 누군가가 달려와서 당신을 달래주고 응석을 받아주었다. 게다가 당신은 그러한 보살핌에 그 어떤 심리적 부담감도 가질 필요가 없었다.

하지만 지금은 상황이 다르다. 첫째로 당신의 감정에 관심을 갖는 이가 점차 줄어들었으며, 둘째로 당신 스스로도 남들에게 민폐를 끼치거나 혹은 걱정을 사고 싶지 않기 때문이다. 인터넷상에서 '나는 너무 괴로워'라는 말의 올바른 번역 관련 질문에 'I am fine(나는 괜찮아)'이라는 댓글이 가장 많은 추천을 받은 것도 그 때문이다.

산다는 것은 누구에게나 힘든 고역이다. 그렇기에 우리는 최대한 자기 감정을 억제하는 법을 터득해야 한다. "난 잘 모르겠어"라고 말할 수 있다면 "내가 어떻게 알아?"라고 말해서는 안 된다. "그래, 맞아"라고 말할 수 있다면 "넌 어쩌겠다는 건데?"라고 말해서는 안 된다. "그런대로 괜찮다"라고 말할 수 있다면 "어떻게 그런 걸 좋아하니?"라고 말해서는 안 된다.

"왜 그러는데"라고 말할 수 있다면 "넌 또 왜 그 모양인데?"라고 말해서는 안 된다. 침묵해야 할 때는 아무런 말도 해서는 안 된다. 못마땅해서 눈의 흰자위가 저절로 치켜떠진다면 아예 눈을 감는 것이 좋다.

가장 좋은 방법은 사소한 일에 끝까지 매달리거나 자기보다 잘난 사람과 비교하거나 지나간 일에 연연하지 않는 것이다. 그저 묵묵히 노력하며 스스로를 발전시키는 것이다. 그런 의미에서 작가 위화의 말은 우리가 의미심장하게 되새길 필요가 있다.

"중국의 언어 속에서 '산다'는 말은 생명력으로 가득 찬 단어이다. 그 생명력은 외침이나 공격이 아니라 참고 견디는 데서 나온다. 생명이 우리에게 짊어준 짐을 순순히 견디고, 현실이 가져다주는 행복이나 고난, 무료함이나 평범함을 담담하게 받아들이는 것이다."

당신 역시 그래야만 삶을 즐길 수 있다. 삶의 풍성하고 다채로운 면면을 즐기면서 또 다른 한편으로는 삶의 악의 섞인 고난과 위기를 묵묵히 견뎌 나아가야 한다.

인생이란 언제나 그렇다. 모든 일이 순풍에 돛 단 듯 술술 풀려갈 때도 있고, 사방이 벽으로 꽉 막힌 듯 일마다 엉망진창일 때가 있다. 이때 당신이 터득해야 할 요령은 '순풍에 돛 단 듯 득의양양한 시절'의 자신을 이용해 '위험한 불구덩이'에 빠진 자신을 구하는 것이다. 예컨대 살다 보면 당신을 좋아하는 사람도 있고 반면에 싫어하는 사람도 있다. 이럴 때는 당신을 좋아하는 사람들로부터 받는 기쁨으로 남에게 미움받는 우울함을 잠재우면 된다. 또 누군가는 당신의 능력을 높이 사며 중시하는가 하면 또 누군가는 당신을 얕보며 무시한다. 이때는 능력을 인정받는 데서 오는 자부심으로 누군가에게 무시당하는 데서 오는 불안감을 제압하면 된다. 또

한 당신을 칭찬하는 사람이 있는가 하면 당신을 비판하는 사람도 있다. 이 때는 칭찬이 주는 충족감으로 비판이 주는 좌절감을 지워버리면 된다.

마지막으로 양이우의 시 한 구절을 소개해주고 싶다.

'당신이 천천히 두 손을 들어 올릴 수 있다면 좀 더 머리끝까지 들어 올려보라. 그리고 다섯 손가락을 활짝 펴보라. 그렇다. 방금 자신을 위한 불꽃을 하늘 높이 쏘아 올린 당신을 축하해주고 싶다.'

02

정작 자신은 홀대하면서
타인에게만
잘하는 당신

라오후가 메시지를 보냈다.

'나를 팝니다. 이젠 나랑 사는 게 너무 힘들어요. 정규 학업 과정은 모두 마쳤고, 얼굴은 조금 복스럽게 생겼습니다. 세월에 약간 닳고 적잖은 마음의 상처들도 입었지만 혼자서도 그럭저럭 생활을 잘 꾸려나간답니다. 구매 의사가 있는 분은 연락주세요. 배송비는 무료이고, 혼자서 계단도 올라간답니다.'

나는 이렇게 회신을 보냈다.

'좋아, 우리 집으로 부쳐줘. 우리 집에 술과 고기도 많아.'

잠시 뒤 라오후가 잔뜩 의기소침한 자신의 모습을 사진으로 찍어 보냈다. 생기를 잃은 눈빛의 침울한 표정은 바닥에 내동댕이쳐진 인형 같았다.

도대체 무슨 일이 있었는지 자초지종을 묻고서야 나는 비로소 그동안 라오후가 회사에서 왕따를 당했다는 사실을 알게 되었다. 예컨대 회의 시간에 라오후가 의견을 내놓을라치면 하나같이 약속이나 한 듯 그의 의견을 반박하며 무시하기 일쑤였다. 회식이 있는 날이면 라오후만 빼놓고 자기들끼리 우르르 떼를 지어 나가기도 했다. 점심시간에 자기들끼리 식사하는 사진을 여봐란듯이 단톡방에 올리니, 그야말로 대놓고 라오후의 염장을 지르는 일이었다.

사실 라오후는 유명한 '나홀로족'이다. 고등학교 시절부터 그는 밥도 혼자 먹고 공부도 혼자 했다. 대학교 들어가서도 마찬가지였다. 그는 평소 걸음걸이가 여느 친구보다 두 배나 빨랐는데, 무슨 급한 일이 있어서가 아니었다. 그저 아는 사람 만나는 것이 귀찮아서 최대한 길에서 머무는 시간을 줄이기 위해서였다.

나는 라오후가 자기 소개란에 적어놓았던, 중국 시인 바이허린의 시 〈고독(孤獨)〉 글귀를 아직도 기억하고 있다.

'어릴 때부터 나는 항상 혼자서 무수한 세월을 살아온 별들을 보살펴왔다.'

라오후가 물었다.

"어떻게 하면 왕따를 극복할 수 있을까?"

나는 대답했다.

"고등학교랑 대학 시절에 어떻게 지냈는지 잊었어? 그때랑 똑같이 지내면 돼. 어차피 지금 다니는 회사에 평생 있을 건 아니잖아?"

우리 주변에는 왕따를 당하는 사람이 많다. 한 집단 속에서 가장 인기가 많거나 리더 역할을 하는 사람으로부터 미움을 받으면 나머지 구성원들로부터 덩달아 배척받는다. 혹은 외모나 집안 배경이 열악할 때도 왕따를 당한다. 반대로 학교 성적이나 업무 능력이 주위 사람에 비해 월등히 뛰어나거나 혹은 남다른 기질과 배짱을 가져도 '무리에 어울리지 않는다', '괴팍하다' 등의 꼬리표가 달리기 일쑤다. 바꿔 말해서, 아무런 잘못을 저지르지 않는데도 왕따를 당하는 사람이 많다는 뜻이다.

당신은 그저 덩치가 큰 징검다리 돌일 뿐이다. 남들은 당신을 넘지 못하고 빙 에둘러 가야 한다!

그렇다면 당신은 어떠한가?

새로운 환경에 놓였을 때 사람들의 이름을 외우지 못해 실수할까 봐 아예 입을 다문다. 그러다 마지못해 말을 해야 할 때는 간신히 "저기요"라고 말하지 않나? 줄을 서서 기다릴 때 누군가가 순서를 새치기하여 당신 옆으로 오면 혹시나 뒤로 밀려날까 봐 안절부절 마음 졸이지 않나? 마트에 갔을 때 아무것도 사지 않고 빈손으로 나올 때면 경비원에게 도둑으로 오해받을까 봐 겁먹지는 않나? 사람이 많은 곳에서는 먹는 소리가 크게 날까 봐 감자 칩과 같은 과자는 먹을 엄두조차 내지 못하지 않나?

사실 우리는 누구나 남들과는 다른 특성을 갖고 있다. 유난히 사교성이 좋은 사람이 있는가 하면 천성적으로 차갑고 말수가 적은 사람이 있다. 말하지 않아도 상대방의 속마음을 잘 이해하는 사람이 있는가 하면 반응이 늦어서 한참 뒤에야 깨닫는 사람도 있다. 안타까운 점은, 요즘 유행하는 말로 '인싸'가 되기 위해, 혹은 주변 사람들의 시선을 의식하며 자신만의 고유한 특성을 애써 지워버리는 사람이 많다는 사실이다. 그로 말미암아 자신의 천부적인 재능마저 망쳐버린다는 걸 모른 채 말이다.

일단 '인싸'가 되는 것을 하나의 자랑이자 명예로 여기면 자기발전을 평가하는 기준이 바뀐다. 학업성적이나 혹은 업무성과가 아닌 단체 카톡방의 댓글 수나 '좋아요'를 누른 숫자, 혹은 인증사진에 집착하며 사교 활동에 목매는 것이다.

'나다운 삶'을 사는 것은 매우 어렵다.
우리 주위에는 당신을 바꾸려고 훈계하고 잔소리하는 사람이 많다.
어차피 당신의 인생이다. 설사 인생이 망가진다고 해도
남이 아닌 당신 손에서 망가지는 것이 옳다.

우리는 자신을 굽혀 어느 집단의 일원이 되려고 애쓸 것이 아니라 자기 자신의 진정한 동반자가 되어 '나다운 삶'을 사는 법을 배워야 한다. 그렇게 한다면 아마 단체 카톡방의 댓글 수는 줄어들 것이고, 친구들과의 모임 횟수도 줄어들 것이며, 생일에 축하해주는 사람도 줄어들 것이다. 그 대신 타인의 뜻에 따르거나 혹은 환심을 사기 위해 스스로를 굽히거나 바꾸는 일은 없을 것이다.

'나다운 삶'을 사는 것은 매우 어렵다. 우리 주위에는 당신을 바꾸려고 훈계하고 잔소리하는 사람이 많다. '나다운 삶'을 사는 것은 마치 거창한 반란을 일으킨 것처럼 주변 사람들의 조소나 배척을 당하고 고립되기 십상이다. 하지만 마땅히 그에 저항하고 당신의 뜻을 견지해 나아가야 한다. 어차피 당신의 인생이다. 설사 인생이 망가진다고 해도 남이 아닌 당신 손에서 망가지는 것이 옳다.

누군가가 당신에게 사랑스럽지 않다고 말하면 곧장 천진무구한 표정을 짓는가? 누군가가 당신에게 교양이 없다고 하면 당장 신경질적인 반응을 보이는가? 누군가가 당신을 오만하고 무례하다고 말하면 인상을 찌푸리는가? 당신은 왜 그처럼 남들의 말에 연연하는가? 누군가가 뭐라고 말하면 왜 당장 그 사람의 말이 옳다는 것을 증명하려 드는가?

당신이 내성적인 성격이라면 내면적인 소양을 가꾸면 된다. 억지로 외향적인 성격으로 바꾸려고 든다면 오히려 당신 자신을 망칠 뿐이다!

한동안 나는 인터넷 용어인 '가오렁(高冷, 고귀하면서도 도도하고 차갑다는 의미)'이라는 단어를 잘못 이해하고 있었다. '가오렁'한 사람은 생활 범위가 좁은 데 비해 눈은 너무 높은 사람 혹은 성격에 문제가 있는 사람이라고 여겼다. 하지만 샤오쩡을 만나면서 내가 그 의미를 잘못 알고 있었다는 사실을 깨달았다.

샤오쩡은 '가오렁 여신'으로 유명했다. 그녀의 도도한 차가움을 '녹이기' 위해 수많은 남성이 그녀에게 대시했지만 샤오쩡은 여전히 솔로였다. 생판 모르는 낯선 남성이 그녀의 톡방에 친구 신청을 해오면 샤오쩡은 참을성 있게 상대방의 목적을 물어본 뒤 곧바로 삭제할 것인지 아니면 며칠 뒤에 삭제할 것인지를 결정했다. 그래서 그녀의 친구 명단은 최대 50명을 넘는 적이 없었다.

샤오쩡은 가끔 모임에도 참석했지만, 항상 말수가 적은 편이었다. 남들은 삼삼오오 모여서 수다 삼매경에 빠졌을 때 샤오쩡은 한쪽 구석에 조용히 앉아 있었다. 무료하다는 듯 스마트폰을 만지작거리는 것이 아니라 참을성 있게 그들의 이야기에 귀 기울이고 또 때때로 간식거리를 갖다주면서 말이다.

친구가 사랑에 빠져 모두가 벌 떼처럼 모여들어 남자 친구 인사시키라고 성화를 부릴 때도 샤오쩡은 가타부타 말없이 축하 선물만을 챙겨주었다. 친구가 실연을 당해서 모두 앞다퉈 위로의 말을 쏟아낼 때도 샤오쩡은 위로 대신 실연당한 친구를 도와 전 남친의 연락 방식을 모조리 차단했다.

한 남성이 샤오쩡을 쫓아다니며 "정말 잘해줄 테니까 저랑 사귀지 않을래요?"라고 물었을 때 샤오쩡은 이렇게 대답했다.

"당신을 좋아하지도 않는 사람과 연애하고 싶어요?"

한번은 친구가 "앞으로 우리는 전혀 모르는 사이다"라고 절교를 선언했을 때도 샤오쩡은 덤덤히 반문했다.

"우리가 언제 서로 아는 사이였니?"

'가오렁'의 진정한 의미는 남들의 환심을 사기 위해 지나치게 열정적이지도 않으며, 가식적인 아부도 하지 않는 것이다. 또 얼굴 가득 미소를 짓고 친절하고 상냥한 태도를 보이지만 뭔가 근접하기 힘든 차가움을 보이는 것이다. 사실 조용한 곳에서 홀로 지내는 것이나 드넓은 세상을 활보하는 것이나 똑같은 마음가짐이다. 또한 주위에 사람이 없는 외톨이나 항상 무리에 휩싸여 있는 사람이나 매한가지이다.

반대로 항상 못마땅한 표정에 막말을 쏟아내기 일쑤인 거만하고 무례한 사람은 '가오렁'한 사람이 아니다. 그저 사교성이 제로인 사람일 뿐이다.

이는 편식에 비유할 수 있다. 편식한다고 해서 문제가 있는 사람은 아니다. 우리는 특정한 음식을 싫어할 권리가 있으며, 그 누구도 편식하는 당신을 비난할 자격이 없다. 하지만 당신이 싫어하는 음식이 식탁 위에 올라왔다고 해서 인상을 쓰며 식탁을 엎어버린다면 어떨까? '어떻게 이런 음식을 올릴 수가 있어?', '이렇게 끔찍한 음식을 너희들은 어떻게 먹는 거야?'라고 속으로 외치면서 말이다. 그러한 당신의 모습은 그야말로 대단히 밉살맞고 혐오스러울 것이다.

마찬가지로 현재 당신이 몸담고 있는 조직을 싫어한다고 해서 문제 될 것은 없다. 당신은 선택할 권리가 있고 또 다른 사람들도 당신을 싫어할 권리가 있다. 당신이 괴롭고 힘든 환경에 있다면 인내를 배우며 환경을 바꾸거나 아니면 과감히 그곳에서 벗어나야 한다. 그 고통스러운 환경에서 벗어나지 못하고 하루하루 괴로워하고 번민하며 불평과 불만을 쏟아낸다면 어떨까? 당연히 주위 사람들은 당신에 대해 잘못된 판단을 할 것이며,

급기야 당신을 질책하고 비웃으며 왕따시킬 것이다.

아마 가오렁을 '나다운 삶을 사는 것'으로 오해하는 사람이 많을 것이다. 그러나 진짜로 자기만의 개성을 잃지 않는 사람은 '부러움, 질투, 미움' 등 제어하기 힘든 감정들을 잘 처리한다. 성공한 이를 보고는 "운명은 내게 불공평해!"라고 불평하고, 순풍에 돛 단 듯 잘나가는 이를 보고는 "왜 나만 사는 것이 팍팍할까?"라며 한탄하고, 주변 사람들의 사랑과 존경을 한 몸에 받는 이를 보면 "흥, 권세나 재물에 빌붙는 한심한 세상인심 같으니라고!" 하며 비웃는 등 사사건건 주변 사람과 자신을 비교하는 사람이 있다. 이는 본질적으로 내가 아닌 남이 되고자 하는 생각이다. 매번 남과 자신을 비교하고 한탄하면서 어떻게 진정한 나다운 삶을 살아갈 수 있단 말인가? 당신이 정한 목표를 향해 노력할 때 남이야 어떻게 살아가든 당신과 무슨 상관이 있겠는가?

진정한 자신을 지키는 사람은 차분하고 가지런한 심리 상태를 유지하고 있으며 또 스스로를 존중할 줄 안다. 그러므로 유창한 말솜씨를 가진 사람을 부러워할 필요도 없고, 주위 사람의 호응을 한 몸에 받는 이를 질투할 필요도 없다. 원래 말수가 많은 사람은 뭔가 감추고 싶은 것 혹은 두려워하는 것이 많다. 반면, 말수가 적은 사람은 자신을 지탱해주는 그 무엇의 굳건한 믿음을 갖고 있게 마련이다.

"당신은 왜 아직 미혼입니까?"라는 질문에 중년 여배우 위페이훙은 이렇게 대답했다.

"나는 미혼이 문제 될 것이 없다고 생각하는데요! 결혼하든 안 하든 나에게는 대수롭지 않은 문제입니다. 그저 내가 더 편안하고 행복하다고 느끼는 쪽을 선택할 뿐입니다."

"혼자 사는 게 외롭지 않습니까?"라는 질문에 일본 디자이너 야마모토 요지는 이렇게 반문했다.

"외로움이요? 외로움보다 더 사치스러운 감정이 또 있나요?"

결혼 관련 질문에 홍콩의 작사가 린시는 이렇게 대답했다.

"대다수 사람은 자신과 함께 영화 볼 사람을 만들려고 결혼합니다. 영화 본 느낌을 서로 나누기보다는 그저 옆자리를 채워줄 사람을 갖고 싶어서라면 나는 결혼하고 싶지 않아요. 나 혼자서도 영화관에 가서 영화를 볼 줄 아니까요."

이 세상에는 매독환주(買櫝還珠, 진주 상자만 사고 정작 진주는 되돌려준다는 뜻으로, 안목이 없어서 잘못된 선택을 하는 것을 의미함)와 같은 어리석은 일을 저지르는 사람이 많다. 그 이유는 그들이 물건의 진가를 제대로 알아보지 못해서가 아니라 자신이 무엇을 원하는지를 제대로 파악하지 못하기 때문이다!

재미있는 우화가 하나 있다.

친구들이 자신을 미워한다고 여긴 강아지가 어미 개를 찾아가 하소연했다. 그러자 어미 개가 말했다.

"너는 고양이는 나비를 잡느라, 새끼 돼지는 노래를 부르느라, 병아리는 벌레를 잡느라 너랑 놀아주지 않는다고 불평하는구나. 그럼 너는 고양이랑 함께 나비를 잡거나, 새끼 돼지와 함께 노래를 부르거나, 혹은 병아리와 함께 벌레를 잡은 적이 있니?"

강아지가 물었다.

"그럼 내가 걔들이 좋아하는 걸 함께하며 놀면 외롭지 않을까요?"

어미 개가 말했다.

"아니, 재밌지도 않으면서 억지로 함께 놀다 보면 외로움만 더 커질 거야."

"그럼 어떻게 해야 외롭지 않은데요?"

강아지의 질문에 어미 개는 대답했다.

"외로움은 누구도 피할 수 없는 거란다. 그래서 외로움에서 벗어나는 방법은 나도 모른단다. 하지만 이 말은 해주고 싶구나. 네가 외로운 이유를 다른 친구들의 외면이나 무관심 탓으로 돌려서는 안 된단다."

아무도 보지 않는 구석에서 아무런 말도 없이 숨어 있기만 한다면 어떻게 세상 사람의 주목을 받을 수 있겠는가? 혹은 수많은 사람 속에서 특별히 탁월한 능력을 보여주지도 않으면서 어떻게 남들이 당신에게 관심을 가져주지 않는다고 탓할 수 있겠는가?

예민한 사람은 커다란 확대경을 갖고 세상을 본다. 타인의 작은 호의나 사소한 악의도 그들은 마음에 담고 전전긍긍한다. 가령 누군가가 단톡방에 악담을 쏟아내면 자신을 두고 하는 말이라고 여긴다. '왜 그러지? 나에게 무슨 유감이 있는 건가? 내가 실수를 했나?'라고 생각하면서 말이다. 누군가 몇 마디 칭찬의 말을 건네면 내내 그 말을 곱씹는다. '그냥 지나가는 말로 한 걸까? 나를 비아냥거리는 말일까? 혹시 나에게 무슨 부탁할 거라도 있나?'라고 갸우뚱거리면서 말이다. 누군가 무심코 비판 몇 마디 하면 마치 칼에 찔린 것처럼 가슴이 저리다. '저렇게 말하는 걸 보면 날 싫어하는 게 분명해! 대놓고 비판하는 걸 보면 아무래도 내가 크게 모자란가 보다'라고 생각하면서…… 혹은 누군가가 회신을 안 보내면 이렇게 생각한다.

'내가 말실수를 했나? 혹시 오해한 것 아닐까?'

여간해서는 사람들과 정면충돌을 하지 않는다. 남들에게 추태를 보이고 싶지 않아서이며 또 자신의 편을 들어줄 사람이 없을지도 모른다는 두려움 때문이다. 적극적으로 경쟁하지도 않는다. 상대방을 이기지 못할까 봐 겁도 나고, 또 도태되어 버림받을지도 모른다는 두려움 때문이다. 친한 사람들에게도 속마음을 터놓지 못한다. 그래서 친한 친구라도 당신이 누구를 짝사랑하는지 알지 못하고, 심지어 엄마라도 당신이 무엇 때문에 괴로워하는지를 알지 못한다. 여하튼 이러한 사람들은 무엇을 하든 안 하든 항상 남들의 의견이나 시선을 먼저 신경 쓴다. 그 이유는 몸속에 자기 자신을 싫어하는 당신이 들어앉아 있기 때문이다. 그 누구도 당신의 마음속에 들어올 수 없도록 높디높은 장벽을 세우고 당신 자신을 꼭꼭 감춘다!

물론 주변 사람들의 생각이나 감정을 완전히 무시하고 살 수는 없다. 하지만 그렇다고 남들에게 보여주기 위한 인생을 살아갈 수는 없지 않나? 남들과는 다른 생활방식을 선택했으면서 왜 정작 남들이 특별한 방식으로 당신을 대하는 것에 전전긍긍하는가? 아리스토텔레스는 말했다.

"혼자 사는 사람은 야수 아니면 신이다."

곧 졸업이 다가오지만 아직까지 첫 키스를 경험하지 못한 것이 뭐 어떤가? 중년의 나이에 접어들었는데도 지기(知己)라고 꼽을 친구가 한두 명밖에 없는 건 또 뭐 어떤가?

어른이 되는 데 가장 중요한 것은 당신 자신을 꽁꽁 묶어놓은 줄을 느슨하게 풀어주는 일이다. 가령 누군가가 당신에게 무신경한 것은 특별한 이유가 있어서가 아니라 그저 바쁘기 때문이다. 누군가가 당신에게 칭찬의 말을 건넨 것은 꿍꿍이속이 따로 있어서가 아니라 당신이 그 일을 잘했기 때문이다. 누군가가 당신을 비판한 이유는 그 일에 좀 더 노력이 필요하다고 여겨서이지 당신의 인생 자체를 부정하려는 것이 결코 아니다.

당신을 괴롭히는 대부분의 일은 그 자체적으로는 특별히 문제가 없다. 그저 당신이 잡다한 생각이 너무 많아서 불필요한 걱정을 키우기 때문이라는 점을 잊지 말라.

인터넷에 이런 질문이 올라온 적이 있다.

'당신이 가장 좋아하는 것은 무엇인가요? 우리 모두 함께 공유해봅시다.'

그때 내 마음을 아프게 한 댓글이 있었다.

'질문을 받고 한참 동안 멍하니 앉아 있었습니다. 머리가 텅 빈 것처럼 아무것도 떠오르지 않았거든요. 그제야 별안간 깨달았습니다. 내가 정말로 좋아하는 것이 아무것도 없다는 사실을요.'

인터넷이 등장하면서 우리는 전광석화처럼 빠르고 활발한 사교 환경에서 살게 되었고 더불어 우리 생활도 대단히 소란스러워졌다. 예전에는 알지 못했던 이 세상의 아름다움을 속속들이 알게 되고, 또 좀 더 많은 사람과 교류하고 공유하게 되었다. 하지만 그 이면에는 자신도 모르게 초조감과 열등감에 시달리게 되었다.

인터넷이 두 가지 착각을 만들어내기 때문이다. 하나는 직접 만날 필요도 없고, 시간을 소비할 필요도 없고, 또 특별히 외모를 꾸미지 않고서도 수많은 친구를 사귈 수 있다는 착각이다. 그리고 또 하나는 다른 사람들의 인생은 유난히도 행복하고 풍요로운데 오직 나만 아는 것도 없고, 가진 것도 없으며 또 할 줄 아는 것도 없는 쓸모없는 사람이라는 착각이다!

왜 나이와 상관없이 번번이 '삶에 농락당하는 사람'이 있는 걸까? 왜 여러 회사를 전전해도 천덕꾸러기 신세를 면하지 못하는 사람이 있는 걸까? 왜 매번 연애할 때마다 버림받는 여주인공 신세가 되는 사람이 있는 걸까? 왜 불운은 항상 그의 몫인 걸까? 왜 그는 재능을 인정받지 못하는 걸까? 왜 그녀는 못된 남자 친구만 만나는 걸까?

사실상 '집안 배경이 안 좋다', '학력이 낮다', '외모가 보잘것없다', '인간관계가 좋지 않다', '환경이 불우하다' 등등의 온갖 상념이 당신의 머릿속을 채우면 단 하루도 평온하게 보낼 수 없다. 반면에 자신의 부족함을 정확히 직시하고 현실을 있는 그대로 받아들인다면 어떻게 될까? 당신은 좀 더 현실에 충실할 수 있고, 자기계발에도 힘쓰게 되어 외로움을 느낄 시간조차 없을 것이다.

관심을 가져주는 사람이 없어도 혹은 남들보다 재능이 부족해도 상관없다. 차분한 마음으로 내가 할 수 있는 일이 무엇인지를 잘 살펴보고 곧장 그 일을 시작하라. 속상하고 초조하고 질투하고 또 억울한 감정들은 그렇지 않아도 부족한 당신의 열정과 정신력마저 갉아먹는다는 사실을 잊지 마라.

당신이 계속 내면을 가꾸어간다면 언젠가는 두각을 나타내게 될 것이다. 하지만 외적 화려함만 좇는다면 발전은커녕 한층 도태될 것이다!

03

그래,
어른이 된다는 건
참 김빠지는 일이야

밤 11시가 넘은 늦은 시각에 한 여성이 나에게 수십 개의 문자를 보냈다. 요즘 주눅 드는 일뿐이라서 너무 우울해서 미치기 일보 직전이라는 내용이었다.

그저께는 그녀의 스물일곱 살 생일이었다. 그녀는 차라리 온종일 셋집에 처박혀 혼자서 생일 케이크를 먹는 한이 있어도 단톡방의 친구들에게 자신의 생일을 밝힐 엄두를 내지 못했다. 생일이라고 알려봤자 모두 모른 척 외면할까 봐 두려웠기 때문이다. 과연 예상대로 생일에 그 누구에게도 축하 메시지를 받지 못했다. 은행 등 몇 년 전 가입한 웹사이트에서 보낸 축하 메시지 말고는!

지난주 금요일에는 또 이런 일이 있었다. 사장이 그녀에게 할 이야기가 있다고 불렀다. 여성은 드디어 사장이 연봉 인상에 대해 말하나 보다 해서 뛸 듯이 기뻤다. 하지만 막상 사장에게 들은 말은 "다음에 커피 타 올 때는 우유 넣는 것을 잊지 말게"였다.

또 며칠 전에는 친척이 맞선을 소개해줬다. 하지만 "요즘 너무 바빠서 맞선은 다음으로 미루고 싶다"는 그녀의 말에 친척은 다짜고짜 화내며 그녀를 질책했다. 나이가 서른이 훌쩍 넘었는데도 맞선 상대자를 까다롭게 고른다고 말이다. 그녀는 도통 이해할 수가 없었다. 왜 이처럼 우울하고 속상한 일만 따르는지, 왜 주변에는 자신을 이해해주지 못하는 사람들뿐인지……

제대로 멘붕이 온 결정적인 사건은 오늘 아침에 벌어졌다. 아침 일찍 커다란 병에 담겨 있던 스킨을 작은 병으로 나눠 담다가 그만 쏟고 말았다. 당시 그녀는 반사적으로 흘러내리는 스킨을 입으로 훑었다. 마치 콜라를 엎질렀을 때 아까워서 바닥에 흐르는 음료를 핥아 먹듯이 말이다.

'그 순간 땅으로 쑥 꺼지는 느낌이었어요. 내가 이 나이 되도록 이처럼 흐리멍덩하게 살아왔다는 사실을 새삼 깨달았죠. 남들도 다 하니까 덩달아 학교에 진학하고, 연애하고, 또 이별을 맛보며 지금까지 외로운 싱글생활을 하고 있었어요. 또 남들처럼 그럭저럭 적당한 직장을 찾아서 그다지 만족스럽지 않은 동료들과 한 사무실에서 일하며 내가 좋아하지 않는 일을 했어요. 하지만 내 주변의 사람들은 달랐어요. 그들은 자신이 원하는 것이 무엇인지를 잘 알고 있었어요. 학업에 열중해야 할 시기, 연애에 몰두하며 두루두루 이성 친구를 사귀어야 할 때가 언제인지, 또 결혼, 이직 등을 결정해야 할 시기 등등. 그들은 마치 태어날 때부터 어떻게 해야 올바른 어른으로 성장하는지를 잘 알고 있는 사람 같았어요. 저만 줄곧 흐지부지 남들이 하는 걸 그대로 따라 하는 어리석은 꼬마였죠.'

나는 그녀에게 이렇게 문자를 보냈다.

'사실 우리 모두 비슷해요. 나이가 들수록 살아간다는 것이 기쁨보다는 슬픈 일이 많다는 것을 깨닫게 되죠. 그래서 거지의 동냥 그릇 안에 든 동전처럼 사소한 일도 감사하게 생각하며 살아야 하는 거죠.'

아마 당신도 느낄 것이다. 나이가 들수록 친구도 줄어들고, 주위에 친한 사람도 차츰 드물어진다. 가령 노래방에서 동료들과 신나게 노래를 부르며 "친구여!"를 외쳤지만 막상 노래방을 나서는 마음은 허탈하기만 하다. 좀 전까지 친밀감을 나누던 사람들이 어느새 사라지고 나 홀로 남겨진 듯한 느낌에 사로잡혀서다. 또 언제까지나 부모님의 보살핌 아래 살아가는 어린아이인 줄만 알았는데, 문득 뒤돌아보니 부모님은 어느새 늙고 쇠약해져 걷는 걸음걸이마저 위태롭다.

아마 모두 마찬가지일 것이다. 두고두고 기억하고 싶은 일은 어느새 까맣게 잊게 되고, 반면에 한시라도 빨리 잊고 싶은 기억은 좀체 머릿속에서 사라지지 않는다. 예컨대 외워야 할 단어나 공식은 잠깐 한 눈만 팔아도 금세 까먹고, 영원히 기억하고 싶지 않은 사람이나 일은 여간해서 잊히지 않는다. 마치 '과거'에 잘 가라고 이별주를 따라주려고 하는데 과거라는 놈은 이렇게 말하는 듯하다.

"미안해서 어쩌지요? 오늘은 운전해야 해서 음주는 안 됩니다."

세상을 뒤흔들 법한 큰 사건은 직접 경험하지 않았지만 대신 잡다한 사건이 계속 일어나며 당신의 심리적 방어선을 무너뜨린다. 이러한 사건들은 마치 연달아 터지는 폭죽 같아서 당신은 불안에 시달리며 급기야 하늘에 대고 부득부득 이를 갈며 원망을 쏟아낸다.

하지만 우리가 성장하는 과정에서 맞닥뜨리는 문제들은 오로지 당신을 위해 맞춤 제작된 것이다. 절대 피할 수도 없고, 누가 대신 처리해주지도 않는다. 오롯이 당신 혼자서 해결해야 한다. 이러한 것들을 해결한다면 당신은 탁월한 인재로 두각을 나타낼 것이고, 반대로 해결하지 못한다면 고만고만한 경쟁자들 속에서 하루하루 고군분투하며 살아야 한다.

"으앙!" 하는 첫 울음소리를 터뜨리며 태어날 때만 해도 이 세상이 이처럼 무지막지할 만큼 비정한 곳이라는 사실을 미처 몰랐다. 어릴 때 달나라에 가서 운석을 직접 가져오겠다는 꿈을 꾸는 이도 있고, 거리에 매점을 차리고 솜사탕을 팔고 싶은 꿈을 꾸는 이도 있었다. 부모의 잔소리나 가르침에서 구속당한다고 느끼는 이도 있고, 또 처음부터 매사 독단적으로 해결하는 이도 있다. 태어날 때부터 뛰어난 재능을 타고난 사람도 있고, 또 피땀 흘려 노력해야 하는 이도 있다. 한때 부모를 원망했지만 자신을 키우느라 최선을 다한 부모의 노고를 차츰 이해하는 이도 있다. 혹은 세상을 잘못 만났다고 원망했지만 자신은 결코 특별한 위인이 될 만한 재목이 아니라는 사실을 깨닫는 이도 있다.

그렇다면 날마다 초조감 속에서 살아가며 남에게 재능을 인정받는 행운조차 얻지 못한 채 온갖 난관과 걸림돌에 휘청거리는 당신, 지금의 운명을 있는 그대로 받아들이겠는가? 불운한 운명을 탓하며 흐지부지 살다 죽을 것인가, 열심히 노력하여 운명을 바꿀 것인가? 자기 연민과 의욕 상실에 빠져 잠만 잘 것인가, 착실하게 운명을 일궈 나아갈 것인가? 뭇사람의 부러움을 사는 잘나가는 행운아들을 질투할 것인가, 현재 곁에 있는 사람들을 소중히 여기며 살아갈 것인가?

사실 성장한다는 것은 이렇다. '나의 선택지는 매우 한정되어 있다'는 사실을 점차 깨닫게 되는 한편, '나는 언제나 선택할 수 있다'며 수시로 자신을 일깨우는 것이다. 타이완의 방송인 차이캉융은 말했다.

"숲은 얼마나 잔혹한가? 화재나 수목병이 도지면 울창한 나무들은 전멸하고 만다. 하지만 그 가운데서도 동물들은 여전히 평화로이 살아가고 있다. 우주는 또 얼마나 잔혹한가? 어두컴컴한 세상에 죽음과도 같은 적막감만 감돌지만 그 속에서도 별들은 아름답게 반짝이고 있다. 사회 역시 얼마나 잔혹한가? 삶과 죽음, 이별이 혼재해 있고 때로는 절망의 나락이 도사리고 있지만 여전히 아름답다."

그렇다. 우리는 출신 배경을 선택할 수 없지만 인생은 선택할 수 있다!

신이 문을 닫았다면 창문까지 닫아걸지 않도록 발로 힘차게 그 문을 박차고 뛰쳐나가라. 운명이 당신의 목을 틀어쥐고 놓아주지 않는다면 운명이 공평하지 않다고 하소연할 것이 아니라 신의 손목을 비틀어라.

언젠가 샤오탄과 깊은 대화를 나눈 적이 있었는데, 그녀는 이런 말을 했다.

"어른이 되면 뭐 하겠어요? 영리해도 말 안 통하는 바보 행세를 해야 하고, 마음에 안 들어도 서로 잘 통하는 듯 어울려 지내야 하고, 죽이고 싶을 만큼 미워도 속 시원히 절교할 수도 없고, 오히려 관대하고 너그러운 사람인 척 행세해야 하니 말이에요. 걔의 꿍꿍이속이 훤히 보이지만 아는 척할 필요도 없고, 꼴 보기 싫지만 외면하면 뭐 하겠어요? 하지만 솔직히 말하면 난 그렇게까지 관대하지도 너그럽지도 않아요. 어떨 때는 걔가 교통사고로 반신불수가 되어 평생 침대 위에서 외롭게 살다 죽길 바란 적도 있는 걸요!"

샤오탄이 말한 '걔'는 그녀의 룸메이트였다. 여기서는 잠시 'X'라고 부르자.

대학교 1학년 때 샤오탄은 숯불구이 고깃집에서 아르바이트를 했다. 날마다 이리저리 불려다니며 다리가 퉁퉁 붓도록 일하고 받는 일당은 150위안에 불과했다. 그 사실을 안 X가 과 친구들 앞에서 대놓고 물었다.

"너 아르바이트로 돈도 잘 버는데, 이참에 한턱 쏴야 하지 않겠니?"

샤오탄은 마음이 편하지 않았다. 과 친구들이 펑펑 놀 때 홀로 아르바이트하며 고생해서 버는 돈인 데다 지출 계획까지 다 세워놓은 상태였다. 그돈으로 영어 학원에 다닐 생각이었던 것이다. X의 도발은 여기서 멈추지 않았다. X는 친구들 들으라는 듯 이렇게 말을 보탰다.

"돈 아까우면 관두든지."

결국 샤오탄은 다음 날 아르바이트를 끝내고 돌아오는 길에 돈을 탈탈 털어 150위안으로 꼬치구이, 치킨, 맥주를 사서 기숙사로 돌아왔다. X는 고맙다는 말 한마디 없이 옆방 친구들을 불러모아 파티를 열었다. 마치 X 자신이 친구들을 위해 한턱 쏜 듯이 말이다. 파티가 끝나갈 무렵 X가 갑작스레 물었다.

"이 꼬치구이 설마 너 아르바이트 식당에서 남은 음식 가져온 건 아니지?"

X의 말에 그 자리에 있던 기숙사 친구들이 한바탕 폭소를 터뜨렸다. 샤오탄은 화가 머리끝까지 치밀었다. X가 이 정도까지 자신을 업신여길 줄이야. 마음 같아서는 그 자리에서 X의 머리통을 후려갈기고 싶었지만, 샤오탄은 단 한 마디도 내뱉지 못했다.

그날 이후, 샤오탄은 X를 극도로 미워하게 되었다.

"개랑 앞으로 대학 사 년 내내 같은 방을 써야 한다는 생각만 하면 자다가도 벌떡 일어날 지경이었어요."

증오 때문인지 X의 일거수일투족이 신경에 거슬렸다. X가 기숙사 방에 얌전히 앉아만 있어도 괜히 짜증이 치밀었고, X의 책장 넘기는 소리, 물

마시는 소리, 슬리퍼를 끌며 걷는 소리까지 샤오탄의 신경을 자극했다. 제아무리 즐겁고 유쾌한 시간을 보냈더라도 일단 X와 마주치면 기분을 잡쳤다. SNS에 올린 글 중 X가 '좋아요'를 누른 글은 모조리 지워버렸다. 심지어 X의 손길이 닿은 문손잡이마저 잡고 싶지 않을 정도였다.

샤오탄은 단톡방에 X에 대한 강렬한 불만을 넌지시 빗대어 말한 적도 있다. 자기 분수를 지키고 타인을 존중할 줄 알아야 한다는 내용의 글도 올렸다. 하지만 X는 자신을 빗댄 말이라는 사실을 전혀 눈치채지 못했다. 심지어 '좋아요'를 누르며 이런 코멘트를 달았다.

'그런 못된 애들은 상대도 하지 마, 너에겐 내가 있잖아!'

때로는 직접 얼굴에 대고 퍼부어야만 자신에게 욕한다는 걸 깨닫는 이도 있다.

샤오탄이 내게 물었다.

"그런 부류의 사람은 도대체 어떻게 상대해야 하죠?"

나는 반문했다.

"토익시험 준비는 잘되고 있어? 독서 계획은? 다이어트는? 대학원 진학 계획은 어떻게 진전되고 있는데? 다음 달이 친구 생일인데 생일 선물은 골랐니? 여름방학 때 엄마랑 둘이서 여행 갈 계획이라고 했잖아, 돈은 잘 모으고 있어? 어때? 지금 당장 네가 처리해야 할 문제가 산더미처럼 쌓여 있지? 그런데도 그런 중요하지 않은 사람 때문에 너의 귀한 시간과 정력을 낭비해야겠어?"

당신 주변에도 이처럼 싫다는 말 한마디 못 하고 함께 부대끼며 살아야 하는 사람이 있는가? 혹시 그 사람의 말 한마디 행동 하나에도 신경이 쓰이고 기분이 나빠지기 일쑤인가? 겉으로는 아무렇지도 않은 척하면서 속으로는 그 사람을 저주하는가? 그 사람만 떠올리면 입맛도 떨어지고 잠도 잘 안 오는가? 사사건건 그에게 적개심을 느끼며 무릎 꿇리고 싶은 욕구에 사로잡히는가? 그가 실패하고, 망신당하고, 불행한 일만 있기를 바라는가?

우리가 누군가에게 강한 분노와 미움을 가지는 주된 원인은 그 사람을 어떻게 할 방법이 없기 때문이다. 하지만 모든 신경을 집중시켜 한 사람을 미워하는 것은 실제로는 자신을 추악하게 만드는 또 다른 형태이다. 가깝게는 자기발전과 행복을 위해 투자해야 할 귀한 시간을 분노와 미움에 낭비하게 된다. 그 때문에 보복 심리로 영혼이 피폐해지고, 악당과 같은 심리적 변화가 일어나며, 얼굴 생김새마저 포악하게 변한다. 멀게는 앞으로 살아가면서 당신이 맞닥뜨려야 할 난제와 '상처'는 셀 수 없이 많다. 하물며 그깟 얄미운 '악동'은 당신이 고민하고 속상해할 가치조차 없을뿐더러 앞으로 당신이 인생길에서 겪는 고난 축에도 끼지 못한다.

얄미운 사람들을 철저하게 외면하고 배척할 능력이 생기기 전까지는 항상 미소로 대하되 과감하게 거절하는 법을 배워야 한다. 또한 주변 환경의 변화나 잇속에 따라 움직이는 인심에도 잘 적응해야 한다. 이른바 '인생은 한 편의 드라마다'라는 말이 있다. 세월이 흐를수록 나이가 느는 것처럼 인생의 연기 실력도 늘어야 한다.

좋은 환경이든 나쁜 환경이든 당신이 묵묵히 헤쳐나가겠다는 의지만 있다면 언젠가는 그토록 싫어하던 환경에서 벗어날 기회가 찾아온다. 물론 그 과정은 매우 힘들겠지만 대신 주도권은 당신 손에 있을 것이다. 그러므로 계속 인내하며 꾸준히 자기발전을 이루면서 당신의 존엄을 지키고 지식을 쌓고, 돈을 벌어 모으며, 당신과 뜻이 맞는 사람들과 즐기면서 살아라. 당신이 중요시하는 일을 하고, 올바른 일이라고 생각하는 일을 하며,

좋은 환경이든 나쁜 환경이든 당신이 묵묵히 헤쳐나가겠다는 의지만 있다면
언젠가는 그토록 싫어하던 환경에서 벗어날 기회가 찾아온다.

터무니없이 왈가왈부하는 부류는 외면하라.

당신이 싫어하는 사람에게 모든 주의력을 집중시킨다면, 진정으로 당신을 아끼고 사랑하는 사람에게는 참으로 불공평한 일이 될 것이다.

어느 날 라오저우와 식사를 하는데, 그가 갑자기 말했다.

"난 요즘 우리 아들이 부러워 죽겠더라고. 날마다 장래 희망을 바꾸는데 말이야. 하루는 화가가 되겠다고 해놓고선 다음 날은 과학자가 되겠다고 하고, 또 그다음 날은 가수가 되겠다고 하더라고."

나는 물었다.

"그럼 자네 꿈은 뭔데?"

라오저우는 고기 한 점을 입에 넣고 한참을 씹고 나서야 말했다.

"에잇, 전에는 정말 시인이 되고 싶었었네. 하지만 지금은 그저 최대한 돈을 많이 벌어서 우리 아들 집이나 장만해주는 게 내 꿈이야."

현실이 마음 같지 않은 그의 심정을 나는 이해하고도 남았다. 하지만 '에잇'이라는 탄식 속에는 적잖은 아쉬움이 담겼음을 느낄 수 있었다.

언젠가 학교 축제에서 "대지팡이 하나와 짚신 한 짝에 의지해 천 리 강산을 떠도는 것이 말 타고 다니는 것보다 더 경쾌하니 무엇이 두려우랴? 도롱이 하나만으로도 모진 비바람을 이겨낼 수 있으니 이대로 자유로이 한평생을 즐기네" 하며 멋들어지게 시조를 읊어대던 그 낭만적인 청년은 이미 변했다. 그는 '술에 취해 물속에 비친 별들이 그림자인 줄 모르나니, 청량한 꿈속에서 나는 은하수 위에 드러누워 있네'라는 시 속 낭만을 잊은

지 오래였다. 또한 '어스레한 황혼 무렵에야 술에서 깨니 벗들은 떠나고 없네. 바람이 몰아치는 누각을 홀로 내려오네'라는 구절 속의 고독도 더 이상 어울리지 않았다.

우리는 그 누구도 지나가는 시간을 붙잡아둘 수 없다. 아니 오히려 우리가 시간에게 떠밀려간다고 하는 표현이 맞을 것이다. 시간은 우리가 철없는 어린 시절에 말썽을 피워도, 또 미처 사리 분별을 하지 못할 때 제 세상인 양 설치고 다니며 좌충우돌해도 묵인해준다. 그 대신 우리가 미처 깨닫지 못하는 사이 조용히 앞으로 떠밀며 좀 더 멀고 낯선 곳으로 날아가라고 종용한다. 그러고는 돌연히 손을 떼는 바람에 우리는 어찌할 바를 몰라 당황해하며 청춘기를 벗어나 성인의 세계로 내동댕이쳐진다.

어른이 되는 것이 김빠지는 이유는 당신이 자신이 좋아하는 것, 열정, 꿈이 어느새 모두 사라졌다는 사실을 갑작스레 깨닫게 되기 때문이다. 이젠 산속에 신선이 사는지, 드넓은 우주에는 외계인이 살고 있는지, 역사 속의 용이나 봉황이 실제로 존재했는지 등에 더 이상 흥미를 느끼지 못한다. 어쩌면 당신은 겉으로는 당당히 이렇게 말할 것이다.

"그까짓 게 나랑 무슨 상관이 있는데? 시험에 나오는 문제도 아니잖아?"

하지만 마음속으로는 이렇게 생각할 것이다.

'그런 것들을 알아서 뭐 해, 돈 되는 것도 아닌데!'

한때 미친 사람처럼 푹 빠져 있던 모든 것이 이제는 있어도 그만 없어도 그만인 심심풀이가 되었다. 한때 확고부동하게 믿던 도리나 이치도 지금은 자신을 설득하지 못한다. 그뿐인가? 자신도 모르는 사이 위축되어 이제는 그 누구에게도 속마음을 내보이지 못하며, 그 어떤 일에도 필요 이상의 희망을 품지 않게 되었다. 이제는 당신이 치르는 희생과 그에 따른 보상이 정비례를 이루는지 시시콜콜 따지게 되었고, 가장 짧은 시간에 가장 적은 노력으로 더욱 큰 보상을 받을 수 있는지에만 관심을 두게 된다.

그러고는 날마다 알람 소리가 울리기 전에 눈을 뜨고, 제시간에 맞춰 식사를 끝내고, 정시에 출근하여 반복되는 무료한 업무에 집중한다. 스트레스와 중압감에 짓눌린 채 하루를 정신없이 보내고는 피로에 지친 몸으로 집으로 돌아간다. 밤늦게까지 밀린 일감을 처리하고서야 겨우 잠자리에 드는 날도 허다하다. 출퇴근길은 눈을 감고도 갈 수 있을 만큼 익숙하고, 집 안의 물건은 불을 끄고도 금세 찾을 수 있으며, 때때로 친구와 안부 전화로 나누는 이야기 내용도 항상 거기서 거기다.

당신은 이것이 바로 성숙해진 어른의 모습이라고 말한다. 하지만 도무지 활기나 생명력은 찾아볼 수 없는 죽음과도 같은 모습 아닌가?

당신은 정말로 어른이 되는 것이 싫은가?

그건 아닐 것이다. 당신은 그저 청년 시절 의기양양하던 모습이 어느새 풀이 죽고 의기소침해진 것이 싫을 뿐이다. 또한 천재적 재능을 가진 줄만 알았는데 그저 평범하기 짝이 없는 현실에 실망하고, 또 열정으로 충만했던 시간이 무료하고 따분해진 게 싫은 것이다. 혹은 한때 당신과 별다른 차이점이 없던 주변 친구들이 사회적으로 성공을 거두는 반면, 자신은 평범함에서 벗어나지 못한 것이 싫은 것이다.

당신은 그저 불공평한 것만 볼 뿐 자신의 성장을 보지 못하고 있다. 특히 당신이 불만을 느끼며 달갑지 않게 여기는 것은 이렇다. 즉, 별다른 노력도 기울이지 않으면서 당신과 똑같은 연봉과 대우를 받으며 풍요로운 생활을 누리는 사람들만 보기 때문이다. 아마 당신은 좋은 것은 여러 사람이 공평히 나누고 누리는 반면, 온갖 문제점과 난제는 오롯이 당신 몫이라고 느낄 것이다.

당신은 이제 더 이상 진실하고 선량하고 아름다운 진리를 믿지 않는다. 권력과 행운만을 좇을 뿐이다. 노력이나 열정, 끈기만 있으면 인정받을 수 있다는 말도 믿지 않을 것이다. 그저 인맥과 아부의 효과를 한층 중시할 것이다. 또한 노력이나 실력, 창의력으로 큰 성취를 이룰 수 있다는 말도 믿지 않을 것이다. 그저 권력과 행운의 중요성만 강조할 것이다. 당신은 왜 점점 자신이 평범해지는지에 대한 수천수만 가지의 변명을 찾아냈을 것이다. 반면에 성실하고 부지런하지만 지금 당장 눈에 보이는 성과를 얻지 못한 사람들을 조소하고 비웃을 것이다. 당신은 강가에서 물고기를 얻기를 바라기만 하고 실제로는 아무런 행동도 하지 않으면서 정작 열심히 낚시를 하며 물고기를 잡는 사람들이 빈손으로 돌아가기를 기다린다. 또한 당신은 그물을 손질하며 물고기를 잡을 준비도 하지 않으면서 그저 하늘에서 물고기가 쏟아지기를 바란다. 바라기만 하고 실제로는 아무 일도 하지 않으면서 정작 열심히 노력하고 행동하는 사람들이 실패를 거두기를 내심 바라고 있는 것이다.

바꿔 말해서, 당신은 나이가 든다는 것이 얼마나 김빠진 일인지만 강조할 뿐 진정한 성장의 의미를 외면하고 있다! 항상 시간이 가족과 친구, 연인을 뺏어갔다고 말하면서도 그 시간을 통해 진정한 우정과 사랑, 가족애가 얼마나 소중한지를 깨달았다는 사실은 외면한다. 또한 시간이 당신의 열정과 꿈을 뺏고 순진한 동심을 파괴했다고만 말한다. 나이가 들면서 견식도 쌓여 인생의 무한한 가능성을 깨닫고 또 이 세상이 얼마나 아름다운지를 알게 되었다는 사실은 모른 체한다. 당신은 어른이 되면서 수많은 책임과 스트레스만 가중되었다고 투덜댄다. 그로 말미암아 겪는 어려움과 고난을 통해 한층 강해지고, 총명해지고, 관대해진다는 사실은 무시한다.

성장은 그동안 내가 굳게 믿었던 것들을 끊임없이 의심하며 과거의 껍데기를 깨고 새로운 지혜와 좋은 성품을 키워내는 것이다. 불확실성과 혼란 속에서도 좀 더 나은 자신이 되기 위해 다음 단계로 올라서는 것이다. 살다 보면 온갖 문제가 계속 생겨나서 당신의 걸음걸이를 잡아당긴다. 하지만 한 가지 확실한 것은 이 문제로 다른 문제를 해결할 수 있다는 사실이다!

사실상 성장하는 과정에서 좋은 일과 나쁜 일, 좋은 사람과 나쁜 사람을 모두 마주친다. 마치 당신에게 저속함과 고상함, 사악함과 선량함, 급한 성미와 미루는 버릇이 모두 함께 공존하는 것처럼 말이다. 그러므로 때로는 체념해도 실망할 필요가 없으며, 갈팡질팡 혼란에 빠져도 절망할 필요가 없다. 나이가 든다는 것이 김빠진 일이라면 오히려 인생을 한층 즐기며 살 수 있도록 노력해야 한다.

당신의 생각과 견해를 지켜나가되 타인의 다른 의견을 존중해야 하고, 또 이 세계를 따뜻한 눈으로 바라보며 사랑하되 저항하고 맞설 준비를 해야 한다!

04

어떤 일이든 시작이 어렵고,
꾸준히 하는 것은 더 어렵고,
끝맺는 것은 더더욱 어렵다

소셜 소프트웨어를 찾는 이들은 크게 네 부류다. 첫째는 돈을 벌기 위한 사람들, 둘째는 연애를 하기 위한 사람들, 셋째는 맛있는 먹거리를 찾는 사람들, 넷째는 죽고 싶도록 절망적인 사람들이다.

지금 내 앞에 앉아 있는 루이루이는 네 번째 부류에 속한다. 10분 전에 그녀는 내게 이런 톡을 보냈다.

'학교 다닐 때는 성적 때문에 비교당하고, 직장을 다니면서는 연봉을 비교당하고, 이제는 남보다 더 많이 걸어 다니는 것까지 비교당하고 있어요. 이젠 나를 놔줬으면 해요. 나는 이 세상과 비교당할 필요가 없는 쓰레기가 되고 싶어요.'

따지고 보면 루이루이는 이모부를 거쳐 건너서 먼 친척뻘이다. 루이루이는 어린 시절부터 특히 수학을 싫어했다. 덧셈 뺄셈 말만 나와도 배가 아프다고 투정을 부릴 정도였다. 그녀의 엄마는 이렇게 다독였다.

"대학만 들어가면 수학 따위는 할 필요가 없단다."

안타깝게도 루이루이는 어렵사리 진학한 대학교에서 질풍노도와 같은 방황을 겪었다. 학업에 열중하며 지식을 쌓기는커녕 술과 담배, 욕설을 배웠다. '지식과 교양을 갖춘 지성인'이 아니라 '내 인생은 끝났어. 그러니 대충 살아도 돼'라는 느낌을 온몸으로 발산했다.

루이루이는 대학 졸업 후 1년 넘게 백수로 지내다 인맥 덕분에 가까스로 잡지사에 취직했다. 그제야 힘든 백수생활도 청산하고 새로운 인생을 맞이할 수 있으리라 여겼다. 그러나 잡지사의 일은 결코 녹록지 않았다. 날마다 산더미처럼 쌓이는 일 때문에 야근을 밥 먹다시피 해야 했다. 오늘은 원고의 품질을 살피고, 내일은 소재의 창의성을 따져보고, 모레는 예술적 가치를 논의하는 등 일의 강도는 고3 시절에 맞먹을 만큼 힘들고 고되었다. 그뿐만이 아니었다. 회사 동료들 앞에서 상사에게 질책을 듣는 날도 허다했다.

"도대체 할 줄 아는 게 뭐야? 이따위로 할 거면 회사 나오지 마!"

그야말로 절망적인 벼랑 끝에서 기사회생했다고 생각했는데 알고 보니 첩첩산중에서 길을 잃은 꼴이었다.

루이루이가 물었다.

"무슨 일이든 처음 시작이 어렵다고 하잖아요? 어렵게 대학에 진학해서 겨우 졸업하고 간신히 취직에 성공했는데, 내 삶은 여전히 엉망진창이에요. 정말 왜 이렇게 사는 게 힘든지 모르겠어요!"

루이루이는 기어이 울음보를 터뜨렸다. 눈물과 콧물이 한데 뒤범벅이 된 채 펑펑 우는 그녀는 그야말로 억울한 누명을 쓴 죄수 같았다. 나는 그녀에게 손수건을 건네고 울음이 잦아들기를 기다렸다가 말했다.

"그래, 뭐든지 시작이 어렵지. 그런데 말이야. 그 일을 꾸준히 하는 것은 더 어렵고, 끝맺는 것은 더더욱 어려워. 대학 진학은 네가 어렵게 배움의 길로 들어서는 시작에 불과해. 또한 직장을 얻는 것은 생계 수단을 마련하기 위한 첫걸음일 뿐이야. 네가 원하는 풍요롭고 행복한 삶을 얻기 위해서는 앞으로도 무수히 많은 중간 단계와 결말을 겪어나가야 해."

우리는 나이가 들수록 새로이 깨닫게 된다. 진심 어린 태도나 말이 결국은 거짓말이라는 사실을!

부모님은 말했다.

"나중에 어른이 되면 다 좋아진단다"

담임선생님은 말했다.

"대학 진학만 하면 더 이상 시험공부는 안 해도 된다."

직장 선배는 말했다.

"새로운 업무는 사나흘 적응하면 익숙해져."

과연 어땠는가? 어른이 되어도 좋아지는 것은 하나도 없으며, 대학을 진학하고 나면 다시 자격증 시험이나 잡다한 능력인증 시험이 등장하며, 직장에서 새로운 업무에 간신히 적응하고 나면 또 다른 업무가 당신을 기다린다.

결혼하기 전에는 친구들이 이런 말을 했을 것이다.

"좋아하는 사람이 생기면 모든 게 잘될 거야."

그러다 애인이 생기고 애정 전선에 적잖은 문제가 생기면 친구들은 또 이렇게 말한다.

"너랑 안 맞는 것 같으면 헤어져."

마음에 드는 물건이 있으면 동료들은 이렇게 권한다.

"그렇게 좋으면 사버려."

하지만 실제로 어떠한가? 성격이 잘 맞는 연인을 만나기도 힘들고, 또 그런 사람을 만나도 사랑을 가꿔나가기는 더 힘들고, 죽을 때까지 함께 백년해로하는 것은 더더욱 힘들다. 조금만 마음에 안 들어도 애인을 갈아치우는 사람은 나이 들 때까지 좋은 인연을 만나기 힘들다. 또 마음에 들면 가격을 따지지 않고 무작정 사들이는 사람은 은행 잔고가 바닥을 드러내기 일쑤다.

사실 나이를 먹고 어른이 되는 것은 마치 오락 게임에서 경험치를 얻고 레벨 업이 되는 것처럼 계속 자신을 업그레이드하는 과정이다. 다섯 살 때는 다섯 살배기 어린아이가 겪어야 하는 세상이 있고, 열여덟 살에는 청년기에 마주해야 하는 세상이 있으며, 쉰 살에는 중년이 맞닥뜨려야 하는 세상이 있다. 나이가 몇 살이든 간에 그 나이 단계에서 헤쳐 나아가야 하는 난관이 있고, 어떤 인생을 살든 그 인생길 걸음걸음마다 그에 상응하는 수준의 위기가 기다리고 있다. 적어도 내 생명이 붙어 있는 이상 경험치를 획득하지 않고서는 그 단계를 통과할 수 없다.

눈앞의 난관을 건너뛸 생각도 해서는 안 되고, 또 현재의 난관을 통과했다고 해서 앞으로 모든 일이 뜻대로 이뤄진다고 착각해서도 안 된다. 당장 눈앞에 닥친 난관을 잘 헤쳐 나아가야만 지금 나이 단계의 생활이 좀 더 수월해지고, 또 다음 레벨의 난관을 헤쳐 나아가기 위한 경험치를 쌓을 수 있다.

열여덟 살 청소년이 되어 다섯 살 무렵의 시간을 떠올리면 특별히 힘든 난관이 없었다고 생각하기 쉽다. 그저 어린 시절에는 대학시험을 치를 필요도 없기에 공부 스트레스도 없다고만 기억하기 때문이다. 하지만 곰곰이 생각해보라. 다섯 살 무렵 더러는 덧셈 뺄셈을 배우기 시작하고, 그림 그리기 방법을 배우고, 어른들에게 인사하는 방법을 익히는 등등 그 어느 것 하나 쉬운 일이 있었던가?

쉰 살의 중년 역시 열여덟 살 무렵 청소년기를 되돌아보면 세상 근심 걱정 없이 살던 시절이라고 여기기 쉽다. 당시의 생기발랄하고 열정과 치기가 넘쳤던 모습만을 기억하기 때문이다. 하지만 잊지 말라. 열여덟 살에 당신은 대학 입시 준비를 시작하고, 친구들과의 우정 때문에 고민하고, 이성에 관심을 가지면서 외모 때문에 속상해하고, 미래에 대한 두려움을 갖고 있었다. 그 모든 것이 당시에는 얼마나 힘겹고 어려운 문제들이었던가?

안타깝게도 이미 열여덟 살 청소년이 되었는데도 아직 다섯 살 무렵의 세상과 싸우는 이들이 있다. 그래서 나이가 서른이 다 되어도 여전히 '원하는 것을 얻지 못하면 울음보를 터뜨리고, 시합에서 지면 생떼를 부리며' 어린아이처럼 군다.

지금도 내 책상 위에는 라오우와 번지점프를 하고 난 뒤 찍은 기념사진이 놓여 있다. 사진에는 라오우가 내게 남긴 말도 새겨져 있다.

'좋은 일은 결코 쉽게 오지 않는다.'

벌써 6년 전의 일이다. 당시는 글 쓰는 일을 평생의 업으로 삼겠노라 마음먹었을 때다. 밤을 지새우며 쓴 원고를 가지고 여러 출판사를 기웃거렸지만, 그 어디에서도 내 원고에 관심을 품지 않았다. 매번 컴퓨터를 켜고 내 글들을 볼 때면 마치 날마다 대문을 열자마자 빚쟁이들이 몰려와 돈 갚으로고 아우성을 쳐대는 것만 같았다. 작가가 되고자 했던 나의 열정은 점차 차갑게 식어갔다. 초조함과 번뇌, 방황, 울분에 휩싸였던 나는 라오우를 찾아가 하소연을 늘어놨다. 하지만 라오우는 나를 위로하는 대신 다짜고짜 번지점프를 하러 가자고 내 손을 잡아끌었다.

당시 우리는 긴 줄을 선 뒤에야 매표소 앞에 다다랐다. 라오우가 매표원에게 물었다.

"번지점프 한 번 하는 데 얼마입니까?"

매표원이 대답했다.

"줄을 매는 건 백팔십 위안이고, 줄 안 매고 점프하는 건 무료예요."

라오우는 매표소 창구 앞에 얼굴을 들이민 채 히죽댔다.

"표 두 장 주세요. 줄 매는 거로요."

나는 두 사람의 농담이 전혀 우습지가 않았다. 자기 조소적인 장난에 아무런 느낌조차 들지 않았다. 아니 더 정확히 표현하자면 나는 번지점프에 대한 두려움에 사로잡혀 그 어떤 말도 귀에 들어오지 않았다. 번지 점프대가 내 눈앞에 들어선 것만으로, 이미 내 심장은 심히 벌렁거렸다. 번지 점프대 2미터 거리에 이르렀을 때는 온몸이 부들부들 떨리기 시작했다.

'난 누구지? 여긴 어디야? 난 이곳에 뭣 하러 온 거지?'

번지점프 운영 직원이 내 몸에 안전 고리를 맬 즈음에는 아예 반쯤 정신이 나가고 말았다. 난 속으로 이렇게만 외쳐댔다.

'제발 꼼꼼히 살펴주라. 사람의 목숨이 달린 일이라고!'

하지만 직원은 마치 '이성을 상실한 미치광이'처럼 아직 정신 차리지 못한 나를 냅다 벼랑 아래로 떠밀었다. 그런 직원을 원망할 겨를조차 없었다. 머리는 터질 것처럼 아프고 요동치는 심장은 금방이라도 튀어나올 것만 같았다. 나는 온몸에 힘을 주며 움츠리려고 애썼지만 만유인력에 대항하기에는 역부족이었다. 비명을 지르고 싶었지만 소리조차 나오지 않았다. 귓가를 때리는 바람소리를 참으며 내가 할 수 있는 일이라곤 그저 의연한 척 내 몸을 중력에 맡길 뿐이었다.

얼굴이 사색이 된 채 땅에 착지한 나를 라오우는 만족스러운 듯 끌어당기며 기념사진을 찍었다. 그러고는 내게 평생 잊지 못할 말을 했다. 당시 느릿한 어조로 말하던 그의 표정이 지금까지도 생생하다.

"인생은 번지점프와 같아. 점프하기로 결정하는 것도, 수십 미터 아래로 몸을 내던지는 것도, 그리고 자유를 느끼며 낙하하는 것도 어느 것 하나 쉬운 일이 없어. 엄청난 용기와 인내심이 필요하지. 오늘 번지점프 하는 네 모습을 보니 천길 아래 낭떠러지로 뛰어내려도 절대 죽지 않을 거라는 확신에 가득 차 있더군."

라오우는 고생을 많이 한 사람이다. 어린 시절 아버지가 폭력 사건으로 감옥에 들어가자 그의 어머니는 가난을 이기지 못해 집을 나가고 말았다. 그로 말미암아 라오우는 노환으로 병상에 누워 있는 할머니와 젖먹이 남동생을 책임지는 어린 가장이 되었다. 아직 어린 나이라서 캄캄한 어둠도 무섭고 매서운 추위도 참기 힘들었지만 그보다는 배고픔이 더 두려웠다. 라오우는 낮에는 공병을 주워 모았고, 밤이면 음식점에서 잔반을 얻어다 끼니를 때웠다. 아르바이트를 할 수 있는 나이가 돼서는 세차장, 이삿짐센터 등에서 일했다. 하루에 두서너 시간만 자며 세 개의 아르바이트를 뛸 때도 있었다. 그의 생활은 마치 고물 자동차의 브레이크를 밟은 채 씽씽 달리는 스포츠카와 경주하는 것처럼 하루하루가 숨이 가쁘고 힘들었다. 오랜 시간 라오우는 비관적인 생각에 사로잡혔다. 인생이라는 것이 온통 불운으로만 점철되어 있다고 생각했다.

불행한 생활을 오래 한 사람은 한 가지 이치를 깨닫게 된다. 즉, 사소한 나쁜 일 하나가 해결만 돼도 행복감을 느끼게 된다는 사실이다.

라오우는 마침내 힘겨운 시간을 헤쳐나왔다. 그는 이렇게 말했다.

"이번 난관을 해결하고 나면 더욱 힘든 난관이 찾아올 거라는 사실을 알게 되니까 지금 눈앞의 문제가 그다지 힘들다는 생각이 안 들더군. 그리고 제아무리 힘든 고난도 결국 버텨나간다는 사실을 깨닫게 되니까 오히려 마음이 편해졌어. 사실 문제를 더 크게 확대해석하고 마음을 졸이는 것은 바로 우리 자신인 것 같아. 앉으나 서나 걱정하다가도 막상 그 문제가 닥치고 나면 생각만큼 어려운 일이 아니더라고."

지금 라오우는 개인 작업실을 갖고 있다. 그는 수많은 책을 읽으며 지식을 쌓았고, 피아노 연주에도 일가견이 있다. 그래서 인공지능의 미래에 대해 밤새 토론도 하고 또 피아노로 감미로운 세레나데를 연주하기도 한다. 라오우를 잘 모르는 사람들은 그처럼 박학다식하고 낭만적인 그가 한때 인생의 낭떠러지에서 처절한 시간을 보냈다는 걸 상상조차 하지 못한다. 라오우는 이렇게도 말했다.

"근심 걱정에 소중한 시간을 낭비해서는 안 돼. 내 경험에 따르면 근심 걱정이야말로 이 세상에서 가장 쓸모없는 거라네. 정작 문제를 해결할 실제적인 노력도 하지 않으면서 근심하고 걱정하느라 온종일 똥 마려운 강아지처럼 안절부절 시간만 까먹게 되거든. 그러니 네가 이제 할 만큼 했다고 여길 때까지 계속 글을 쓰면서 출판사 문을 두드려. 좋은 일은 결코 쉽게 오지 않는다구!"

그렇다. 어차피 내 목숨이 달린 문제도 아니고 또 다른 선택지가 있어서 피할 수 있는 것도 아니다. 우리가 살아 있는 이상 원하든 원하지 않든 삶의 고난은 꼬리에 꼬리를 물고 찾아오며, 환영하든 그렇지 않든 미래의 시간은 어김없이 닥쳐온다.

당신이 절망에 무너지는 순간들, 당신을 불안에 빠뜨리는 일들, 당신이 도저히 헤쳐나갈 수 없다고 느끼는 난관들은 어차피 당신 힘으로 견뎌 나아가야 한다. 모든 것이 속수무책인 현재와 원한 대로 이루어진 내일 사이에, 온 세상을 가득 채우는 근심 걱정과 뜻하는 대로 문제가 해결되는 순간 사이에는 아직 많은 시간이 남아 있다.

이 세상 곳곳에는 눈에 보이지 않는 투명한 장벽이 당신을 가로막고 있다. 어차피 뚫고 나가야 하는 거라면 온몸으로 부딪쳐라! 기껏해야 엉덩방아 찧는 것 말고 뭐가 더 있겠는가?

'오춘기'라는 말이 있다. 대충 그 뜻을 살펴보면 삶에 이리저리 치이며 상처를 입고 방황하는 중년들을 가리킨다. 이들에게는 유년 시절의 천진난만하고 순수한 행복과 즐거움은 이미 사라진 지 오래다. 인간관계의 냉정함을 맛보고, 한때 가슴을 부풀게 했던 미래의 꿈은 곰팡이가 핀 채 한구석에 내팽개쳐졌으며, 가질 수 없는 연인은 꿈속에서나 볼 수 있다. 온종일 SNS를 뒤적이면서도 막상 대화를 나누는 이는 손으로 꼽을 정도이다.

이들은 또래들보다 뒤처지는 것을 걱정하면서도 어쩌면 자신에게는 영원히 성공의 기회가 오지 않을 거라고 체념한다. 크나큰 인생의 고난을 겪지는 않았지만 혈기 넘치는 청년 시절의 꿈과 포부는 잃은 지 오래다.

‘오춘기’를 겪는 당신에게 현실은 흡사 영화 속 학살 현장만큼이나 잔혹하다. 이 세상에 대한 아름다운 상상, 수많은 기대, 무한한 호기심, 선의, 열정, 진심을 무차별적으로 ‘사살’했으니 말이다.

　아마 당신은 하나둘씩 발견하게 될 것이다. 좋아했던 작가가 노환으로 죽고, 가깝던 친구들도 머리가 희끗거리며, 열렬하게 환호하던 야구 스타는 어느새 은퇴하고, 즐겨보던 만화영화도 역사 속으로 사라졌으며, 흠모하던 배우도 TV에서 찾아볼 수 없게 된 현실들을 말이다. 또한 새삼 깨닫게 될 것이다. 당신이 3일 연속 밤샘 근무를 하든 말든 위층 집의 천방지축 장난꾸러기 아이는 여전히 쿵쾅거리며 날뛸 것이고, 또 옆자리 연인들은 당신이 우울하든 말든 시시덕거리며 당신의 염장을 질러댈 것이며, 부인 혹은 남편은 당신에게 방해가 되든 말든 밤늦도록 TV를 시청할 것이다.

　한마디로, 당신 인생이 바닥을 쳤다고 생각할 때마다 어김없이 누군가가 삽을 던져주며 아직 멀었다고 말해준다!

　하지만 또 우리가 인정하지 않을 수 없는 사실 하나가 있다. 현실이 아름답지 못하다는 것이 ‘나쁘다’는 것을 의미하지 않는다는 점이다. 우리는 거침없이 흘러가는 시간 속에서 헤매고, 또 수많은 인간 군상 속에서 방황할지언정 삶을 밝게 비춰주는 아름다운 순간을 맞이하곤 한다.

　예컨대 작고한 어느 작가의 한마디 말에 진정한 삶의 의미를 깨닫고 새로운 인생을 시작하거나 혹은 점차 연로해지는 부모님을 보면서 가정에 대한 책임감을 새로이 다지거나, 은퇴한 야구 스타를 통해 성실함의 의미를 깨닫고, 종영된 애니메이션을 통해 왜 선량하게 살아야 하는지를 알게 되고, 은퇴한 은막의 배우를 통해 교양을 배우기도 한다. 혹은 10년간의 독학 끝에 꿈에 그리던 대학 입학 통지서를 받거나, 열흘 넘도록 밤샘 근무하며 매달린 끝에 프로젝트를 성공적으로 완수하거나, 오랜 싱글생활 끝에 마침내 마음이 통하는 이성을 만나기도 한다.

물론 당신은 누구보다 잘 알고 있을 것이다. 대학시험 예상 문제를 모조리 훑어보는 것이 결코 쉬운 일이 아니며, 밤을 지새워 일하는 것도, 외로운 생활도 결코 부러워할 만한 것들은 아니라는 사실을. 하지만 또 누구보다 잘 알고 있을 것이다. 이러한 경험들이 행복하거나 만족스러운 결말을 가져다주는 경우는 극히 드물지만 그렇다고 아예 기회가 없는 것은 아니라는 사실을. 그러므로 중도에 포기한 채 "무슨 일이든 시작이 어렵다"고 핑계 대지 말라. '꾸준히 하는 것은 더 어렵고 끝을 맺는 것은 더더욱 어렵다'는 진리를 명심해야 한다. 이러한 생각을 하고 있으면 끊임없이 나타나 당신의 발목을 잡는 온갖 문제에도 허둥지둥하지 않게 된다. 아마 인생의 얄궂음에 장난꾸러기처럼 째려보며 혀를 날름거리는 여유를 부릴 수 있을 것이다! 또한 '좋은 일에는 방해가 따라다닌다'는 말로 스스로를 위로하지 말라. 나쁜 일에도 방해가 따라다니기 때문에 그저 잘 헤쳐나갈 수 있다는 점을 잊지 말라.

이러한 마음가짐이라면 '황금 잉어'에 허황된 희망을 걸지도 않게 되며, 힘들고 골치 아픈 일은 시간이 해결해줄 것이라는 무책임한 태도도 보이지 않을 것이며, 눈물과 원망으로 문제를 해결하려고 들지도 않을 것이다. 그 대신 진흙 구덩이 속에서 스스로 빠져나오기 위해 고군분투할 것이다!

살찌는 것 말고 도무지 쉬운 일이라곤 하나도 없는 것이 바로 삶의 본질이다!

미국의 어느 대법관이 아들의 졸업식에서 '나는 네가 불행하고 고통스럽기를 바란다'는 제목으로 강연을 했다.

"앞으로 수년간 나는 네가 불공정한 대우를 받기를 바란다. 그래야만 공정함의 가치를 깨달을 수 있을 테니 말이다. 또한 나는 네가 수시로 외로움에 마음 아프기를 바란다. 그래야만 친구의 소중함을 깨달을 수 있으니까. 또한 네가 실패했을 때 경쟁자가 너의 불운을 고소해하기를 바란다. 그 모습을 보며 품위 있는 경쟁의 중요성을 깨달을 수 있을 테니까. 그리고 나는 네가 주위 사람들에게 무시받길 바란다. 그래야만 남의 이야기에 경청하는 것이 얼마나 중요한지를 실감할 수 있을 테니까. 그리고 나는 네가 적절한 고통을 겪기를 바란다. 그 고통을 통해 다른 사람의 처지에 감정 이입하는 법을 배울 수 있길 바란다."

우리는 대부분 격렬한 사랑이나 미움, 기쁨, 슬픔 등을 겪고 나면 인생을 명확하게 인식하게 되고 미래를 주도면밀하게 준비하게 된다. 또한 지금 눈앞에 놓인 난관이나 장래의 계획에 대해 좀 더 인내심을 발휘하게 된다. 그리하여 젊은 혈기나 혹은 허황한 상상에만 사로잡혀 무작정 밀고 나갔다가 가혹한 현실에 참패를 당하는 일은 없게 된다. 운명적으로 감수해야 할 일을 감수하지 못하는 것은 유약함이며, '필연적으로 맞닥뜨릴 난관'에 대한 준비를 하지 않는 것은 어리석음이다. 바꿔 말하면, 당신이 가장 힘든 시기를 보낼 때는 난관 앞에 함부로 무릎을 꿇어서는 안 된다. 또한 조금만 더 참으면 좀 더 나은 삶을 맞이할 수 있는데도 이를 포기하고 그보다 못한 인생을 선택해서도 안 된다.

인생의 다음 정거장은 전보다 더 나을 거라고 생각하지 말라. 가령 학창 시절에는 직장생활을 동경하다가 막상 직장인이 되고서는 지난 학창 시절을 그리워하는 사람이 많다. 사회생활을 하다 보면 학교 동기들보다 열 배는 더 특이하고 스무 배는 더 까다로운 사람들과 생활해야 하기 때문이다. 혹은 학창 시절 친구에게 오해를 받아 괴로웠던 일보다 서른 배는 더 억울한 일을 당하고, 시험 기간에 머리를 싸매고 공부를 하던 것보다 백배는 더 힘든 스트레스를 겪을 것이기 때문이다. 사실 우리가 꿈꾸는 '이상적인 생활'은 지금 눈앞에 닥친 일들을 하나하나 헤쳐 나아가야만 누릴 수 있는 것들이다.

인생은 끊임없는 선택의 과정이다. 우리는 어떤 선택을 하든 필연적으로 난관에 부딪히게 되고, 또 결국은 후회를 하게 된다. 이 세상에 후회하지 않는 약이 있다면 어떨까? 아마 후회하지 않는 약을 먹고 나서도 그 약을 먹은 것을 다시 후회하게 될 것이다. 하지만 결과가 나오기 전까지 최선을 다하는 사람은 남들보다 후회하는 일이 적다. 또한 모든 일이 끝날 때까지 끝까지 견지하는 사람은 남들보다 여한이 적다.

나는 당신이 항상 요행으로 이익을 얻기보다는 때로는 불행하고 우울하기를 바란다. 또한 당신이 추진력도 있고 성깔도 부리되 악에 치받지 않기를 바란다. 그리고 당신이 베풀 때나 받을 때나 항상 기뻐하기를 바란다.

05

세속적인 것을
멸시하더라도
함께 어울릴 줄 알아야 한다

라오딩의 집에 초대되어 갔을 때다. 내가 과일 바구니를 내려놓자마자 그가 나에게 도와달라고 성화를 부렸다. 주방 싱크대에서 물고기 두 마리를 키우고 있는데 어느 게 더 멋있는지 살펴달라는 것이었다. 나는 의아해져서 물었다.

"비교한 다음에는?"

마침 야채를 썰고 있던 라오딩은 칼로 자신의 눈 하나를 가리며 기괴한 웃음을 지었다.

"흐흐. 가장 멋있는 놈으로 오늘 저녁 반찬을 만들 생각이야!"

라오딩 하면 나의 머릿속에 가장 먼저 떠오르는 형용사가 '저속하다'이다. 고대 중국어를 가르치는 대학교수임에도 라오딩의 주된 관심사는 결혼이나 출산, 부동산 매입 같은 거였다. 그의 인생 목표는 사무실을 차려서 한편으로는 결혼 정보회사를 운영하고 또 다른 한편으로는 부동산 중

개업을 하는 것이었으니까. 그래서 이런 '명언'도 한 적이 있다.

"공부는 때려치우고 나가서 돈 벌어라, 혹은 결혼하지 말라, 부동산으로 재테크하지 말라, 자식을 낳지 말라고 권하는 사람은 모두 문제가 있다. 그것이 '당신을 위해서' 혹은 '당신을 사랑한다'는 이유에서든 아니면 진정한 자유를 위해서라는 이유에서든 말이다."

라오딩은 주된 관심사뿐만 아니라 취미생활도 저속했다. 삼류 연애소설을 즐겨 봤으며 무신(중국 현대문학가이자 화가)의 시집이나 싼마오(중국 현대문학을 대표하는 여성 작가)의 책은 따분해하며 들춰보지도 않았다. 그는 또한 동북이인전(東北二人轉, 헤이룽장, 지린, 창춘 일대에서 유행하는 설창 문예(운문과 산문이 섞여 있는 연예양식적 성격이 강한 중국 문학의 한 양식)의 일종)이나 라오댜오방쯔(老調梆子, 허베이성 지방극의 일종)를 가장 좋아했으며, 고상하고 품위 있게 앉아서 감상하는 연주회는 관심조차 없었다. 또한 시몬 드 보부아르(프랑스 작가이자 철학가)가 남성을 존중하는지 경시하는지조차 관심이 없었다. 그의 옷차림도 무작정 유행만을 좇아 경박스럽기 그지없었다. 기분이 나빠 얼굴에 표정이 없을 때는 짜증에 찬 교무주임처럼 보였고, 기분이 좋아 웃을 때는 돈 많은 지주의 얼치기 아들처럼 보였다.

라오딩과 잊을 수 없는 기억은 작년 단체 헌혈 때의 일이다. 그는 호기롭게 200밀리미터를 헌혈하겠다고 큰소리를 쳤다. 하지만 막상 헌혈이 시작되자 몸이 불편해졌는지 울상을 지으며 이렇게 소리쳤다.

"아이고, 난 도저히 안 되겠어, 이러다 죽을지도 몰라!"

그러고는 간호사에게 말했다.

"어서 빨리, 내 피를 다시 돌려줘요!"

하지만 그럼에도 주변 사람들은 라오딩의 저속하고 경박한 모습을 거부감 없이 받아들인다. 그도 그럴 것이 무미건조하고 따분한 고대 한어 강의를 마작 게임처럼 흥미진진하고 신나게 탈바꿈시키기 때문이다. 그래서 그의 공개수업에는 항상 구름 떼처럼 몰려든 학생들로 북적거리기 일쑤다. 랴오딩은 통속 연애소설에서 인간성의 다양한 면면을 연구한 논문으로 상까지 받았다. 그뿐만 아니라 랴오댜오방쯔의 전문 배우를 찾아가 직접 연기 수업을 받아 민속공연에서 전문 배우 못잖은 실력을 뽐내기도 했다. 설날에는 수많은 인파 속에 섞여 동북이인전 공연을 온종일 관람하기도 했다. 그는 혼자 있을 때도 고독을 느낄 새가 없다. 자신의 신발을 말동무 삼아 반나절 내내 수다를 떨 수 있으니 말이다.

그날 랴오딩의 집에서 함께 식사할 때 내가 물었다.

"그래도 명색이 대학교수인데 그렇게 경박하게 굴다가 학생들한테 웃음거리가 되면 어쩌려고 그래? 걱정도 안 되나?"

랴오딩은 마침 입에 문 우렁이를 요란스럽게 빨아먹으며 말했다.

"그 사람들이 어떻게 생각하든 그건 그들의 문제일 뿐 나와는 상관없어. 게다가 남들의 웃음거리를 면한다고 해서 내가 고상해지는 건 아니지 않나?"

랴오딩은 말을 끝내고는 다시 우렁이 요리를 게걸스럽게 먹는가 싶더니 돌연 말을 이었다.

"어디 한번 말해주게. 도대체 누가 나를 비웃던가? 내 그놈을 잡아다 흠씬 패줘야겠네."

진정으로 품위 있는 개성은 이 부잡한 세계와 하나가 되어 움직이면서도 자신만의 인생을 홀로 즐길 줄 아는 것이다.

이러한 사람들은 번잡한 세계에서 거리낌 없이 살아가면서도 허세나 교활한 술수를 부리지 않는다. 자신의 전문 분야에서는 우수성과 매력을 발산하고, 기타 방면에서는 어린아이 같은 귀여운 면모를 보인다. 이성적이고 성숙하면서도 천진난만한 순수성을 간직하고 있다. 설령 속되고 저급한 마음이라도 감추지 않고 있는 그대로 내보인다.

그렇다면 당신은 어떠한가? 아직 나이가 젊은데도 '세상 사람들은 모두 취해 있고 나 홀로 맑게 깨어 있다'는 유아독존적인 생각에 사로잡혀 있지 않은가? 세상을 바라보는 견해도 산전수전을 다 겪은 노인들보다 더 찌들어 있고, 또 아직 세상을 겪지 못한 아이들보다 더 유치하게 행동하면서 그야말로 세상을 잘못 만난 사람처럼 굴지 않는가? 예컨대 왁자지껄한 자리에서는 유난히 냉정하고 교만한 태도를 보이다가도 조용한 곳에서는 기상천외한 방식으로 자신의 특별함을 내보이려고 머리를 쥐어짠다. 또한 돈이나 명예를 하찮게 여겨 돈 버는 일을 상스럽게 여기며 오히려 가난을 자랑스러워한다. 그 결과 현실에서 항상 돈에 쫓기며 궁핍하게 살아간다. 당신은 또한 인간관계나 사교 활동을 무시한다. 세상인심은 하나같이 가식적이며 사람들과의 교류도 그저 한 편의 연극이라고 여긴다. 그 결과 세상 물정에 통달한 사람들에게 철저히 패배하곤 한다. 그래서 대낮에는 뭇사람 속에서는 엄숙하고 점잖은 태도를 보이다가도 아무도 보지 않는 밤이면 "사는 게 녹록지 않다"며 홀로 한탄한다.

하지만 정작 그보다 큰 문제는 따로 있다. 당신은 한 번도 친구에게 배신을 당해보지도 않았으면서 우정을 '성의 없는 겉치레'라고 여기고, 인간관계의 즐거움을 느껴본 적도 없으면서 사교 활동을 그저 '여러 사람이 한데 모여 가식을 떨며 왁자지껄 수다나 떠는 행위'로 간주한다. 또한 돈 버는 일이 얼마나 고되고 힘든지 경험조차 하지 않았으면서 돈을 비천하다고 경멸하며, 온 마음을 다해 사랑해본 적도 없으면서 사랑은 그저 연극에 불과하다고 치부한다. 이에 대해 소설 《살파랑(殺破狼)》에는 정곡을 찌르는 구절이 나온다.

'중병에 걸려본 적이 없는 사람은 단순히 살갗이 쓸려 벗겨지기만 해도 심각한 상처를 입었다고 여긴다. 황사 바람에 모래알을 씹어본 적이 없는 사람은 용맹한 군대를 그저 위풍당당한 척하는 허깨비에 불과하다고 여긴다. 또한 쌀겨와 풀로 허기를 때워본 적이 없는 이는 먹고살기 힘들다는 한탄을 그저 엄살로만 여긴다.'

나는 결코 당신에게 평범하고 저속해지라고 말하려는 것이 아니다. 다만 저속함을 거부하느라 가식과 위장이라는 무거운 짐을 짊어지지 말라고 권유하는 것이다. 고상함에는 그만큼의 대가를 지불해야 하고 저속함에는 나름의 이점이 있기 때문이다. 또한 통속적인 것을 거부하느라 진실한 삶에서 도피하게 될까 봐 걱정스럽고, 가식과 위장의 시간이 너무 길어 불행해지거나 혹은 다른 사람의 짝퉁 신세가 될까 봐 걱정스럽기 때문이다.

이 세상에 태어난 이상 열심히 노력해서 남들보다 월등한 능력을 발휘하여 출세하거나 아니면 하늘의 뜻에 순응하여 자신의 처지에 만족하며 살아가는 것이 옳을 것이다. 다만 보고 배운 것은 많지만 노력이 부족하거나 성정은 고결하지만 성격이 유약한 사람이 많은 게 문제이다. 그 때문에 실력을 겨뤄야 할 때 제대로 발휘를 못 하거나 과감히 포기해야 할 때 미적거리며 손에서 놓지 못하고, 융통성을 부려 유연하게 대처해야 할 때 옹고집으로 밀어붙이고, 미련스럽게 묵묵히 노력해야 할 때 잔꾀를 부리게 된다.

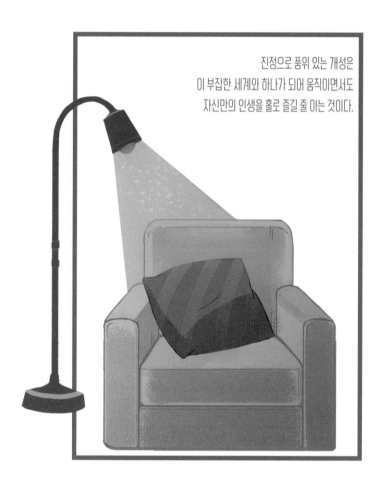

진정으로 품위 있는 개성은
이 부잡한 세계와 하나가 되어 움직이면서도
자신만의 인생을 홀로 즐길 줄 아는 것이다.

이 세상에 근심 걱정이 없는 사람은 두 부류다. 하나는 모든 것을 자포자기한 사람이고, 또 하나는 세상만사에 통달한 사람이다. 그런 관점에서 본다면 미련스럽지도 않고 현명하지도 않은 속인(俗人)들만 고생할 뿐이다.

한번은 불현듯 무쯔가 자조 섞인 어조로 혼자서 투정을 부리던 말이 떠올랐다.

"우리가 엄마 뱃속에서 '잘생긴 가난뱅이'와 '못생긴 부자' 둘 중 하나를 선택해서 태어나는 거라면, 나는 돌연변이처럼 '못생긴 가난뱅이'를 선택해서 태어나는 데 성공했구나."

상하이에서 대학생활을 시작했을 때만 해도 무쯔는 스스로 먹잇감을 찾는 법을 배우지도 못한 채 초원 위에 던져진 초식동물 같았다. 심한 사투리에 외모도 볼품없었다. 당시 무쯔는 대단히 '인색'해서 기숙사 룸파티에 한 번도 참석하지 않았다. 돈이 아까운 것도 이유였지만 말솜씨나 옷차림이 여느 친구와 너무 많이 차이가 났기 때문이다. 게다가 무쯔는 자존심이 강해서 남들로부터 조금이라도 무시당하거나 곤란을 겪는 것을 용납하지 않았다. 가령 누군가 30분 정도 답신을 늦게 보내면 무쯔는 똑같이 30분 뒤에 답신을 보낼 정도였다.

무쯔는 날마다 공부하랴 아르바이트하랴 분초를 다투며 생활했다. 학교 총장보다 더 바빠 보일 정도였다. 해마다 전액 장학금을 받았지만 아르바이트를 그만두지 않았다. 무쯔의 머릿속에는 팽팽하게 당긴 활시위가 들어 있는 것 같았다. 그 활시위 때문에 제대로 휴식을 즐기지도 못하고,

남자 친구도 못 사귀며 여느 친구들처럼 평범한 생활을 보내지 못했다. 그 활시위는 끊임없이 무쯔에게 이렇게 일깨워주는 듯했다.

"저 아이는 부모가 고위급 관리라서 졸업 후에는 수월하게 공무원이 될 거야. 저 아이는 부잣집이라서 졸업 후에 인맥을 통해 증권 회사에서 근무하게 될 거야. 저 아이는 부동산 재벌이라서 대학시험에 떨어졌어도 이미 자기 소유의 아파트를 갖고 있어. 하지만 나는 지방의 시골 출신인 데다 못생기고 가난하잖아."

무쯔가 인생의 전환기를 맞은 것은 대학 2학년 여름방학 때였다. 방학이지만 시골집에 내려가지 않고 상하이에서 아르바이트해야 했던 무쯔는 낯선 여대생과 셰어하우스에서 함께 생활하게 되었다. 무쯔의 새로운 룸메이트는 그녀보다 더 괴팍했다. 무쯔가 함께 먹자고 간식을 사 와도 마다했고, 쇼핑이나 영화, 외식 등 그 어떤 제안도 거부했다. 날마다 집에 돌아오면 자기 방에 틀어박혀 지냈다. 그러던 어느 날 밤, 무쯔는 룸메이트의 기침 소리에 잠이 깼다. 무쯔는 마침 상비약으로 갖고 있던 기침약을 꺼내그녀의 방문을 두드렸다. 그러나 룸메이트는 잔뜩 인상을 찌푸린 채 "필요 없다"고 쌀쌀맞게 말하고서는 다시 방문을 걸어 잠갔다.

"그때 기분이 아주 묘했어."

무쯔는 당시를 회상하며 말을 이었다.

"전에는 그런 거절이 당연하다고 여겼었는데, 막상 룸메이트가 거절할 때는 뭔가 잘못됐다는 느낌이 드는 거야. 어항에서 뛰쳐나온 금붕어가 그동안 자신이 갇혀 지내던 어항 속을 바라보는 느낌이랄까."

무쯔는 새삼 과거 기숙사 친구들의 호의를 거절했을 때의 자신의 고집스러운 표정이 떠올랐다. 기숙사 룸파티를 경멸하며 쏟아내던 말들도 떠올랐다. 또한 유난히 큰 목소리로 떠들어대던 기숙사 친구를 "일부러 나 들으라고 하는 소리야"라며 소인배 취급하던 기억들이 떠올랐다. 그와 동시에 무쯔는 새삼 깨달았다. 자신이 그동안 신봉해 마지않던 인생 원칙이 실상은 타인의 호의를 악의적으로 추측한 것이며, 그동안 자신이 자부해 마지않던 독립성이 실상은 변화와 감동을 거부하는 행위였음을. 그 때문에 본래는 항상 예의 바르게 타인을 대한다는 것이 '얼음' 같은 태도로 변질되고 말았다는 것을.

그 뒤로 무쯔는 완전히 변했다. 물론 여전히 욕심도 많고 아르바이트하느라 바쁜 생활을 보냈지만, 찬바람 쌩쌩 부는 태도와 살기등등하던 기세는 사라졌다. 그 대신 온화하고 친근한 모습으로 바뀌었다. 대학 시절 초조하고 궁핍했던 생활을 떠올리며 무쯔는 이렇게 말했다.

"그때 나는 쿨한 모습이 남들에게 민폐를 끼치지 않는 태도라고 생각했어. 그리고 절대로 손해 보지 않는 것이 '나다운 생활'을 하는 거라고 착각했지. 하지만 이젠 변했어. 설사 상대방과 견해가 달라도 상대방의 의견에 찬성한다는 표정을 지을 수 있고, 고객이 짓궂은 농담을 해도 웃음으로 받아넘기며, 상사가 제아무리 귀찮은 일감을 떠맡겨도 성질을 꾹꾹 참고 묵묵히 수행할 수 있게 됐어. 물론 최소한의 원칙은 있어. 입에 풀칠하기 위해서는 허리를 굽히지만, 월세나 차 할부금, 카드값 때문에 허리를 굽히지는 않아."

성숙한 태도 중 하나는 사소한 일에도 벌컥 화를 내거나 맞받아치는 성미를 잠재우고 자신이 용인할 수 있는 한계선과 원칙에 좀 더 유연성을 보이는 것이다. 그리고 이를 통해 일상생활에서 마주치는 모든 사람과 평화롭게 공존하는 태도이다.

물론 당신에게 세상사에 영악하게 처세하라고 권하는 것이 아니다. 그저 사람들과 더불어 살아가다 보면 제한이나 속박을 받아 자신이 원하는 대로만 살아갈 수 없다는 점을 일깨워주려는 것이다. 가령 '친화성'을 예로 들어보자. 우리는 언제 어디서나 억지로 주변 사람들과 친숙하게 지낼 필요는 없다. 하지만 그렇다고 사람들과의 교류를 거부해서는 안 된다. 특히 어떤 선택을 해야 할 때는 대다수 사람이 선택하는 길을 따르면 된다. '돈'에 대해서도 예로 들어보자. 돈은 추악하고 잔인한 일면을 지니고 있지만 그 중요성은 그 누구도 부정할 수 없다. 서머싯 몸의《인간의 굴레》에는 이런 구절이 있다.

'예술가는 크나큰 재산을 필요로 하지 않는다. 그저 예술가 활동을 충분히 보장해줄 약간의 재물만을 필요로 할 뿐이다. 그래야만 개인의 존엄을 지키며 작업 활동에도 구속받지 않고 솔직하고 자유로운 사람이 될 수 있기 때문이다.'

당신이 고상하고 순수한 성품을 지니고 있다는 것을 나는 잘 알고 있다. 하지만 우리가 살아가기 위해서는 때로는 비천하고 경박해져야 한다. 고상과 순수함만으로는 허기를 채울 수 없지 않은가?

사회적 규칙은 당신을 집어삼키려는 홍수나 맹수가 아니다. 인간관계 역시 재앙을 가져다주지 않는다. 그것들은 당신을 고통스럽게 만드는 것이 아니라 절제와 명철함, 온화함, 선량함, 그리고 사랑을 가르쳐준다. 그러므로 자신을 티끌 하나 없는 옥처럼 여기지도 말고, 또 수준 낮은 형편없는 사람으로 전락해서도 안 된다. 그저 자신을 영혼이 있는 씨앗이라고 가정하라. 또한 자신을 인간 무리에서 멀리 떨어진 야수로 만들어 과격함과 분노로 나약함을 키우지 말라. 자신이 평범한 사람 중 하나임을 인정하라.

공리사회의 잔혹성은 바로 여기에 있다. 즉, 일부 사람에게 능력에 맞지 않는 자부심을 준다는 것이다. 그들은 단체정신은 지능지수가 낮은 사람들이나 갖는 것으로 치부한다. 그 대신 가난은 고결한 것이고, 타인의 도움을 모욕이라고 여기며, 독단적으로 행동하는 것을 삶의 원칙으로 착각한다.

다행히 사람은 성장하게 마련이다. 타인에게 따뜻한 대우를 받거나 혹은 깊은 상처를 받은 뒤에, 인생의 갖가지 기쁜 일을 경험하거나 숱한 고난을 겪고 난 뒤에는 당신의 과격함과 예민함도 점차 무뎌지면서 이해하게 되고 받아들이게 될 것이다. 당신은 지구를 구하러 온 것이 아니라 이 세계에 적응하기 위해 온 것임을 명심해야 한다.

당신이 못생긴 과일이라고 생각하는가? 그러면 당도를 높여 달콤한 과일이 되도록 노력하라.

어느 중국 학자가 독일로 유학을 갔다. 어느 날 셋집의 하수도가 막히자 배관공을 불렀다. 배관공이 작업하는 동안 중국 학자는 옆에 앉아 책을 읽었다. 그런데 배관공이 갑자기 이렇게 물었다.

"선생님, 실례합니다만 한 가지 궁금한 것이 있습니다. 우리 독일의 학자들 절반은 공자가 가장 위대하다고 하고, 또 나머지 절반은 장자가 위대하다고 합니다. 공자와 장자의 차이점에 대해 알려주시겠습니까?"

학자는 순간 멍해지고 말았다.

"아, 그것은 내 전공이 아니라서…… 근데 당신은 배관공인데 어떻게 그처럼 심오한 철학 문제에 관심이 있는 거죠?"

배관공이 웃으며 말했다.

"어두컴컴하고 더러운 하수도에서 작업할 때 헤겔의 철학을 떠올리다 보면 더러운 하수도 물도 깨끗한 청정수로 느껴진답니다."

그렇다. 살다 보면 남들이 터부시하는 힘들고 어려운 일을 하기도 하지만 우리는 영혼의 고결함과 순수성을 지킬 수 있다. 인간의 비천함은 출신이나 직업이 아니라 그의 마음가짐과 관념에 달려 있다. 당신의 업무가 우울하고, 번잡하고, 따분하지만 당신에게 높은 수익을 가져다준다면 소중하게 여겨야 한다. 그 일이 당신의 삶을 지탱해주고 당신이 하고 싶은 일을 할 기회를 주기 때문이다. 이렇게 가정해보자. 이 세상의 모든 사람이 재미있고 체면이 서는 직업만을 선택한다면 공사장의 인부나 청소부는 사라지고 말 것이다. 그뿐인가? 치과의사, 회계사, 장례지도사도 사라질 것이다. 설사 일이 따분하고 고되더라도 여가 시간에 우리는 자신이 좋아하는 일을 할 수 있다. 가령 공사장의 인부는 쉬는 시간에 진흙으로 진흙 인형을 만들 수 있고, 치과의사는 뛰어난 시인이 될 수 있으며, 배관공은 뛰어난 철학가가 될 수 있다.

흔히 "산다는 것은 좋아하는 것과 함께하는 것이다"라고 말한다. 하지만 이는 평범한 삶이 아니라 이상적인 꿈에 가깝다. 실생활에서는 내 능력 범위 안에서 좋아하는 것들을 추구하는 동시에 자신이 싫어하는 일들을 견뎌내야 한다. 예컨대 당신은 멸종 위기에 닥친 생물을 구제할 능력은 없지만, 그 대신 희귀동물로 만든 물품의 구매를 거부할 수 있다. 또한 당신은 취학 기회를 잃어버린 아이들을 무상으로 교육시킬 능력은 없지만, 그 대신 열심히 노력하여 불우한 사람을 도울 능력을 키울 수 있다. 또 당신은 거리에서 만나는 거지가 사기꾼인지 아닌지 판단할 수도 없고, 당신 차

앞에서 넘어지는 노인이 당신을 속이기 위해 그러는 것인지 구별할 수 없다. 그 대신 경찰서를 찾아가 도움을 요청하거나 혹은 스마트폰으로 녹화하여 진위를 판가름할 수 있다. 그 외에도, 당신은 끝까지 당신을 신뢰하며 옆에 남아줄 사람이 누구인지 알 수 없다. 하지만 대화가 잘 통하는 동료를 만난다면 먼저 진심으로 그와 친해지고, 또 교류하는 동안 그 사람의 참모습을 판단할 수 있다. 어차피 우리의 능력이나 진심에는 한계가 있다. 당신은 그저 비천하고 평범한 사람 중의 하나일 뿐이니 굳이 자신을 힘들게 만들 필요가 없다.

사람들에게 혐오감을 주는 비천함은 자신이 무엇을 원하는지도 모르는 것이다. 이런 사람들은 평범한 삶의 아름다움조차 제대로 즐길 줄 모르면서 세상의 추악함을 견디지 못한다. 사람들과 와자지껄 어울리는 것을 부러워하면서도 사교 활동을 경멸한다. 또한 자유를 선망하면서도 규칙을 무시한다. 주변 정세에 따라 움직이고, 이익을 위해서라면 은혜를 원수로 갚는다. 강한 사람 앞에서는 쩔쩔매고 아첨하며, 약한 사람 앞에서는 가혹하고 횡포를 부린다. 이런 사람들은 진정한 자신을 정면으로 직시하지 못한다. 세속적인 성공을 갈망하지만 해낼 자신은 없기에 이렇게 말한다.

"됐어!"

자신의 평범함을 인정하고 싶지만 그렇다고 잘난 사람에게 진심으로 박수를 보내는 것이 싫어서 이렇게 말한다.

"뭐 대단한 거라고?"

사람들이 좋아하는 비천함은 마음에 악의가 없고 양심적이며 주변 사람들과 친화적인 것이다. 이런 사람들은 향락을 즐기지만 탐미하지 않고, 미래에 대한 포부가 크지만 불의에 영합하지 않고, 욕망을 갖고 있지만 방종하지 않는다.

　근엄하고 엄숙한 어른이 되기 전에 당신을 즐겁게 해주는 어리석고 경박한 추억을 많이 만들기를 바란다. 당신이 외부로부터의 압력을 무조건 참고 견디는 인생의 연기자가 되기 전에 이 세상의 모든 것과 사사건건 부딪치고 싸우기를 바란다.

PART 2

사랑한다는 건 두 사람이
서로의 정신병을
치유해주는 것이다

06

사랑한다는 것은
두 사람이 서로의 정신병을
치유해주는 것이다

새벽 3시 30분에 느닷없이 울리는 스마트폰 벨 소리에 잠이 깼다. 비몽사몽 낚싯바늘에 걸린 물고기처럼 나는 마지못해 따뜻한 잠자리를 박차고 나와 전화를 집어 들었다. 수화기 저편에서는 고함 소리가 와르르 쏟아져 내렸다.

"라오양, 하하하, 나 내일 결혼한다. 너무 흥분돼서 잠을 잘 수가 있어야지. 잠이 안 오는데 어떡하지?"

나는 화가 치밀어 맞받아 소리쳤다.

"야, 인마! 넌 양심도 없냐?"

한밤중에 나의 꿀잠을 깨운 친구는 어린 시절 함께 자란 리무터우였다. 결혼식 전날의 흥분되는 그의 마음을 내가 왜 이해하지 못하겠는가? 그도 그럴 것이 리무터우는 연애 방면에서는 지금껏 못생긴 아기오리처럼 번번이 실패만 거듭하던 천덕꾸러기였다. 그러던 그가 작년 장마철에 쥐안쯔를 만난 것이다.

두 사람은 사랑에 빠진 여느 연인처럼 사흘이 멀다 하고 사랑싸움을 벌였다. 한번은 이런 일도 있었다. 두 사람이 산책하려고 승강기를 타는데 한 남성이 뚱뚱하게 살이 찐 퍼그 두 마리와 타고 있었다. 두 마리 퍼그는 낯선 사람을 보고 경계하면서 크렁크렁, 이상한 소리를 냈다. 승강기에서 내린 뒤 쥐안쯔가 아주 심각한 표정으로 리무터우에게 물었다.

"방금 그 남자가 데리고 있던 게 돼지였어요?"

그 말에 리무터우는 폭소를 터뜨리고 말았다. 이에 자존심이 상한 쥐안쯔는 그대로 몸을 돌려 집으로 돌아가버렸다. 그날 리무터우는 쥐안쯔를 달래기 위해 100여 개의 문자를 보내고 50여 차례 전화를 걸었지만 아무런 회신도 받지 못했다. 리무터우는 한밤중이 될 때까지 쥐안쯔에게 계속 문자를 보냈는데, 문자마다 영문 'M' 자가 왼쪽으로 90도 기운 부호를 함께 보냈다. 호기심 때문인지 아니면 화가 가라앉았는지 그제야 쥐안쯔가 회신을 보내 무슨 뜻이냐고 물었다. 이에 리무터우는 이렇게 답했다.

'그 부호는 시그마인데 수학에서 총합, 화해를 의미해.'

물론 연애 기간에 리무터우도 쥐안쯔 때문에 화가 머리끝까지 치민 적이 많았다. 예컨대 쥐안쯔가 리무터우에게 색깔이 다른 넥타이 두 개를 선물했을 때다. 다음 날 리무터우는 쥐안쯔가 선물해준 넥타이 하나를 골라 매고 싱글벙글 데이트장소에 나갔다. 그런데 뜻밖에도 쥐안쯔가 토라지듯 이렇게 화를 내는 것이었다.

"왜 그 색깔을 맨 건대? 도대체 무슨 뜻이야? 다른 하나는 마음에 안 든다는 소리야?"

이런 일도 있었다. 두 사람이 함께 밥을 먹는데 쥐안쯔가 밥을 먹는 내내 아이패드로 사극 드라마를 보았다. 리무터우가 물었다.

"오늘 갈비찜을 아주 맛있게 만들었는데? 얼마나 찐 거야?"

쥐안쯔는 듣는 둥 마는 둥 한참이 지나서야 이렇게 말했다.

"엉? 아니야! 여덟째 왕자가 아니라 셋째 왕자가 죽인 거라고!"

약혼식장에서 쥐안쯔는 앙큼한 미소를 지으며 리무터우에게 말했다.

"내가 아름답지도 고상하지도 않다는 것 나도 잘 알고 있어요. 외모도 볼품없고 속도 좁은 데다 한 성질 하죠. 그런 나에게 하늘이 당신을 천생배필로 보낸 걸 보면 전생에 나에게 큰 잘못을 저질렀나 봐요."

쥐안쯔의 말에 약혼식장은 웃음바다로 변했다. 이때 마이크를 건네받은 리무터우는 웃음을 참으며 담담하게 대답했다.

"음, 업보는 피할 수 없는 법이니 순순히 죗값을 치러야겠죠?"

언젠가 나는 리무터우에게 물은 적이 있다.

"쥐안쯔의 성미가 고약하다는 걸 알면서도 그렇게 좋아?"

리무터우는 이렇게 대답했다.

"순한 토끼가 아니라 고슴도치라서 더 안고 싶은 갈망이 커지는 것 아닐까?"

나는 쥐안쯔에게도 물어봤다.

"리무터우가 지저분하고 말실수도 잘하는 수다쟁이라는 것을 알면서도 그에게 한평생을 의지하고 싶어요?"

그러자 쥐안쯔는 이렇게 대답했다.

"내가 고집 센 당나귀처럼 심술을 부릴 때도 그 사람은 날 신화 속에나 나오는 유니콘처럼 소중하게 대해주거든요."

처음에는 상대방이 사랑스러워 눈에 넣어도 안 아플 정도지만 막상 함께 지내게 되면 상대방의 고집스러움에 미움이 커진다. 결국 어제까지만 해도 좋아 죽을 것 같던 사이가 오늘은 미움과 증오에 사로 잡혀 원수가 되고 만다.

그의 성숙하지 못한 유치함을 참을 수 없지만, 그의 천진난만함이 좋기에 당신은 사랑을 이어나간다. 또 그는 당신의 고지식함이 따분하지만, 매사 진지하고 성실한 모습에 매료당한다. 당신은 그에게서 낭만이라곤 눈곱만큼도 찾아볼 수 없어 실망스럽지만 반면에 현실적이고 책임감 강한 모습에 만족감을 느낀다. 그는 당신의 성급하고 괄괄한 모습이 무척 불만이지만 반면에 당신의 어리숙한 모습에서 사랑스러움을 느낀다……. 이처럼 본시 사랑에는 정답이 없다. 그 누구도 100퍼센트 만족스러운 연인을 얻을 수 없다. 그저 점차 상대방의 단점까지도 기꺼이 감수하려는 것뿐이다.

누군가는 상대방의 매너 있는 모습에 마음을 뺏긴다. 가령 길을 걸을 때는 항상 인도 안쪽으로 당신을 걷게 하고, 또 온화한 태도로 차 문을 열어주거나 의자를 옮겨주며, 시시때때로 로맨틱한 데이트를 선사한다. 혹자는 상대방의 조건에 매료당하기도 한다. 가령 그의 유복한 가정 배경이나 미래 전망이 좋은 직업, 혹은 상대방의 멋스러운 외모와 체격 등…….

하지만 모든 젊은 남녀가 가장 선호하는 이성은 바로 이해심 많은 사람이다. 이해심 많은 사람은 당신이 "음" 하고 대답하면 못마땅해한다는 것을 눈치채고, 또 당신이 "어"라고 대답하면 기분이 우울하다는 것을 이내 알아준다. 또한 남들이 당신을 칭찬하는 말에는 적잖은 과장이 섞였음을 눈치채고, 당신에게 쏟아내는 비난에는 당신을 음해하려는 나쁜 의도가 있음을 간파한다. 그 사람은 얼핏 보기에는 건강한 당신의 영혼 뒤편에 아폰 환자가 숨어 있다는 것을 안다. 당신의 명석하고 예리한 두뇌 뒤편에는 어리석은 백치가 있다는 것을, 또 당신의 강인한 성격 뒤에는 나약한 정신이 숨어 있다는 것을, 나날이 성숙해지는 당신의 겉모습 뒤에는 아직 유치한 어린아이가 들어앉아 있다는 것을 안다. 그래서 그 누구보다도 당신을 포용해주며 자상하게 보살펴준다. 또한 당신의 독특한 개성을 그 누구보다도 소중히 여겨준다. 그래서 당신이 감성적일 때는 논리를 따지지 않으며, 당신이 화가 머리끝까지 치밀어 있을 때는 결코 맞서지 않고 져준다.

가장 이상적인 연인관계는 '당신이 하소연을 늘어놓고 싶을 때 상대방이 가만히 귀를 기울여주는 사이'이다. 여기서 좀 더 현실성을 가미한다면, '당신이 스트레스 쌓였을 때 맘껏 발산할 수 있도록 화풀이 대상이 돼주는 사이'이다.

아일랜드의 소설가 오스카 와일드가 말하기를, 산다는 것은 어리석은 일의 연속이며, 사랑이란 두 바보가 서로 쫓고 쫓는 것이라고 했다. 나는 당신 역시 그러한 '바보'를 만나 진실한 사랑을 하며 달콤한 인생을 살아가기를 바란다.

항상 더치페이하며 상대방에게 돈을 빌려줄 때도 이자를 꼭 받아내는 연인을 본 적이 있는가? 평상시에는 SNS로 대화를 나누지도 않고, 또 데이트를 취소할 때는 '사유서'를 쓰는 연인을 본 적이 있는가?

나는 그런 연인을 본 적이 있다. 두 사람 모두 소프트웨어 개발 회사에 다녔는데, 데이트할 때는 항상 사전에 이메일로 약속을 잡았다. 간혹 한쪽이 데이트 약속을 지킬 수 없을 때는 그에 따른 보상을 해야 했다. 이 두 사람은 여느 연인들처럼 말다툼도 자주 했지만, 하나 다른 점은 말다툼하고 나면 그 일을 문서화해서 파일로 저장하는 점이었다. 가령 말다툼했던 날짜, 장소, 이유를 상세히 기록한 뒤 마지막에는 서로 사과하는 의미의 서명을 했다. 심지어 두 사람은 교제하는 과정에서 일어난 사소한 일과 소홀히 지나치기 쉬운 일을 정리하기 위해 전용 소프트웨어를 개발하여 그날그날 기록하기도 했다. 예컨대 여성의 기록은 이랬다.

'3월 5일, 처음으로 엄마에게 소개해주었다. 그는 평소에는 청바지에 셔츠 차림이었는데 오늘은 정갈한 양복 차림으로 나왔다. 매우 정중하고 조심성 있게 엄마와의 만남을 준비한 느낌을 줬다. 5월 8일, 길을 가다 어린아이를 만났는데, 아이에게 장난을 치는 그의 모습에 웃음이 나왔다.'

남성의 기록은 이랬다.

'9월 24일, 감기에 걸렸는데 그녀가 한밤중에 약을 가져다줬다. 감기가 옮으면 어떡하냐고 화를 냈더니 그녀는 입을 비죽거리며 이렇게 말했다. 감기에 옮든 말든 그래도 난 약을 가져다줄 거야. 11월 10일, 함께 식당에서 생선찜과 새우를 주문했다. 그런데 그녀는 한참 동안 생선을 바라보다가 나에게 뜬금없는 질문을 했다. 저 생선은 수놈일까 암놈일까?'

얼핏 보기에는 냉혹하다 싶을 만큼의 규칙은 두 사람의 교제 과정에서 법을 관장하는 집행자처럼 감정과 일상생활의 경계선을 명확하게 구분 지었다. 그리고 일상생활의 사소한 일들은 감정생활에서 녹색등 역할을 하며 서로에 대한 신뢰감을 한층 돈독하게 해주었다.

그렇다면 당신은 어떠한가? 일단 사랑에 빠지면 집을 뛰쳐나간 고양이가 되지 않는가? 사랑이라는 생쥐와 마주치면 당장에 집어삼켜 평생 뱃속에 감춰두고 싶고, 또 잃어버리면 고통스러워 울부짖고, 일단 뱃속으로 삼키면 또 잃을까 봐 노심초사한다. 그러고는 점차 시간이 지나면서 자신도 모르게 사사건건 트집을 잡는 이기적인 사람으로 변한다. 이때 고독, 그리움, 소유욕 때문에 당신은 걸핏하면 이성을 잃는 신경질쟁이로 변한다. 화가 났을 때는 헤어지자는 말을 거침없이 내뱉으며 상대방을 질책하고 원하는 답을 얻으려고 한다. 하지만 문제는 안하무인처럼 기세등등하게 상대방을 몰아세우는 당신의 모습에 상대방의 사랑이 점점 식어간다는 사실이다.

어차피 우리가 살아가는 삶은 청춘 드라마가 아니다. 잘난 체하고 오만한 모습을 사랑스럽다고 여기는 사람은 아무도 없다!

또한 날마다 '날 사랑한다면'이라는 말과 함께 이런저런 요구를 늘어놓지 말라. 당신과 연애를 하는 상대방은 실상 당신과는 아무런 혈연관계가 없다. 상대방 역시 당신과 마찬가지로 자신의 집에서는 소중한 자식이며, 한 가족의 희망이다. 그 사람은 당신의 제2의 부모도 아니고 또 하인도 아니다.

상대방은 당신을 매료시키는 장점을 지니고 있고 동시에 당신을 미치게 만드는 단점도 갖고 있다. 상대방은 당신을 위해 단점을 고칠 수도 있고 또 자신의 개성으로 여기며 고치기를 거부할 수도 있다. 당신이 해야 할 일은 상대방을 구속하는 것이 아니라 존중하는 것이다. 상대방의 사랑스러운 점을 항상 기억하며 그의 단점을 이해하고 용서해야 한다.

나는 여성들에게 다음 세 가지 충고를 해주고 싶다.

첫째, 사리분별 있게 교제방식을 선택하라. 가령 상대방이 당신을 좋아한다면 당신이 해야 할 일은 그를 존중하며 그 사람만의 자유로운 공간을 남겨주는 것이다. 상대방이 당신을 좋아한다는 사실을 무기 삼아 그 사람을 마음대로 조종하려고 해서는 안 된다.

둘째, 정신연령이 비슷한 사람을 선택하라. 당신에게 모든 것을 의지하는 사람은 연인으로 적합하지가 않다. 왜냐하면 일단 두 사람 사이에 마찰이 생기면 당신은 곧장 '네가 무슨 자격으로 나한테 이래라저래라하는 거야' 하는 반발심이 생긴다. 반대로 당신이 순종하며 모든 것을 의지하게 되는 사람도 연인으로는 적합하지가 않다. 왜냐하면 일단 당신 뜻대로 일이 풀리지 않게 되면 금세 피해자 입장에서 '나를 무시하기 때문에 저런 식으로 대하는 거야'라고 억울함을 느끼기 때문이다.

셋째, 온종일 "정말 날 사랑하는 거 맞아?" 하는 등의 질문을 퍼부으며 상대방에게 집착하지 말라. 당신의 소중한 집중력과 시간, 금전은 자기계발에 쏟아라. "정말 날 사랑하는 거 맞아?" 따위의 질문과 집착은 상대방의 몫으로 양보하라.

남성들에게도 다음 세 가지 충고를 해주고 싶다.

첫째, 연인과의 다툼에서 70퍼센트는 이미 정답이 결정되어 있다. 상대방은 그저 당신의 입으로 그 말을 듣고 싶은 것뿐이다. 그러므로 신중하게 생각하고 대답하라.

둘째, 그녀가 당신과의 대화를 거부하지 않는다면, 그녀의 입에서 쏟아지는 그 어떤 험악한 말도 결국에는 당신이 달래주기를 바라는 신호일 뿐이다.

셋째, 그녀와 평생을 함께하기로 했다면 당신 주변의 모호한 관계에 있는 여성들은 깨끗하게 정리하라. 그녀가 질투심을 느끼게 해서도 안 되고, 또 그녀를 속이려 들어서도 안 된다. 왜냐하면 그녀는 당신이 생각한 것보다 훨씬 영특하기 때문이다. 그저 당신과 말다툼하는 것이 귀찮아서 내버려둘 뿐이라는 사실을 잊지 말라.

말다툼은 누구나 할 수 있다.
어려운 일은 싸움이 최고조에 이를 때
어느 한쪽이 용감하게 그 무의미한 싸움을 중단시키고
상대방에게 상처 입히는 행동을 그만두는 것이다.

《모범 남편의 고백》이라는 매우 재미있는 이야기를 본 적이 있는데, 그 내용은 다음과 같다.

'어제 아내와 장기를 뒀다. 아내는 다섯 수만에 패배가 눈앞에 다가오자 기분이 상했는지 느닷없이 장기 알 마(馬)를 상하좌우로 마음대로 움직일 수 있다고 억지를 부렸다. 천리마라서 가능하다는 생떼에 나는 꾹 참고 그녀의 뜻대로 따랐다. 그런데 얼마 안 가서 병(兵)을 후퇴할 수 있다고 고집을 부렸다. 특수병이라서 가능하다는 억지에 난 또 한 번 참아야 했다. 하지만 아내의 억지는 여기서 끝나지 않았다. 차(車)의 방향을 바꿔 후퇴시키면서 이 세상에 회전 못하는 차가 어디 있어, 라는 기상천외한 변명을 늘어놓는 것이었다…… 아내의 말도 안 되는 억지를 모두 참아가며 장기판의 승세를 굳혀 가는데 급기야 아내가 나의 병으로 나의 장(將)을 쓰러뜨리는 것이었다. 수년간 잠복해 있던 스파이라나? 이처럼 생억지를 부린 끝에 장기 시합에서 승리를 거둔 아내는 기고만장해하며 콧노래를 흥얼거리며 청소를 하고 빨래를 돌리고 저녁을 준비했다.'

사실 사랑에는 승자도 패자도 없다. 그저 함께 이기거나 함께 지는 것뿐이다.

젊은 시절 화산처럼 분출하는 사랑의 감정 때문에 연인관계에 종종 분쟁이 일어난다. 승부욕을 자극하여 사소한 일에도 감정이 격화된다. 상대방이 매사 순순히 복종해야만 정말로 자신을 사랑하는 것이고, 또 한 치의 양보도 하지 말아야만 자신의 존엄이 지켜지는 것이라고 착각한다. 그 때문에 잦은 말다툼을 벌이며 냉전 기간이 길어지게 되면서 점차 사이가 멀어진다. 결국 두 사람의 사랑은 '수습 불가능한' 상태로 치닫는다.

미국의 심리학자이자 철학자이며 의사인 윌리엄 제임스는 말했다.

"망망대해에서 두 사람이 만나면 실제로는 여섯 사람이 존재하는 것과 같다. 각자 스스로 보는 두 사람, 각각 상대방이 보는 두 사람 그리고 실제의 두 사람이다."

어쩌면 사랑은 쉽지만 함께 지내는 일이 어려운 것은 처음부터 정해진 운명인지도 모른다.

그 때문에 수많은 연인관계는 대부분 다음과 같은 성향을 보인다. 먼저 처음 사랑에 빠졌을 때는 1분 1초도 떨어지지 않고 함께 지낸다. 하지만 시간이 지나면서 상대방의 아름답고 멋있기만 하던 모습에서 점차 실망 감을 느끼기 시작한다. 이어서는 일상생활에서 "네 생각이 그렇다면 나도 어쩔 수 없어!", "이건 다 너 때문이야!" 하는 원망을 품게 되고, 더 나아가 "왜 이렇게 예민하게 받아들여?", "네가 말했잖아!" 등의 논쟁이 시작된다.

그 이후로는 점차 강도가 높아지는 '전쟁'이 계속 일어난다. 여성은 남성의 일부 언행 때문에 화를 내고, 남성은 해명하지만 이내 억울한 느낌이 들면서 상대방이 사소한 일에도 예민하게 반응한다고 여긴다. 여성은 화가 나는 이유가 그 일 자체가 아니라 남성의 태도 때문이라고 거듭 강조한다. 이에 남성은 여성이 사소한 일도 크게 만들어 자꾸 언쟁을 불러일으킨다고 불만을 품게 되고 반면에 여성은 남성이 더 이상 자신을 사랑하지 않는다고 여긴다. 결국 서로를 이해하지 못한 채 그저 상대방이 져주기만을 기다린다.

말다툼은 누구나 할 수 있다. 신경질을 부리는 것도 누구나 할 수 있다. 정작 어려운 일은 싸움이 최고조에 이를 때 어느 한쪽이 용감하게 그 무의미한 싸움을 중단시키고 상대방에게 상처 입히는 행동을 그만두는 것이다. 순간적으로 치밀어 오르는 분노로 가혹한 말을 입 밖으로 내뱉으려는 순간 꿀꺽 삼킨다면 싸움을 멈출 수 있다.

오랫동안 계속되는 건강한 연인관계는 보통 다음과 같이 진행된다.

"너에겐 날 상처 입힐 권한이 있어. 하지만 네가 절대로 그렇게 하지 않을 거라고 믿어. 설령 나에게 상처를 줘도 두 번 다시는 반복하지 않을 거라고 믿어."

"너에게 나쁜 버릇이 있다는 걸 잘 알고 있고 나 역시 단점이 많다는 것을 잘 알아. 나는 단점을 고칠 것이고, 너도 나쁜 버릇을 고칠 수 있어."

"원칙이나 마지노선에 융통성을 부릴 수 있고, 또 타협과 양보가 결코 나약함을 의미하지 않는다는 사실을 우리는 점차 깨달았어. 우리는 크게 혹은 작게 자아의 일부를 잃었지만 사랑의 대가로 지불하는 데 조금도 아깝지 않아."

우리는 치열한 경쟁 시대에서 변질되지 않는 사랑을 쟁취하기를 바란다. 또한 평범하고 무미건조한 누군가의 인생 속에서 반짝반짝 빛나는 '정신병'이 되는 행운을 얻기를 바란다.

07

고마워,
그처럼 바쁜 와중에도
직접 나에게 상처를 줘서

샤오루와는 그다지 친한 사이가 아니다. 그래서 그녀가 내 앞에서 어린 아이처럼 엉엉 울지만 않았다면 도대체 무슨 연유인지 자세히 묻지도 않 았을 것이다. 샤오루가 한참 동안 머뭇거리다 내뱉은 말은 이 한마디였다.

"남자한테 농락당했어요."

그녀를 '농락'한 남성은 샤오루 엄마 친구의 아들이었다. 두 사람은 오 래전부터 알고 지냈지만 평소 연락은 자주 하지 않았다. 그런데 얼마 전부 터 남성이 샤오루에게 부쩍 관심을 보이기 시작했다. 날마다 아침저녁으 로 '좋은 아침이야', '즐거운 저녁 보내' 등의 문자메시지를 보내며 안부를 챙겼다. 또한 이야기를 나눌 때는 친밀한 사이에서나 오가는 '바보탱이', '곰탱이' 등의 호칭을 사용하는 횟수가 늘어났다. 그뿐만 아니라 '걱정하 지 마, 내가 있잖아', '내 전화는 널 위해 항상 24시간 대기 중이야' 등의 달 콤한 표현도 자주 했다.

어제는 남성과 영화를 보기로 약속한 날이었다. 샤오루가 영화관에 도착하자 남성은 환한 미소로 그녀를 맞이했다. 시키지 않았는데도 그녀의 가방을 대신 들어주고, 음료수와 간식을 샀으며, 승강기를 탈 때는 그녀의 팔을 잡아 부축해줬다. 또한 영화가 시작되기 전에는 3D 안경을 닦아주기도 했으며, 집까지 바래다줄 때는 차 문을 직접 열어주기도 했다. 샤오루는 지난 20여 년 동안 모든 일을 하나에서 열까지 스스로 처리했던 여자 대장부였다. 그런 그녀가 잘생긴 신사 같은 남성으로부터 자상하고 세심한 보살핌을 받으며 보낸 세 시간은 그야말로 꿈같았다.

그런데 오늘 아침이었다. 샤오루의 엄마가 따지듯 이렇게 물었다.

"넌 어떻게 엄마를 속이니? 어젯밤에 걔랑 함께 영화 봤다고 하지 않았어? 근데 걔 엄마 말로는 자기 아들 혼자 영화 보고 왔다고 하는데?"

어리둥절해진 샤오루는 두 엄마가 주고받은 문자메시지를 살펴보았다. 그 속에는 엄마 친구가 아들의 SNS에 실린 것을 캡처해서 보낸 사진이 있었다. 뜻밖에도 어제 함께 보았던 영화 티켓과 함께 이런 글이 적힌 사진이었다.

'혼자서 영화를 보려니 사는 게 참 따분하다!'

샤오루가 남성에게 문자로 물었다.

'왜 나를 숨긴 거야? 그 메시지 내용은 또 뭐고?'

남성은 한참이 지나서야 회신을 보내왔다. 여전히 신사적인 어조로 이렇게 말했다.

'아, 미안해. 내 SNS 글을 보실 줄은 몰랐어. 사실 우리가 잘 안 맞는 것 같다는 생각을 했어. 그런데 어설프게 우리가 잠깐 교제한 사실을 두 어머니가 아시면 서로 사이가 틀어질까 걱정도 되고, 또 그쪽 입장도 곤란해질

까 봐 그랬어.'

남성의 대답에 한층 화가 솟구친 샤오루는 이렇게 회신을 보냈다.

'첫째, 네가 먼저 날마다 아침저녁으로 나의 안부를 챙기고, 걸핏하면 함께 밥 먹자, 영화 보자 성가시게 굴지 않았다면 네가 나에게 관심이 있다고 착각하지 않았을 거야! 둘째, 너에게 잘 맞지도 않는 나 때문에 그토록 소중한 시간을 낭비하게 해서 정말 유감이다!'

그러고는 남성을 수신차단 시켰다.

그 어떤 관계도 이도 저도 아닌 흐지부지한 상태로 유지하는 것보다는 단칼에 베어버리는 명확하고 결연한 태도가 훨씬 자애롭다. 또한 말과 생각이 다른 거짓 열정보다는 명쾌하고 깔끔한 거절이 한층 고상하다!

당신에게 애매한 관심을 표현하며 친근하게 구는 사람을 만난 적이 있는가?

낮에는 서로 신경조차 쓰지 않기에 주위 사람들은 당신들의 관계를 모른다. 하지만 밤이 되면 자신의 심장이라도 꺼내서 보여줄 듯 친근하게 다가오며 끝도 없는 대화 속에서 당신과 공감대를 형성한다. 그러한 모습에 저절로 마음이 기울면서도 도통 상대방의 속마음을 알 수가 없다. 도대체 나에게 어떤 마음을 품고 있는지 알 수 없지만 자신도 모르게 그런 관계를 즐기게 된다. 그는 정해진 시각에 맞춰 택배가 배송되는 즐거움을 안겨준다. 날마다 모두가 잠든 깊은 밤이면 무미건조한 당신의 생활을 풍요롭게 해준다. 그가 "함께 밥 먹자", "함께 영화 보자", "함께 놀자"라고 할 때면 당신은 너무나 기쁜 나머지 언젠가 그와 함께 행진할 결혼식을 꿈꾸게 된다. 또한 그가 "오늘 입고 나온 코트가 참 예쁘다", "멍하니 있는 표정이 너무 귀엽다", "네가 실수를 저지르는 게 너무 재미있다"라고 할 때면 당신은 가슴이 마구 쿵쾅거린다.

그는 직접적으로 당신을 "이성으로서 좋아하지 않는다"라고 명확하게 의사를 표현할 수 있다. 또한 이미 진즉부터 '특별한 느낌'이 없고 또 '잘 안 맞는다'는 결론을 분명 내렸을 것이다. 그럼에도 '당신과 함께 있으면 참 즐겁다'는 태도를 보이며 당신을 '무척 좋아한다'라고 착각하게 만든다. 그리하여 당신이 경계심을 풀고 용기를 내어 그 사람과 뜨거운 연애를 시작할 준비를 할 즈음 그는 천진난만하면서도 억울한 듯 이렇게 말한다.

"어? 나는 널 좋은 친구로만 생각하는데!"

그러고 나면 당신은 자신에게 부족한 점이 있는 건 아닌지, 혹은 어디서 부터 오해가 시작되었는지 스스로를 의심하게 된다. 하지만 그동안 주고받은 SNS 메시지를 살펴보면 온통 당신을 애지중지하는 그의 관심과 보살핌이 담긴 내용들뿐이다.

그렇게 애매한 관계가 갑작스레 끝나고 나면 당신은 사실상 연애를 하지 않았으면서도 실연당했다는 낭패감에 사로잡힌다. 마치 외투를 거꾸로 뒤집어 입은 듯, 혹은 하필이면 벌레가 먹은 사과를 베어 문 듯한 불편함에 어찌할 바를 모르게 된다.

이러한 애매한 남녀관계가 범람하는 요즘 시대에서는 정정당당하게 뜨거운 열애를 하든가 아니면 화려한 싱글을 고집해야 한다. 상대방에게 호감을 느낄 수 없다면 단호하게 거부하라. 아마 상대방은 그러한 당신의 모습을 쿨하다고 여길 것이다. 은연중에 상대방을 유혹하면서 또 다른 한편으로는 모호한 태도를 보인다면, 당신은 그러한 자신이 신사답다고 여길지 모르지만 상대방은 미치기 일보 직전이 될 것이다. 결국 당신은 대범하지도 않을뿐더러 상대방의 존엄마저 지켜주지 못한 꼴이 된다!

앞으로 당신의 마음을 흔들면서도 모호한 입장을 보이는 상대방의 태도는 모조리 '시간 때우려고 나를 찾는 것이다'라고 간주하라. 갑작스레 당신에게 다가와 친근하게 굴면서 또 차가운 모습을 보이는 사람들은 모조리 '시간이 남아돌아 하릴없는 사람'으로 대하라!

어느 남성이 나에게 이렇게 물어왔다.

"좋아하는 여자가 생겨서 최선을 다해 구애했습니다. 몸과 마음을 바쳐 시중을 들다시피 하며 그녀가 원하는 대로 했지만 결국 차갑게 저를 거절했습니다. 그런데 막상 제가 마음을 정리하고 그녀와 거리를 두려고 하니까 마치 내가 자신을 거절한 것처럼 괴로워하고 슬퍼합니다. 도대체 나더러 뭘 어떻게 하라는 소리지요?"

내가 물었다.

"진실을 말해줄까요, 아니면 위로의 거짓말을 해줄까요?"

"거짓이라도 위로의 말을 먼저 해주세요!"

그래서 내가 말했다.

"그녀는 어쩌면 당신을 시험하고 있을 거예요. 그래서 일부러 '나를 좋아하는 것이 얼마나 힘든 일'인지를 보여주는 거죠. 당신을 힘들게 해서 정말 진심으로 자신을 좋아하는지 알고 싶은 겁니다."

그가 물었다.

"그럼 진실은요?"

"그녀 생각에 자신은 당신을 거절할 수 있어도 당신은 그럴 권리가 없다고 여기는 겁니다. 예를 들면 두 사람의 관계를 한 편의 동화라고 여기는 거죠. 자신은 여주인공이고 당신은 사랑에 눈먼 조연쯤으로 생각하는 거예요. 당신 같은 남자 조연이 많으면 많을수록 여주인공을 향한 남성들의 구애 활동이 한층 치열해지고, 또 그럴수록 그녀는 자신이 매력적인 여성이라고 생각하게 되는 거죠. 물론, 그녀는 이 동화의 결말까지도 이미 결정해놨을 겁니다. 그녀는 백마의 왕자님을 만날 것이기에 당신과 같은 조연은 가차 없이 버리는 거죠."

남성이 이어서 물었다.

"그럼 난 어떻게 해야 하죠?"

내가 말했다.

"우선은 냉철해야 합니다. 당신이 그녀가 마음대로 할 수 있는 사람도 아니고, 또 언제든지 그녀를 떠날 수 있는 남자라는 것을 깨닫게 해줘요. 그다음엔 그녀에게 말하세요. 그녀에게 잘해주는 것은 당신을 이성으로 좋아해주기를 바래서지, 고마워하기를 바라는 것이 아니라고 말입니다. 마지막으로 그녀와 관계를 지속하고 싶지 않다면 최대한 빨리 정리하세요."

사실 내가 해주고 싶었던 말은 이렇다. 이성관계에서 무조건 베풀기만 하거나 혹은 무조건 얻기만을 바라는 사람은 자기 뜻대로 이룰 수 없다!

물론 당신이 사랑의 희생양이 되기를 자처한다면 그 대범하고 고상한 결정을 반대하지 않는다. 다만 당신이 그런 결정을 내리는 이유가 삶이 견디기 힘들고, 그래서 좋아하는 사람을 통해 삶의 활력을 되찾기 위해서이기를 바랄 뿐이다. 아마 그런 이유에서라면 설령 상대방과 미래를 약속할 수 없어도 당신은 "나 혼자 너를 좋아하는 것만으로도 충분해. 넌 신경 쓸 필요 없어"라고 담담하게 받아들일 것이다. 문제는 실상 자신이 생각하는 만큼 당신이 대범하고 고상하지 못하다는 것이다. 상대방에게 모든 것을 아낌없이 바친 뒤에는 그동안의 시간과 노력이 아까워서 그 대가를 얻으려고 하거나 혹은 강압적으로 관계를 발전시키려고 할까 봐 걱정될 뿐이다.

어떤 사람들은 사랑을 구걸하는 것처럼 한다. 사실 이는 그다지 크게 문제될 것이 없다. 거리에서 구걸하는 걸인들이 능력이 부족해서 부득이하게 그러한 생계 수단을 선택하는 것과 마찬가지이니까. 하지만 '걸인'들이 환영받지 못하는 이유는 생계가 아닌 경제 활동의 수단으로 구걸을 하는 가짜 걸인이 많기 때문이다. 이처럼 가짜 걸인들처럼 동정심으로 사랑을 구걸하는 사람들은 혐오감을 불러일으키기 쉽고, 또 과도한 관심을 보여도 반감을 불러일으키기 쉽다.

어떤 사람들은 사랑을 도박처럼 한다. 상대방의 미소 혹은 눈짓 한 번을 받기 위해 많은 시간과 노력을 저당 잡힌다. 이럴 경우 도박에 건 시간과 노력이 클수록 쉽사리 포기하기가 힘들다. 그리하여 승리를 거둘 경우에는 풍성한 대가를 얻지만 반대로 실패할 경우는 빈털터리 망신창이가 되고 만다.

사실 당신에게 아무런 이성적 호감도 없으면서 당신이 베푸는 모든 것을 누리는 사람은 결코 만족을 모른다. 설상가상 당신은 상대방에게 그 어떤 요구를 할 자격도 없다. 당신이 무언가 대가를 요구할 경우 상대방은 불만과 경멸에 찬 태도를 보일 테니 말이다. 상대방이 당신을 필요로 할 때는 응당 그의 하인이 되어야 하지만 정작 당신이 그를 필요로 할 때는 상대방은 "분수도 모른다"고 경멸한다. 비유하자면, 당신의 음식점에 밥을 먹으러 와서 밥값도 내지 않으면서 오히려 당신에게 이렇게 원망하는 것과 같다. "감히 손님에게 돈을 내라고 하다니, 그렇게 쩨쩨해서 어떻게 음식점을 운영해요?"라고 말이다.

사랑 앞에서 눈곱만큼의 자존심도 없다면 상대방의 사랑을 얻지 못할 뿐만 아니라 스스로를 업신여기게 된다.

'이기적'이라고 매도당해도 상관없다. 혹은 "사랑 앞에서 자존심을 따지는 것은 상대방보다 자기 자신을 더 사랑하기 때문이다"라는 말도 한 귀로 듣고 한 귀로 흘려라. 홍콩의 작가 이수는 일찌감치 이런 말을 했다.

"세상이 빙빙 도는 것처럼 머리를 아득하게 하고, 하늘과 땅에 두고 맹세할 만큼 거창하고 열정적인 사랑도 격려나 지지를 받지 못하면 맥없이 사라지게 마련이다. 이 세상에 평생을 공짜로 사랑해줄 사람은 없다."

바다를 좋아한다고 해서 바다에 뛰어들어서는 안 된다.

샤오구는 우리 집에서 직선거리로 80미터 떨어진 곳에 사는 가까운 이웃이다. 샤오구는 어린 시절부터 귀엽고 영리했지만 외모는 평범하기 짝이 없었다. 예컨대 사람들 무리 속에 있으면 쉽게 찾아낼 수 없는 지극히 평범한 유형이었다. 영화나 방송 프로그램의 PD들도 그다지 선호하지 않는 인물 유형에 속한다고 해야 할까.

지난 20여 년 동안 샤오구는 주변 사람들과 얼굴 한 번 붉힌 적이 없었다. 발코니에서 키우는 분재 화분처럼 온순하기만 했다. 그런 그녀가 반년 동안 연애를 하고 나서는 탈수 중인 세탁기처럼 거칠고 성급하게 변했다.

그것은 순전히 남자 친구 때문이었다. 약속 시간에 늦거나 혹은 질투하거나 아니면 오해를 하는 두 사람 사이에 분쟁이 생길 때마다 남자 친구는 침묵으로 일관했다. 샤오구가 잘못을 하든 혹은 그 자신이 잘못하든 해명도 하지 않고 또 상대방의 설명도 들으려고 하지 않았다. 샤오구가 감정 조절을 못 하고 폭발할 때도 남자 친구는 외면하기만 했다.

남자 친구가 침묵할수록 샤오구의 분노는 더욱 커져갔다. 샤오구는 마치 광활한 벌판에 홀로 내버려진 채 제아무리 소리쳐도 사람 하나 찾아볼 수 없는 막막한 느낌이 들었다. 칠흑처럼 어두컴컴한 동굴의 철창에 갇힌 기분이었다.

처음엔 그저 엉엉 울기만 했지만 점차 물건을 내던지고 욕을 퍼붓기 시작했다. 급기야는 밥을 굶고 스스로를 학대하기 시작했고, 하마터면 17층에서 뛰어내릴 뻔도 했다. 결국 두 사람은 헤어지고 말았다.

내가 샤오구를 다시 만난 것은 춘제(春節) 때였다. 샤오구는 명절을 맞이하여 단지 입구에서 아이들에게 사탕을 나눠주고 있었다. 내가 다가가서 물었다.

"요즘 어떻게 지내? 집에서 지내니까 살 좀 쪘니?"

샤오구가 미소를 지으며 대답했다.

"집으로 내려와서 이 킬로그램이 찌고 또 이번 명절에 삼 킬로그램이나 쪄서 총 오 킬로그램이나 살이 붙었어요."

이젠 마음 아픈 사랑에서 벗어났다는 것을 얼핏 봐도 알 수 있었다. 이제 과거가 된 연애 이야기가 화제로 오르자 샤오구는 마치 우스개를 늘어놓듯 담담하게 말했다.

"그때는 사랑에 눈먼 바보였어요. 그 때문에 하마터면 사랑에 치여 죽을 뻔했지요. 이젠 용서나 미움 때문에 그 사람을 떠올리는 시간조차 아까워요. 물론 내가 인생 공부를 하고 좀 더 성장할 수 있게 해줬지만 '고맙다'

라는 인사를 받을 만한 사람은 아니지요."

정신적 폭력을 받은 사람들은 보통 비슷한 느낌을 받을 것이다. 즉, 상대방에 대한 불만이 분노로 바뀌고 이어서 히스테리로 변한다는 것을 말이다. 대개 갈등이 일어날 때는 상대방의 설명과 위로를 통해 불만에 찬 정서를 분출할 출구가 간절하다. 그런데 상대방은 '죽은 척'하며 그 출구를 막아버린다. 심지어 당신을 '무시하는' 방식으로 그 출구를 한층 봉쇄해버린다. 이로 말미암아 나쁜 정서는 당신 스스로를 괴롭힌다. 일단 정서적으로 붕괴되면 당신이 설사 경국지색의 미모를 갖추고 있다고 해도 당신의 이미지나 기질은 완전히 무너지고 만다. 또한 설령 당신이 풍부한 학식과 지식을 갖췄더라도 당신의 교양과 도덕성은 제 기능을 발휘지 못하게 된다. 결국 당신은 애처롭게 나약하게 변하고 몰골도 흉해지면서 더 이상 사랑스러운 모습을 찾을 수 없게 된다.

그래서 시인 구청은 "나쁜 사랑을 하는 사람은 잘못 환생한 사람처럼 변한다"라고 했다.

그에게서 당신이 그를 방해하는 듯한 느낌을 받는다! 그에게 "잘 자요"라고 말하는 것은 당신이 졸려서가 아니라 내일 출근을 위해 그 사람이 일찍 잠자리에 들어야 한다고 생각하기 때문이다. 그가 당신에게 "이제 그만 자야겠어"라고 말하는 것은 침대에 올라가 인터넷 게임을 해야 하니 그만 전화 끊자는 것이다.

당신이 그에게 "잘 잤어요?"라고 말하는 것은 당신이 이제 일어나서가 아니라 그가 보고 싶기 때문이다. 그가 당신에게 "이제 일어나야겠어"라고 말하는 것은 화장실에서 볼일 보는 동안 스마트폰으로 게임을 해야 하니 그만 끊자는 의미이다.

정신적 폭력이 주는 상처는 어느 정도일까?

간단히 말해서 사람을 절망에 빠지게 한다. 마치 세뇌하는 것처럼 야금야금 당신의 자부심과 자존심, 안정감을 부식시킨다. 또한 당신의 열정, 신뢰, 존재감을 갉아 먹는다. 그런 뒤에는 당신의 마음속에 '나는 아무런 가치도, 매력도 없는 무용지물이다'라는 관념을 주입시킨다. 마지막에는 감정 조절이 되지 않는 깊은 늪 속으로 추락시킨다. 이처럼 암울한 연애관계는 끔찍할 만큼 천천히 당신을 능지처참하는 것과 같다.

자, 마음을 가다듬고 당신의 마음을 짓밟는 못된 남자 따위는 중고거래 사이트에 올려라.

상대방에게 거절당해서 상처를 입거나 혹은 속임을 당했다고 여기며 상실감에 빠진 채 "사는 건 의미가 없어"라고 말하지 말라. 아마도 당신은 그 말의 의미를 잘못 이해하고 있는 것이 분명하다. 사실 우리가 살아가는 삶 자체가 본래 그렇다. 불현듯 인연을 만나고 또 인사도 없이 훌쩍 이별을 한다. 간절히 원하지만 가질 수 없기도 하고, 또 예기치 못하게 저절로 찾아오기도 한다……. 이러한 사랑 때문에 피폐해지고 우울해지며 실망할 가치가 없다. 당신이 신경 써야 할 것은 항상 긍정적인 마음가짐을 갖고 삶을 사랑하는 것이다. 이 세상의 슬픔과 불운은 혼자 다 진 사람처럼 우거지상을 짓지 말고, 마치 정성들여 선물을 준비하는 것처럼 좀 더 멋지고 반듯한 사람으로 스스로를 가꾸라!

세상이 빙빙 도는 것처럼 머리를 아득하게 하고,
하늘과 땅에 두고 맹세할 만큼 거창하고 열정적인 사랑도
격려나 지지를 받지 못하면 맥없이 사라지게 마련이다.
이 세상에 평생을 공짜로 사랑해줄 사람은 없다.

08

두꺼비가 없다면
백조도 외로울 것이다

후이쯔와 덩젠은 친구 모임에서 처음 만났다. 나중에 두 사람의 설명에 따르면 그들은 서로에게서 각기 다른 첫인상을 받았다.

당시 덩젠은 후이쯔를 보고서 크게 기뻤다. '우와, 맞은편의 저 여자는 정말 예쁘게 생겼구나!' 반면에 후이쯔는 덩젠이 몹시 못마땅했다. '맞은편의 '지적장애아'처럼 생긴 남자는 왜 자꾸 나를 쳐다보지?'

그 당시 후이쯔는 대단히 도도했다. 또래 여성들이 '가장 꽃 같은 나이에 최고의 조건을 갖춘 남성을 만나기를' 간절히 원할 때 후이쯔는 모든 남성이 우습게만 여겨졌다. 여성에게 치근대며 수작을 거는 남성들의 모든 꼼수를 간파할 수 있다고 자부했다. 또한 제아무리 기발한 고백도 모두 거부할 수 있으며, 외로움이 주는 적막감도 홀로 견딜 수 있다고 여겼다. 그 누구도 자신의 마음을 흔들 수 없을 것이라고 자신한 것이다. 그러나 후이쯔는 "내가 열일곱 살 때 꿈에서 당신을 봤습니다"라는 덩젠의 고백에 마음이 넘어가고 말았다.

후이쯔는 유머가 없고 도도한 반면에 덩젠은 웃기는 이야기를 잘하고 항상 먼저 사과하고 져주었다! 처음 사귀기 시작할 무렵 두 사람은 여느 연인들처럼 걸핏하면 다투었다. 예컨대 후이쯔가 홧김에 "우리 헤어져, 우리 엄마 아빠도 찬성할 거야"라고 말하면, 덩젠은 다급히 손을 내저으며 이렇게 말했다.

"너만 부모님이 계시냐? 우리 어머니 아버지는 우리가 헤어지는 걸 반대하실걸!"

후이쯔가 토라져서 말대꾸하지 않으면 덩젠은 먼저 다가와 말을 건넸다. "우리 이별을 기념하기 위해 마지막 만찬을 먹는 게 어때?" 혹은 "우리 마지막 산책을 하자!" 혹은 "마지막을 기념해서 영화나 볼까?" 등등의 말로 기어코 후이쯔가 웃음을 터뜨리게 했다.

후이쯔는 걸핏하면 냉전을 벌이는 반면에 덩젠은 옳고 그름을 따지며 이해시키려고 했다. 이에 후이쯔가 불만을 쏟아낸 적도 있다.

"내가 화가 났을 때는 제발 시시비비를 따지지 말고 조용히 있어주면 안 돼? 화가 나 있을 때는 나는 귀머거리가 된단 말이야!"

덩젠은 이렇게 말했다.

"내가 누가 옳고 누가 틀린지 정확히 짚어줄 때는 제발 나에게 화 좀 내지 마. 그때는 난 바보나 마찬가지란 말이야!"

덩젠의 재치 있는 항변에 후이쯔는 또다시 웃음을 터뜨리고 말았다.

한번은 두 사람이 쇼핑을 나갔을 때다. 후이쯔가 새로운 모델의 밀걸레를 발견하고 덩젠에게 말했다.

"저 밀걸레 참 좋은 것 같은데 우리도 하나 사자."

덩젠은 내심 뿌듯한 마음을 감춘 채 일부러 목청을 돋우며 거만스레 대답했다.

"좋은 밀걸레가 그렇게 중요해? 내가 사용하는 청소 도구까지 걱정해주는 거야?"

또 한 번은 시골집에 내려갔던 친구가 살아 있는 닭 여러 마리를 갖고 올라와 덩젠에게 선물했다. 하지만 덩젠은 닭 잡는 법을 알지 못했다. 그는 닭을 잡는다고 한참 동안 씨름을 하더니 결국 두 손 두 발 들고 말았다. 그러고는 진지한 표정으로 후이쯔에게 말했다.

"우리 그냥 굶겨서 죽이자!"

두 사람이 결혼한 지 10개월 만에 후이쯔가 임신을 했다. 입덧이 유난히 심해 고통스러워하는 후이쯔가 안타까웠던 덩젠은 이렇게 말했다.

"가자, 빨리 병원 가자! 아기 낳지 마. 이렇게 엄마를 괴롭히는 못된 자식은 낳을 필요가 없어. 너에게 그런 고생시키고 싶지 않다."

첫 아이를 낳은 지 얼마 되지 않아 양가 가족들이 둘째를 권하자 덩젠은 모두가 모인 자리에서 이렇게 말했다.

"이제 더 이상 아이 못 가져요. 저 발기부전입니다."

옆에서 밥을 먹던 후이쯔는 웃음이 터져 나와 하마터면 음식이 목에 걸릴 뻔했다!

이처럼 덩젠이 천연덕스러우면서도 당당하게 말할 수 있었던 것은 상대방의 마음을 꿰뚫고 있었기 때문이다. 후이쯔와 말다툼을 벌일 때마다 먼저 사과하고 항상 져주었던 것도 이 세상에서 그 무엇보다 후이쯔가 가장 소중했기 때문이다. 그래서 그는 후이쯔가 항상 곤란할 때마다 앞에 나서서 공공연하게 역성을 들어주었다.

'사랑'이란 무엇인가? 구제 불능의 바보처럼 상대방을 좋아하는 것이다. 한 사람만을 편애하기로 마음먹고 그를 위해 남은 삶을 아낌없이 바치는 것이다!

그렇다면 당신은 어떤가? 연애는 귀찮고, 결혼은 무섭고, 아이를 낳는 것은 자살골을 넣는 일이라고 생각하는가?

청년 시절에는 조금이라도 마음에 드는 이성을 만나면 가슴이 마구 뛰면서 사랑을 위해 돌진하게 된다. 그러나 점차 나이가 들면 제아무리 마음에 든 이성이 나타나도 망설이고 주저하며 스스로에게 묻는다.

'대체 왜 이래? 겨우 저런 인물이 마음에 들어? 너의 안목이 그것밖에 안 돼?'

그러고는 입을 비죽거리며 고개를 가로젓는다.

'됐어, 그만두자.'

그러고는 맹세한다.

'사랑을 수치스럽게 여기고 고독을 영광으로 아는 쿨한 독신으로 평생을 즐기며 살자.'

아마 당신은 낯선 사람과 한집에서 평생을 같이 사는 것이 끔찍하게 생각될지도 모른다. 타인을 위해 불편하게 반평생을 살아야 한다니, 상상조차 하기 힘들 것이다. 당신은 혼자만의 공간을 원하고, 또 그 누구도 방해하지 않는 자유를 누리고 싶어 할 테니 말이다. 또한 '날마다 한 사람만을 바라보며' 살 인내심이 있는지 의심도 들 것이며, 또 '훗날 태어날 아이의 안정적인 인생을 무료로 만들어주는' 책임감이 있는지도 의심스러울 것이다.

그래서 당신은 결혼을 거부한다. 날마다 얼굴 맞대고 말다툼을 벌이는 반려자가 생기는 것을, 시끌벅적한 가정이 생기는 것을 마다한다. 당신은 그저 안정적이고 조용한 환경에서 인터넷 게임을 실컷 즐기고, 또 얼굴도 모르는 온라인 친구들과 '오늘은 무엇을 먹었는지', '어디로 여행을 다녀왔는지', '어떤 재미있는 일이 있었는지' 서로 안부를 주고받기를 원한다.

당신은 착실하게 하루하루를 일궈가는 삶은 따분하며, 인생의 결말이 훤히 내다보이는 삶은 재미가 없다고 여긴다. 삶은 수만 가지 종류가 있다고 여기기에 남들처럼 적령기가 되면 이성을 사귀고 결혼을 하고 자식을 낳는 그런 삶은 시시하다고 생각한다.

그렇다. 독신생활이 편하고 쿨한 것은 나도 인정한다. 결혼도 하지 않고 아이도 낳지 않고 전통 관념에 얽매이지 않는 것이 대단히 쿨한 사고방식이라는 것을 말이다. 하지만 내가 강조하고 싶은 것은, 연애와 결혼은 똑같이 쿨한 일이라는 사실이다. 당신이 선택한 누군가와 함께 미지의 인생을 경험하고, 당신의 모든 열정과 능력, 행운을 동원하여 잡다하고 복잡한 일상의 일들을 헤쳐나가야 한다.

자식을 낳아 기르는 것도 대단히 쿨한 일이다. 아무런 사심 없는 사랑을 새로운 생명에게 모조리 쏟아붓고, 당신의 자유와 일상의 곤혹스럽고 귀찮은 일들, 걱정거리, 피로를 맞바꾼다. 부모로서의 책임감을 갖고 아이와 함께 비록 짧지만 신성한 삶을 살아간다. 이 얼마나 도전적이고 의미 있는 삶인가? 사랑은 귀찮게 마련이다. 하지만 사랑이 있기에 그러한 귀찮은 일들을 묵묵히 받아들인다. 사랑은 온갖 귀찮은 일들을 불러일으키지만 또 그 귀찮은 일들을 해결해주기도 한다.

인생은 스쳐 지나가는 수많은 사람 속에서 당신을 깊이 사랑해주는 한 사람을 만나 함께 손을 잡고 동행하는 것이다. 서로를 소중히 여기기도 하고, 마주 보고 미소도 짓고, 상처받은 마음을 어루만져주기도 하고, 혹은 죽기 살기로 싸우면서 수많은 기억을 쌓아간다. 그리고 마지막에는 '당신이 있어서 좋은' 행복한 인생을 만들어낸다.

하이탕은 성미가 불같은 여성이다. 스스로도 부모님이 자신의 이름을 하이탕이 아니라 하이샤오(해일)라고 지어야 옳았다고 여길 정도였다. 남자 친구가 처음 사랑을 고백하기 위해 장장 10여 분에 걸친 사랑의 서약을 준비했을 때도 하이샤오는 5분 만에 "오케이!" 하며 끝냈다. 또한 정식으로 교제한 지 사흘도 되지 않아 하이탕은 남자 친구에게 이렇게 말했다.

"자기야, 우리가 사귀기 시작한 지도 벌써 삼 일 하고 여섯 시간 십팔 분이 지났어. 근데 도대체 언제쯤이나 입맞춤을 할 건데? 정말 답답해 죽겠어."

하이탕은 전주곡이 긴 음악은 아예 듣지도 않았고, 문학 작품을 원작으로 한 영화는 전개 속도가 느리다며 싫어했다. 맛집이 새로 생기면 당장 그날 밤에 가서 사 먹어야 직성이 풀렸고, 여행하기 좋은 곳을 발견했을 때는 곧장 다음 날 휴가를 내고 찾아갔다.

하이탕에게는 '계획'이나 '기다림'이라는 것이 아예 존재하지 않았다. 아침에 늦잠을 자기라도 하면 평상시에는 30분 만에 끝내는 일을 단 5분 만에 해치우고 후다닥 현관문을 박차고 나갔다.

반면에 남자 친구 성격은 느려터진 굼벵이였다. 저녁 6시 30분에 약속을 잡으면 그는 약속 장소까지의 교통 상황을 참고하여 일찌감치 출발했다. 우선은 시간에 쫓기듯 서두르는 게 싫었고, 다음은 일찍 가서 기다리는 것도 즐거운 일이라고 여기기 때문이다. 설령 아침에 늦잠을 자더라도 그는 평상시와 똑같이 30분 동안 출근 준비를 했다.

그래서 두 사람이 길거리 데이트에 나설 때면 하이탕은 자신이 달팽이를 끌고 산책하는 기분이 들었고, 남자 친구는 활동성이 활발한 차우차우에게 끌려다니는 기분이 들었다. 그래서 두 사람이 가장 많이 주고받는 대화도 "제발 빨리 좀 걸어"와 "좀 천천히 가자"였다.

남자 친구가 하이탕에게 물은 적이 있다.

"넌 왜 그렇게 성미가 급하니?"

하이탕이 고개를 갸웃거리며 대답했다.

"아마 내가 조산아라서 그럴 거야."

남자 친구가 어리둥절해하며 물었다.

"급한 성격이 조산과 관계가 있는 거야?"

하이탕이 웃으며 말했다.

"내가 원하는 건 우리 엄마도 막을 수 없거든!"

그러고는 다시 한마디를 덧붙였다.

"중요한 사실은 나 자신도 그런 나를 어쩔 수 없다는 거야."

그날 이후 남자 친구는 하이탕이 재촉하고 성화를 부릴 때마다 스스로 이렇게 위로했다.

'그저 성격에 약간 문제가 있는 것뿐이야. 나에게 악감정이 있어서 그러는 건 아니야.'

하이탕도 남자 친구에게 물어본 적이 있다.

"자기는 왜 항상 느려? 효율성 있게 빨리빨리 처리하는 게 낫지 않아? 양치질 한 번 할 때마다 십 분 걸리지? 샤워는 한 시간 걸리고? 청소는 아마 두 시간에 걸쳐서 할걸?"

남자 친구가 정색하며 말했다.

"양치질이나 샤워, 청소를 성급하게 해치우면 청결을 유지할 수 없어. 업무, 학업, 논문도 서두르다 보면 품질이 떨어지는 것처럼 말이야."

그날 이후 하이탕은 남자 친구가 느릿한 동작으로 반나절에 걸쳐서 청소하는 모습을 볼 때면 이렇게 자신을 다독였다.

'이건 그저 성격 문제야. 아이큐와는 아무런 상관이 없어.'

시간이 흐르면서 하이탕은 자신도 모르는 사이 느릿느릿 유유자적하는 남자 친구의 습관을 따라 하게 되었다. 그리고 남자 친구의 세심함과 진중함, 그리고 형식을 중시하는 습관을 한층 더 좋아하게 되었다. 남자 친구 역시 하이탕의 사려 깊지 못하고 건성건성의 모습을 있는 그대로 받아들이는 동시에 그녀의 쾌활하고 귀엽고 또 화끈한 성미를 한층 사랑하게 되었다. 그렇게 두 사람은 한 사람은 앞장서서 성큼성큼 걸어나가고 한 사람은 사려 깊게 뒤따르며, 또 한 사람은 개구쟁이처럼 굴고 또 한 사람은 '지적장애아'처럼 굴며 사랑을 가꿔나갔다.

사실 우리는 누구나 독특한 매력을 지니고 있고 또 남들을 힘들게 하는 단점을 지니고 있다. 아름다우면서도 날카로운 가시가 돋친 장미처럼 말이다. 하지만 진정으로 장미를 사랑하는 방법은 가시를 모조리 잘라버리는 것이 아니라 가시에 찔리지 않는 방법을 배우는 것이다. 그렇게 하면 수다스러움은 능수능란한 말재주로 변하고, 드센 기세는 부드럽게 변하고, 수더분한 신중함은 포악함을 없애주고, 보수성은 당신의 무모함을 구제해준다.

내가 생각하는 인연은 이렇다. 하늘이 도와야만 만날 수 있지만 그 인연을 지키는 것은 우리의 몫이다. 소중하게 아낄 줄 알아야만 그 인연을 가질 수 있다. 그러므로 상대방의 급한 성격이 싫다면 그 성격 덕분에 효율적으로 일을 한다는 것을 기억하라. 또한 상대방이 꾸물거리고 시원시원하지 않다고 여길 때는 그의 인내심을 생각하라. 상대방의 행동이 느려 터져 답답할 때는 그의 포용심을 떠올려라.

우리는 흔히 서로 사랑에 빠질 때는 "정반대의 성격이 서로의 부족한 부분을 채워준다"라고 말한다. 하지만 막상 헤어질 때는 "서로 성격이 안 맞았다"라고 해명한다. 사랑이라는 감정 앞에서 성격 불화가 대수겠는가? 그저 상대방에 대한 신비감이 사라지고 더 이상 매력을 느끼지 못하기 때문에 서로의 부족한 부분을 채워주는 노력을 하지 않는 것뿐이다. 상대방이 당신을 이해하려는 노력을 그만두게 되면 그 순간부터 모든 잘못은 당신의 몫이 된다. 그래서 그 어떤 해명을 해도 소용이 없고, 또 상대방의 사과를 받는 것도 불가능해진다.

감정 세계의 규칙은 매우 간단하다. 즉, 당신 곁을 떠나려고 작심한 사람은 항상 변명이 넘치고도 남는다. 반면, 당신 옆에 남으려는 사람은 붙잡지 않아도 제 발로 온다!

영화 〈노트북〉에는 감동적인 대사가 나온다.

"난 대단한 사람이 아닙니다. 평범한 보통 사람이죠. 남다른 인생도 아니었고, 날 기리는 기념탑도 없고, 내 이름은 곧 잊히겠죠. 하지만 한 가지 눈부신 성공을 했다고 자부합니다. 한 사람을 지극히 사랑했으니 그거면 더할 나위 없죠."

한 사람을 향해 오랫동안 뜨거운 사랑을 유지하는 것은 매우 어려운 일이라는 것을 우리는 인정하지 않을 수 없다. 하지만 두 사람 모두 그 사랑을 포기하지 않는다면 그들은 매번 새롭게 다시 태어나는 사랑을 할 수 있다. 가령 그의 장점으로 단점을 용서하고, 그의 좋은 점을 본받아 자신의 나쁜 점을 고칠 수 있다. 그런 관점에서 보면, 참기 힘들고, 꼴 보기 싫고, 싫증 나는 감정도 실상은 사랑의 일부분이라고 할 수 있다.

사랑은 상대방의 특별한 매력을 헌신적으로 사랑하는 것뿐만이 아니다. 그보다 더 어려운 것은 그 사람의 평범함을 사랑하려고 노력하며 이해하고, 아껴주며, 역성을 들어주는 것이다. 바꿔 말해서 그의 우수성과 긍지를 사랑하는 동시에 그의 초라함과 저속함도 사랑해야 한다는 뜻이다!

평소 자부심에 가득 찬 여성이 갑자기 자존심을 버리고 허리를 낮추거나 혹은 평소 시끌벅적한 수다쟁이 여성이 갑자기 온순하고 조용해진다면, 십중팔구 당신을 이성으로 받아들였다는 의미이다. 당신 앞에서 긍지에 찬 모습이나 우수성을 뽐낼 필요가 없기에 자신의 숨겨진 또 다른 모습을 남김없이 보여주는 것이다.

마찬가지로 대단히 이성적인 남성이 갑자기 바보같이 유치하게 변하거나 혹은 그의 매력이 점점 사라지고 오히려 아직 덜 성숙하다는 느낌이 든다면, 그 남성이 당신을 사랑하기 시작했다는 뜻이다. 왜냐하면 당신 앞에서는 감정에 휩쓸려 이성을 지키기가 힘들고, 또 머리를 굴려 이런저런 계획을 미리 세울 수도 없을 만큼 속수무책이 되기 때문이다!

남성들에게는 이렇게 당부하고 싶다. 여자 친구가 괜히 당신에게 트집을 잡는다면 먼저 양보하라. 그녀가 자신이 억지를 부렸다는 사실을 스스로 깨닫게 되면 진심으로 당신에게 고마워할 것이다!

여성들에게는 이렇게 당부하고 싶다. 연인관계에서 여자 친구의 말은 언제나 옳다. 하지만 당신이 그 사람의 영원한 여자 친구일 것이라는 보장은 없다.

인연은 이렇다.
하늘이 도와야만 만날 수 있지만
그 인연을 지키는 것은 우리의 몫이다.
소중하게 아낄 줄 알아야만
그 인연을 가질 수 있다.

09

세대 차이라는 것은
실상 상대방에 대한
이해가 부족한 사랑이다

춘제 연휴를 맞이하여 R은 두 살배기 아들과 함께 친정을 찾아갔다. 저녁 식사가 끝난 뒤 R은 방에서 얼굴 팩을 하면서 거실에서 부모님의 대화 내용을 들었다.

아버지가 어머니에게 말했다.

"내일 라오리 집에 갈 때 외손자도 함께 업고 갑시다. 명절에는 사람들이 북적여야 제맛이잖아!"

어머니가 대답했다.

"난 싫어요. 내 자식도 아닌데 밖에 나갈 때마다 업고 다니란 말이에요?"

R은 눈가 주름을 꾹꾹 누르며 끼어들었다.

"그래요. 그 대신 엄마가 나 업어서 데려가면 되겠다. 난 엄마 자식이잖아."

R의 가족은 가족 코미디 드라마를 찍어도 될 만큼 재미있는 이야깃거리가 많다.

어린 시절 R의 집은 풍요롭지가 못했다. 한번은 용돈을 조금이라도 더 받기 위해 R은 엄마에게 거짓말을 했다.

"엄마, 학교에서 예술반을 새로 개설한대. 발레, 국학(國學), 바둑, 컴퓨터 등 전부 다 가르쳐준대. 한 달에 겨우 삼 위안(약 오백 원)이야. 엄청 싸지?"

엄마는 웃음을 터뜨리며 R의 머리를 쥐어박았다.

"뭐? 삼 위안? 넌 엄마가 바보인 줄 아니?"

대학을 갓 졸업했을 무렵 R은 집에서 가장 게으르고 수입도 가장 적었다. 그래서 아버지에게 미움 아닌 미움을 받았다. 가령 화장실에서 오래 꾸물거리거나 혹은 전화 통화를 하면서 큰 소리로 웃거나, 소파의 쿠션을 떨어뜨리거나, 휴지통이 가득 채워져 있을 때는 언제나 R에게 잔소리하며 트집을 잡았다.

한번은 춘제 명절을 맞이하여 집으로 내려갔을 때다. 빈손으로 집에 온 R에게 어머니는 서둘러 밥상을 차려주며 잔소리를 해댔다.

"스무 살도 훌쩍 넘은 애가 명절에 집에 오면서 선물 하나를 안 사 오니? 어쩜 이렇게 뻔뻔하니?"

R은 히죽 웃으며 천연덕스럽게 대답했다.

"뻔뻔한 게 뭐 어때서? 뻔뻔하니까 쓸데없는 데 돈 낭비 안 하게 되잖아!"

R도 나름대로 반격했지만 번번이 참패했다. 가령 밥 먹을 때 엄마에게 음식이 짜다고 간장을 적게 넣으라고 투정을 부린 적이 있다. 그 결과 엄마는 밥그릇과 젓가락을 모두 빼앗으며 이렇게 말했다.

"그럼 네가 직접 만들어서 먹어."

그날 밤 엄마는 빨래 바구니에서 R의 옷만 추려서 빼놓은 뒤 그 옆에 쪽지를 붙여놓았다.

'세제 많이 넣는다고 할까 봐 빨래를 못 하겠구나. 네 옷은 네가 직접 빨려무나.'

한번은 아버지에게 금연해야 한다고 불만을 말한 적이 있었다. 그러자 아버지는 거만스레 이렇게 말했다.

"그럼 금연하는 아빠를 찾아가려무나. 이제 우린 부녀관계를 의절한 거니까, 너에게 생활비도 줄 필요가 없겠지?"

머리를 쥐어박고 으름장도 놓으며 구박을 했지만 사실 R의 부모님은 누구보다 더 그녀를 사랑했다.

R이 학교 다니는 10여 년 동안 아버지는 항상 시간이 날 때마다 그녀와 함께 놀아주며 이렇게 말하곤 했다.

"놀 때는 실컷 놀아야 해. 제대로 놀지 못하면 금방 어른 된다."

그녀가 직장을 찾아다닐 때 어머니는 이렇게 당부했다.

"네가 좋아하는 일을 찾으려무나. 엄마 아빠 노후 준비는 우리가 알아서 할 테니 그런 걱정은 하지 말고."

그녀가 첫 직장을 그만두자 아버지는 외국 여행을 다녀오라고 권했다.

"앞으로 네가 사업을 할 거면 사업 아이템을 찾아보도록 해라. 예술 공부를 더 할 생각이면 영감을 얻는 기회로 삼고. 평범한 사람으로 살고 싶으면 오랜만에 여기저기 여행하며 기분 전환하고 오려무나."

친척들이 결혼하라고 성화를 부릴 때도 어머니는 이렇게 말했다.

"서두를 필요 없다. 지금 너에게 결혼하라고 재촉하는 사람들은 나중에 네가 결혼생활이 힘들 때 이혼하지 말라고 하는 사람들과 똑같다."

가정이 아이에게 주는 최고의 자산은 엄청난 거액의 유산도, 높은 사회적 지위나 권력도 아닌 내심에서 우러나오는 유쾌함이다. 반대로 가정이 아이에게 주는 최악의 자산은 가난도, 뭇 사람의 무시도 아닌 뼛속 깊이 박힌 자기혐오에서 비롯된 열등감이다.

나는 자녀들에게 '이렇게 해야 한다', '저렇게 해야 한다', 혹은 '이러면 안 된다', '저러면 안 된다'는 식으로 양육하는 부모를 많이 봤다. 그들은 하나같이 자녀를 사유재산이자 자신들 인생의 후속편 정도로 여겼다.

그들 자녀는 "이제 나이도 먹을 만큼 먹지 않았니?"와 "네가 고작 몇 살이나 먹었다고 그러니?"의 두 가지 나이 대뿐이다. 이 나이 대는 상황에 따라서 결정된다. 가령 부모가 권위를 내세울 때는 "네가 고작 몇 살이나 먹었다고 그러니?"라고 묻는다. 반대로 아이들에게 책임을 미룰 때는 "이제 나이도 먹을 만큼 먹지 않았니?"라고 말한다.

그들은 자녀들의 반항도 용납하지 않으며 개성을 발휘할 공간조차 남겨주지 않는다. 그저 무조건적인 복종만을 요구한다. 부모가 좋아해야만 취미생활을 누릴 수 있다. 나머지는 시간을 허비하는 놀음일 뿐이다. 또한 교제 상대가 부모 마음에 들어야만 이성과 사귈 수 있다. 나머지는 그저 '쓸데없는 짓'에 불과하다.

그들은 아이의 행복에는 관심 없다. 어떻게 해야 좋은 양육 방법인지 고민하지 않으며 아이가 왜 우는지 혹은 왜 웃는지 이해하지 못한다. 아이가 울면 버럭 화를 내고 반대로 아이가 웃으면 차갑게 찬물을 붓기 일쑤다. 부모 자식 사이에 다정한 대화를 통한 소통이나 교류가 없고 그저 명령과 무관심만 있을 뿐이다.

이러한 부모 아래서 자라는 아이는 억압되고, 울적하며, 특별한 개성을 찾아볼 수 없다. 또한 항상 어디론가 숨으려고만 하며 진실한 자아를 밖으로 내보이지 않는다. 이러한 아이는 따분하고 무료하며 딱히 제 할 일을 제대로 하지 못하는 어른으로 성장하기 쉽다. 이들은 부모로부터 풍요로운 지원을 받고 자란 것 같아도 실상은 부모에 대한 미움과 원망만 차곡차곡 쌓아간다.

자녀들도 예외는 아니다. 나는 부모에게 "그런 식으로 말하지 마라", "그런 생각 자체가 잘못됐다", "이건 너무 촌스럽다", "저건 너무 추레하다" 하면서 타박하는 자식을 많이 봤다. 그들은 부모를 삶의 오답 노트쯤으로 간주했으며, 자신들의 자유를 방해하는 훼방꾼으로 여겼다.

그들은 부모의 표현방식을 못마땅해하며, 부모의 사고방식을 견디지 못한다. 그들에게 부모는 그저 생명과 돈을 주는 존재에 불과하다. 그래서 철이 들기 시작하면 자녀들은 더 이상 부모를 영웅처럼 여기지 않는다. 심지어 훗날 자신의 어머니 같은 여자 혹은 아버지 같은 남자를 만나 결혼하게 될까 봐 걱정한다.

그래서 자녀들은 종종 "왜 엄마 아빠는 다른 집 부모처럼 유식하지가 않아요?"라고 원망하고, 또 부모는 "어떻게 다른 집 아이들처럼 똑똑하지가 않니?"라고 원망한다. 부모가 아이들이 느꼈을 외로움이나 고통을 이해할 즈음에는 자식들은 이미 성장하여 멀리 떠나버리고, 또 아이들이 부모의 크나큰 사랑을 겨우 이해할 즈음 부모는 이미 늙고 쇠약해진 뒤다.

이른바 '세대 차이'란 자녀는 자식을 위해 각별하게 마음을 쓰는 부모의 속내를 이해하지 못하고, 또 부모는 자녀들이 실제로 받는 느낌이나 생각을 전혀 이해하지 못하는 것이다. 즉 부모와 부모가 뭘 해주든 무조건 마음에 안 들고, 부모가 하는 말은 무조건 듣고 싶지 않은 자녀들 사이의 간격이다.

이탈리아 영화 〈퍼펙트 스트레인저스〉에 이런 내용이 있다. 열일곱 살 딸이 연애를 시작했는데, 부모님이 없을 때 남자 친구 집에 초대를 받았다. 소녀는 결코 간단한 데이트가 아니라 어쩌면 첫 경험을 하게 될 거라는 사실을 잘 알고 있었다. 그래서 소녀는 아빠에게 전화를 걸어 자신이 직면한 선택과 걱정에 대해 솔직하게 털어놓았다.

"난 걔가 참 좋아요. 근데 이렇게 너무 빨리 첫 경험을 하게 될 거라고는 생각 못 했어요. 하지만 내가 거절한다면 걔가 기분 나빠할 거예요. 어떻게 해야 할지 모르겠어요."

소녀의 아빠는 대단히 진지하고 성의 있게 대답한다.

"그 애가 싫어할까 봐 억지로 요구를 받아줄 필요는 없다. 그건 이유가 못 돼. 지금은 너에게 아주 중요한 순간으로 아마 평생 기억하게 될 것이다. 물론 나는 네가 아직 어리기 때문에 남친 집에 가는 걸 찬성하지 않는단다. 하지만 중요한 건 너의 행복이다. 오늘의 경험을 두고두고 기억하며 미소를 지을 것 같다면 가려무나! 하지만 왠지 후회할 것 같고 망설여지면 가지 마라!"

한번 상상해보라! 당신이 아빠라면 첫 경험의 기로에 선 딸이 이런 말을 털어놨을 때 어떤 반응을 보이겠는가? 아마 까무러칠 만큼 질겁할 것이다. 자신도 모르게 언성이 높아지면서 노발대발하며 이렇게 고함칠 것이다.

"너 미쳤니? 가면 안 돼, 절대로 안 돼! 만일 간다면 넌 내 자식이 아니니까 집에 들어올 생각도 마!"

혹은 크게 실망할 것이다. 눈꼬리를 치켜뜨고 가시 돋친 어조로 이렇게 말할 것이다.

"앞으로 사람들 얼굴을 어떻게 쳐다보고 살려고? 넌 상관없을지는 몰라도 난 아니다! 난 체면이 무엇보다 중요해!"

혹은 그저 무시할지도 모른다. 계속 하던 일을 하며 관심 없다는 듯 차갑게 대꾸할 것이다.

"너 하고 싶은 대로 해! 언제 네가 내 말 들은 적 있니?"

어쩌면 영화 속 아버지처럼 차분하게 딸의 말에 귀 기울이는 이도 있을 것이다. 그러고는 객관적인 입장에서 조언해줄지도 모른다.

이번에는 거꾸로 상상해보자. 당신이 열일곱 살 소녀라면 부모님께 곧이곧대로 모든 일을 털어놓을 것인가? 아마 대부분은 그러지 못할 것이다. 이처럼 인생에서 중요한 일이 아닌 사소한 일에서도 여성들은 천성적으로 거짓말을 잘하니까.

예컨대 어린 시절 시험을 망쳤을 때는 집에 돌아가서 진지한 표정으로 아빠에게 말한다.

"선생님이 그러는데 이번 시험은 엄청 어렵게 출제돼서 오십 점도 아주 잘한 거래요. 최고 점수를 받은 애도 육십오 점밖에 안 돼요."

그러고는 다시 난처한 듯 이렇게 말한다.

"선생님이 그러는데 이번에는 등수를 안 매긴다고 했어요. 그래서 나도 반에서 몇 등 했는지 몰라요."

시험을 망친 사실을 솔직하게 털어놓으면 이번 방학 동안 매우 괴로울 것임을 뻔히 알고 있기에 거짓말을 하는 것이다.

대학생이 되어 여자 친구를 사귀면서 데이트 비용이 궁해지면 엄마에게 이처럼 말할 것이다.

"다음 달부터 영어 학원에 등록하려고요."

"학교 축제 때 신을 새 신발이 필요해요."

왜냐하면 데이트 비용이 부족하다고 곧이곧대로 말하면 용돈을 얻기 힘들다는 사실을 잘 알고 있기 때문이다.

우리가 거짓말을 하는 이유는 이해득실을 따져본 뒤 '솔직함=끝없는 심판+견디기 힘든 원망'이 되고, 반대로 '거짓말=대략적인 평온+이득'이 된다는 점을 발견했기 때문이다. 그러므로 상대방의 거짓말에 화가 치밀 때는 먼저 자신에게 되물어야 한다.

'솔직하게 말했으면 내가 이해하고 용서해줬을까?'

만일 '아니다'이면 다시 한 번 자문해야 한다.

'뭘 믿고 나에게 솔직하게 털어놓겠는가? 거짓말을 하는 것은 당연한 일 아닌가?'

이른바 '세대 차이'란 자녀들이 숱한 고민거리를 제때제때 부모에게 솔직하게 털어놓을 준비를 하지 못했다는 의미다.

A가 엄마로부터 온 전화를 받았다. 건강 기능성 신발의 깔창을 주문해 달라고 했다. 엄마 주변의 중년 여성들이 모두 사용한다면서 한 쌍에 대략 2천 위안 정도 된다고 했다. A는 곧장 인터넷 검색을 했다. 기능성 원리, 광고전략 등을 꼼꼼히 살펴본 뒤 엄마에게 "그 신발 깔창은 전혀 효과가 없어요. 순전히 허위광고예요"라며 족히 30분 넘게 자세히 설명해주었다.

"엄마, 이제 잘 알겠죠?"

그러자 엄마가 한숨을 쉬며 말했다.

"무슨 말인지 알겠다. 자식 키워 노후에 대비한다는 옛말이야말로 허위광고이구만."

B의 엄마는 TV 홈쇼핑 마니아다. 어느 날 엄마가 B에게 자랑하며 말했다.

"TV 홈쇼핑에서 가방을 득템했지 뭐니? 유명 스타가 디자인한 건데 정가가 만 구천구백 위안인 것을 세일해서 구백구십팔 위안에 샀단다."

B는 엄마가 과대광고에 속았다는 걸 알고 있었지만 굳이 밝히지 않고 짐짓 놀라는 척하며 말했다.

"역시 우리 엄마 안목은 알아줘야 한다니까. 가방 디자인이 진짜 예뻐요!"

효도에 시시비비를 따질 필요가 있을까? 사실의 진위를 밝혀야 할까? 아니다! 진정한 효도란 섣불리 부모를 가르치려 하지 않는 것이고, 또 그들의 작은 실수를 눈감아주는 것이다. 설령 그들이 굳게 믿는 것을 인정하지 않더라도, 설령 그들이 매우 좋아하는 것을 정작 당신은 싫어하더라도……

진정한 효도는 당신이 부모의 두 다리와 두 눈이 되어 그들이 가보지 못했던 이 세상 곳곳을 돌아다니며 아름다운 풍경을 보는 것이다. 그리고 당신이 보고 경험한 세상의 변화를 부모와 함께 공유하고, 또 그들이 직접 경험할 수 있도록 해주는 것이다.

그렇다면 당신은 어떠한가? 당신은 1년 내내 타지를 떠돌 것이다. 부모는 1년 내내 고요하다 못해 적막한 집에서 우두커니 시간을 보내고 당신은 부모의 스마트폰 주소록에만 덩그러니 그 존재를 알릴 것이다. 때로 부모가 병이 났을 때는 그들이 퇴원하고 나서야 지인들을 통해 소식을 전해 듣는다. 어쩌다 한 번 부모님 집을 찾아가면 그들은 당신을 반기며 이것저것 물어보지만 당신은 스마트폰에만 골몰한다. 그리고 마지못해 이렇게 말한다.

"내가 말해주면 알아요?"

물론 연로한 부모는 당신만큼 잘 알지 못한다! 당신은 이 세계의 가장 효율적이며, 가장 빛나며, 가장 정확한 일면을 보고 배운다. 그럴수록 나의 부모는 왜 그렇게 잘못된 관점에 휘둘리는 건지, 왜 맹점이 빤히 보이는 속임수에 속는지 이해하기 힘들다.

당신은 다양한 자기계발서를 읽고 또 다양한 성공담을 듣는다. 그래서 그 무엇보다 효율적으로 시간을 이용하는 것이 가장 중요하다고 생각한다. 그러니 매번 볼 때마다 절약을 외치는 부모를 이해하기 힘들다. 또한 푼돈을 절약하기 위해 갑절의 시간을 허비하는 부모가 못마땅하기만 하다.

당신은 점점 주관이 뚜렷해지고 자기만의 판단 기준이 생긴다. 이 세상에 대한 지식도 한층 넓어지고 꼼꼼하게 인생 계획을 세운다. 그래서 부모의 충고가 귀에 들어오지 않으며 심지어 더우면 더울세라 추우면 추울세라 살뜰히 돌보아주는 부모의 보살핌마저 지겹다.

이른바 '세대 차이'라는 것은 원래 존재하지 않았다. 그저 부모에게 하고 싶지 않은 말이 너무 많아서 생긴 것일 뿐이다!

대학 4학년 여학생이 말했다.

"대학에 진학했을 때 저는 열여덟 살이었어요. 하지만 엄마와 아빠는 저를 유치원생 취급하며 저녁 여섯 시 전까지는 반드시 귀가해야 한다고 요구하셨어요. 한동안 나는 부모님이 너무 보수적이고 편협하다고 여겼어요. 그런 부모를 이해하기도 힘들었고 견디기도 힘들었어요. 하지만 가장 친한 친구가 사고를 당하고 나서야 나는 부모님이 나의 안전을 위해 얼마나 고심하는지를 이해하게 되었어요. 우리는 언제 어디서 불행한 사고를 당할지 알 수 없잖아요."

고등학교 남학생이 말했다.

"우리 엄마 아빠는 별의별 걱정을 다 하세요. 뉴스에 사고 소식이 실리면 당장에 캡처해서 보내주시고, 또 수시로 조심하라는 문자를 보내세요. 또 이건 하지 마라, 저건 하지 마라 잔소리도 끊임이 없고요. 한동안은 그런 쓸데없는 걱정은 바보들이나 하는 거라고 설득하기도 했어요. 그러다가 제가 여자 친구가 생겨서 장거리 연애를 하게 되었어요. 그런데 여자 친구가 사는 도시에서 무슨 사건 사고가 생기기만 하면 저도 모르게 당장 연락해서 소식을 알려주게 되더라고요. 그 순간 부모님의 마음을 이해하게 되었어요. 어리석은 것이 아니라 저를 너무 사랑해서 걱정되는 마음에 그러셨다는 것을요."

교사 출신의 한 어머니는 이렇게 말했다.

"학생들을 가르칠 때 수업 내용을 잘 이해하지 못해서 정말 군밤을 한 대 쥐어박고 싶은데 문득 어릴 때 생각이 나더군요. 저희 아버지는 걸핏하면 볼펜으로 제 머리를 툭툭 쳤거든요. 그럴 때마다 얼마나 기분이 나빴는지 몰라요. 슬프기도 하고 속상하기도 했어요. 근데 입장이 바뀌니까 자식이 공부 잘해서 훌륭한 사람이 되기를 간절히 바라던 마음을 이해하게 되더군요."

어른이 되면 달라지는 두 가지가 있다. 하나는 부모가 된다는 것이 얼마나 어려운지 이해하게 된다는 것이다. 그래서 부모님께 받았던 사랑을 갚

아주고 싶은 마음이 간절해진다. 또 하나는 부모의 불완전함을 이해하게
된다는 것이다. 그리고 무조건적으로 그들을 포용하게 된다.

이른바 '세대 차이'란 부모는 항상 자녀에게 부모의 중요성을 지나치게
중시하는 반면에 자녀가 느끼는 스트레스나 고통은 가볍게 여기고, 반대
로 자녀들은 부모로부터의 속박을 너무 크게 여기면서도 정작 부모가 자
신들을 위해 고심하는 건 가볍게 여기는 것이다.

이 세상의 모든 부모에게 하고 싶은 말은 이렇다. 부모가 자녀를 위해
베푸는 것은 자녀가 보답하는 것의 수십, 수백 배에 달한다. 하지만 그렇
다고 자녀가 반드시 당신이 원하는 대로 인생을 살아야 하는 것은 아니다.
걸핏하면 "이건 모두가 너 잘되라고 하는 거야", "정말 나를 실망시키는구
나"라고 말하며 당신의 사랑으로 아이의 삶을 옥죄지 말라. 가장 실패한
부모는 자녀를 깔보면서도 또 그 아이가 커서 훌륭한 사람이 되기를 바라
는 이다. 또한 아이에게 수많은 족쇄를 채우면서도 아이가 좀 더 강건해지
고 행복해지기를 바라는 이다.

이 세상의 모든 자녀에게 하고 싶은 말은 이렇다. 당신의 어머니도 어릴
때는 무궁무진한 사랑을 받던 천사였다. 당신의 아버지도 어릴 때는 드넓
은 포부와 희망을 불태우던 피 끓는 청년이었다. 그들도 과거에는 지금의
당신처럼 잘난 척하고 자아도취에 빠졌으며 허영심이 많았다. 그래서 그
들도 실수를 저지르고, 이기적이며, 우왕좌왕 헤매기도 하고 패배감에 주
저앉기도 한다.

부모는 태어나서 처음으로 부모 노릇을 하는 것이고, 당신 역시 태어나서 처음으로 자녀 노릇을 하는 셈이다. 하물며 나는 실수를 저지르지 않을 거라고 장담할 사람이 어디 있겠는가? 부모가 독단적이고 막무가내로 행동하는 것을 비난할 때 당신 스스로를 일깨우기 바란다. 그들은 완벽한 어른이 아니며 당신 역시 완벽한 아이가 아니라는 사실을 말이다. 한 가지 분명한 사실은 부모의 찬란한 젊음을 밑거름 삼았기에 지금 당신의 눈부신 인생이 존재하는 것이고, 또 당신의 화려한 전성기는 부모의 쓸쓸한 노후와 맞바꿨다는 것이다.

　이른바 '세대 차이'란 미처 이해받지 못한 사랑일 뿐이다!

부모의 찬란한 젊음을 밑거름 삼았기에
지금 당신의 눈부신 인생이 존재하는 것이고,
또 당신의 화려한 전성기는 부모의 쓸쓸한 노후와
맞바꿨다는 것이다.

우리는 모두
말과 마음이 다르면서도
상대방이 눈치채주기를 바란다

그때 무슨 이유로 라오자오의 집에 초대되었는지 또 어떤 요리를 먹었는지는 모두 까먹었다. 하지만 그날 식탁에서 팽팽한 신경전 속에서 오가던 대화는 잊을 수가 없다.

라오자오가 말했다.

"신용카드를 찾았어. 내 서류 가방에 끼어 있더라고."

그러자 그의 부인이 어깨를 움찔거리며 말했다.

"정말 우리 남편은 최고라니깐. 물건을 잃어버리면 한 달 내내 뒤지고 나서야 찾아내니 말이에요."

이에 질세라 라오자오가 거들먹거리며 말했다.

"우리 집사람에 비하면 새 발의 피지. 집사람이 찾지 못하는 물건은 끝끝내 행방을 알 수 없거든."

그러자 그의 부인이 언성을 높이며 말했다.

"흥, 그래요, 찾아내는 사람은 능력 좋고, 못 찾으면 바보라 이거죠!"

라오자오가 말했다.

"아니, 찾아내는 사람이 병신이고, 못 찾아내는 사람이 훌륭하다 이거지!"

이야기의 화제는 그들의 세 살배기 딸로 이어졌다. 그의 부인은 내가 심리학을 전공했다는 사실을 알고 물었다.

"우리 집 애는 세 살인데 원하는 게 있어도 정확히 표현을 안 해서 억지로 안겨줘야 해요. 혹시 심리적으로 문제가 있는 건 아닐까요?"

이에 라오자오가 말을 가로채며 대답했다.

"세 살배기가 여자아이뿐이겠어? 서른 살 넘은 여자도 마찬가지인데."

그날 시종일관 코믹하게 서로를 빗대며 말을 받아치는 두 사람이 얼마나 우스웠는지 나는 밥이 목으로 넘어가는지 코로 넘어갔는지 알 수가 없었다.

내 기억 속의 라오자오는 전형적인 백면서생이었고, 반면에 그의 부인은 내로라하는 '말대꾸쟁이'였다. 하지만 서로의 영향을 받으면서 라오자오는 자신도 모르는 사이 말주변이 늘기 시작했고, 반면에 그의 부인은 한층 온순하고 부드러워졌다. 가령 어느 기념일에 그의 부인이 수줍은 듯 남편에게 고백했다.

"난 처음 당신을 만났을 때 '사랑에 눈 뜨기 시작한다'는 말이 무슨 뜻인지를 실감했어요."

그러자 라오자오는 음흉한 미소를 지으며 말했다.

"제발, 그건 사랑에 눈뜨기 시작한 게 아니라 불량소녀가 조숙해졌기 때문이지."

두 사람은 여느 부부처럼 곧잘 말다툼을 벌였다. 하지만 대부분 라오자오가 먼저 무장해제하고 투항했다. 화를 참을 수 없을 때는 아예 소파에 드러누워 꿈쩍도 하지 않았다. 언젠가 그의 부인이 물었다.

"그렇게 누워버리면 어떡해요? 하던 말은 계속해야 할 것 아녜요?"

라오자오가 대답했다.

"난 죽었어."

"멀쩡하게 숨을 쉬고 있잖아요?"

"아직 마지막 숨을 못 들이쉰 것뿐이야!"

말다툼을 벌이고 난 뒤 이어지는 냉전은 대개 두 시간을 넘지 않았다. 누가 먼저랄 것 없이 이렇게 사과를 했다. "내가 잘못했어. 너무 오랫동안 당신에게 무관심했어"라고 말하면 상대방은 또 이렇게 말했다.

"아니에요, 내가 잘못했어요. 신경질 부려서 미안해요."

그들이 말다툼을 벌일 때는 이런 느낌을 준다. 즉, 싸움은 어디까지나 싸움일 뿐 결코 부부간의 사랑에 영향을 주지 않는다. 또한 그들이 서로에게 사과할 때는 이런 느낌을 준다. '이번에는 내가 잘못했어. 그런데 다음 번에도 똑같은 잘못을 저지를지도 몰라!' 같은…….

두 사람이 반드시 지키는 원칙 하나가 있다. 집에서는 언제든지 말다툼을 벌일 수 있지만 밖에서는 상대방의 이미지를 최대한 보호하는 것이다. 누군가가 라오자오에게 물은 적이 있다.

"날마다 아내에게 사랑을 속삭이는 것이 시간 낭비라는 생각은 들지 않나요?"

라오자오는 이렇게 대답했다.

"나는 날마다 웃으면서 잠이 들고 또 웃으면서 눈을 뜹니다. 길을 걸을 때도 얼굴에는 미소가 가득하죠. 또한 사람들과 이야기를 나눌 때면 항상 아내 이야기로 귀결됩니다. 시간이 대수입니까? 아내에게라면 내 목숨도 줄 수 있습니다. 굳이 그걸 낭비라고 한다면 난 계속 낭비하겠습니다."

또 누군가가 그의 아내에게 물은 적이 있다.

"당신 남편은 돈도 잘 벌고 또 자상하고 겸손한데 혹시 바람이라도 피지 않을지 걱정되지 않나요?"

그의 아내는 이렇게 대답했다.

"난 그런 건 전혀 걱정되지 않아요. 그저 내가 살뜰히 챙겨주지 못해 그이가 사랑이 부족하다고 여길까 봐 걱정될 뿐이에요."

주위 사람들의 부러움을 사는 관계는 이처럼 서로 비슷하다. 내가 한 대를 쥐어박으면 상대방도 똑같이 주먹을 날린다. 내가 그 사람의 말에 담긴 속뜻을 이해하듯 상대방도 당신이 차마 말하지 못하는 속마음을 이해해준다. 상대방의 기분이 나쁠 때는 먼저 져주고 나중에 '보복할 기회'를 찾는다. 그 덕분에 그들의 평범한 삶에는 간간이 흥미진진한 재미로 넘쳐난다.

행복이란 바로 이런 것이리라. 당신의 짜증을 감싸주고, 당신의 허튼소리에도 진지하게 귀 기울여주며, 미처 말하지 못하는 당신의 속마음을 읽어주며 평생을 서로 사랑하며 살아가는 것이다!

사랑에는 정해진 규칙이 없다. 서로 만나기만 하면 아옹다옹 싸우면서도 백년해로하는 연인이 있는가 하면, 서로의 눈에서 꿀이 뚝뚝 떨어질 만큼 행복하게 보이던 사람들이 오히려 이별하기도 한다. 주샤오샤오는 후자에 속한다.

주샤오샤오는 올해 나이 스물셋으로 이제껏 딱 한 번 사랑에 빠졌다. 그리고 그 사람과 5년에 걸친 연애를 했다. 처음 4년 동안은 남자 친구와 장거리 연애를 했다. 무려 600킬로미터나 떨어져 있었기에 두 사람은 두 달에 한 번 겨우 만날 수 있었다. 하지만 그 4년간은 그야말로 로맨틱하고 행복하기 그지없는 시간이었다. 날마다 특별한 기념일이라도 되는 양 서로를 챙겨줬으며, 또 하루가 멀다 하고 서너 시간 통화하며 끝도 없는 이야기를 주고받았다. 한마디로 이 세상에 전화가 사라지지 않는 이상 두 사람이 헤어질 일은 없었다.

당시 내가 주샤오샤오에게 물은 적이 있다.

"남자 친구의 어떤 점에 마음이 끌렸어요?"

그녀는 이렇게 설명했다.

"어느 날인가 우리가 시내버스 정거장에서 버스를 기다릴 때였어요. 곧 버스가 올 시간인데 그이가 내 소매를 잡아당기며 수줍은 표정으로 이렇게 고백하는 거예요. '나 아무래도 평생 너를 좋아할 것 같아'라고요."

확실히 남자 친구는 주샤오샤오를 극진히 아꼈다. 거의 온종일 그녀 생각만 했지 싶다! 한번은 주샤오샤오가 룸메이트의 데이트에 끼어서 셋이서 영화를 보러 간 적이 있었다. 영화가 시작되기 전에 주샤오샤오는 셋이 찍은 사진을 남자 친구에게 보내며 애교 부리듯 말했다.

"다음번엔 꼭 나 대신 복수해줘야 해. 날 앞에 두고 쟤네 둘이서 얼마나 꽁냥꽁냥하는지 몰라!"

그러고는 전화의 벨 소리를 끄고 영화를 관람했다. 그런데 영화가 끝난 뒤에 보니 남자 친구로부터 장문의 사과 메시지가 와 있었다. 함께 옆에 있어주지 못해 대단히 미안하다는 게 요지였다. 그날 이후 주샤오샤오가 영화를 보러 갈 때면 남자 친구는 자신이 사는 도시에서 똑같은 영화를 똑같은 시간대에 관람했다.

4년간의 장거리 연애를 끝내고 마침내 두 사람은 한 집에서 동거생활을 시작했다. 서로 취직도 하고 생활이 안정되자 신혼집을 마련하기 위해 돈을 모으고 결혼을 준비하기 시작한 것이다. 그런데 두 사람이 함께 생활하기 시작하면서 다투는 일이 잦아졌다. 작게는 몇 시에 불을 끄고 잠을 잘지, 저녁 식사는 밥을 먹을지 국수를 먹을지 등 사소한 일에서부터 크게는 신혼집을 어느 지역에 장만해야 할지, 차는 일반 자가용으로 구매할지 아니면 SUV를 구매할지 등에 이르기까지 사사건건 의견이 맞부딪치며 말다툼을 벌였다. 두 사람은 그럴 때마다 상대방의 생각에 반대하면서도 약속이라도 한듯 서로 참았다. 그도 그럴 것이 지난 4년 동안 얼마나 어렵게 가꿔온 사랑이었던가? 게다가 두 사람은 아직도 서로를 여전히 사랑하고 있었다. 하지만 불과 반년도 지나지 않아 두 사람은 서로에게 말조차 솔직하게 터놓기 힘든 사이로 변하고 말았다.

두 사람이 이별을 결심한 날은 금요일이었다. 본래 두 사람은 퇴근 후 함께 영화를 보기로 약속했었다. 하지만 주샤오샤오가 갑자기 "영화를 보고 싶지 않다"고 말한 것이다. 주샤오샤오는 그 어떤 이유도 설명하지 않았으며, 남자 친구 역시 묻지도 않았다. 두 사람은 그대로 발걸음을 돌려 지하철역 방향으로 걷기 시작했다. 역시 약속이나 한 듯 서로 아무런 말도 없이 침묵을 지키면서! 지하철역이 다가오자 갑자기 남자 친구가 몸을 돌려 말했다.

"너 기분이 괜찮아지면 우리 정식으로 헤어지자."

순간 멍해진 주샤오샤오는 아무렇지도 않은 듯 이렇게 대꾸했다.

"좋아! 오늘 기분도 딱히 나쁘지 않은데, 까짓것 오늘 이별하자."

그들은 거기서 그대로 헤어지고 말았다.

애당초 '좋아했던' 감정도 진심이었고, 지금의 '피곤한' 감정도 진심이었다. 그 누구도 이별을 만류하지 않았고, 또 "왜?"라고 묻지도 않았다. 서로 상극인 자석이 서로를 밀어내듯 간단하게 헤어지고 만 것이다.

이처럼 첫눈에 반하는 사랑의 감정은 영원을 보장해주지 않는다. 서로 뜻과 마음이 맞지 않으면 함께 지낼 수가 없다.

사랑을 끝내는 것은 유치를 뽑아내듯 허무할 만큼 간단하다. 어떻게 마음을 감추려고 해도 그것은 거짓에 불과하다!

그 어떤 감정이든 그 이면에는 상대방이 소홀히 하는 당신의 진짜 요구가 감춰져 있다. 이때 그 요구를 스스로 해결하기 힘들면 말로 표출해야 한다. 가령 당신은 "나 혼자 있고 싶어. 나 좀 내버려둬"라고 말하지만 실상 진심은 "나 잠깐 혼자 있고 싶어. 하지만 너무 멀리 떨어져 있지는 마"라고 말하고 싶은 것이다. 또 "넌 왜 항상 이 모양이야?"라고 말할 때는 실상 "내 말에 귀 좀 기울여주면 좋겠어, 나 지금 너무 속상하단 말이야"라고 말하고 싶은 것이다. 또 "괜찮아"라고 말할 때는 실상 "너의 위로가 필요해"라고 말하고 싶은 것이며, "일 계속해"라고 말할 때는 사실 "단 오 분만이라도 나랑 이야기 좀 해"라고 말하고 싶은 것이다.

당신이 실제로 느끼는 감정과 상대방에 대한 바람을 직접적으로 표현해야만 상대방이 그 요구를 충족시켜줄 수 있다. 또한 불필요한 오해를 줄이고 당신이 무엇을 필요로 하는지 정확히 이해하고 도와줄 수 있다. 그렇지 않으면 상대방은 그저 속수무책이거나 무관심해질 수밖에 없다. 설상가상 당신은 그러한 상대방의 모습에 "더 이상 나를 사랑하지 않아"라고 결론을 내리게 된다.

인간은 참으로 복잡한 동물이다. 특히 감정 앞에서는 더더욱 그렇다. 정작 솔직하게 말을 해야 할 때는 꾹 참거나 넌지시 알 듯 모를 듯한 말을 던진다. 또한 한 발 뒤로 물러나 양보해야 할 때는 오히려 자신의 자존심을 내세우며 억지를 부린다. 그래서 허무한 이별과 이유 없이 끝나는 만남이 반복된다.

그러므로 좋아하는 이성이 나타나면 "나 자신보다 널 더 사랑해" 하는 식의 말을 경솔히 내뱉지 말라. '상대방을 사랑하는 것'과 '나 자신을 사랑하는 것'은 마라톤 경기와도 같다. 그러한 말은 두 사람이 서로를 완전히 이해하고 난 뒤에, 혹은 앞으로 남은 인생 내내 해야 할 말이다. 결코 지금의 끓어오르는 열정에 사로잡혀 내뱉을 말이 아니다. 가령 1천 킬로미터 마라톤 대회에 참가했다고 가정해보자. 처음 출발선을 박차고 나가 3미터 정도 구간을 선두에서 달리고서는 "난 이 경기에서 우승했습니다!"라고 소리친다면 너무 황당하지 않은가?

당신은 자부심으로 가득 차 있지만 겉으로 보기에는 매우 수줍음이 많아 마치 겁 많은 토끼가 마음을 굳게 먹은 것처럼 누군가를 좋아한다. 그가 한 번 웃어주면 온종일 마음이 허공에 방방 뜬 것처럼 들떠 있고, 그가 조금이라도 귀찮은 표정을 지으면 온종일 울상을 지으며 침울하다. 그런 자신을 스스로 속이듯이 이렇게 말한다.

"헤어지면 헤어지는 거지. 진짜로 좋은 것은 상자 속에 깊이 간직하는 거야."

하지만 나는 그런 당신에게 이렇게 일깨우고 싶다. 당신은 자신의 상자가 얼마나 깊은지조차 알지 못한다고 말이다.

누군가를 좋아하는 것은 어렵지 않다. 하지만 서로를 이해하는 것은 매우 어렵다. 누군가에게 감동을 주는 것은 어렵지 않다. 정작 어려운 것은 끝까지 사랑하는 것이다.

감정 세계에서 서로에게 '서먹하고 생소한' 느낌이 생기기 시작하면 마치 끝을 짐작할 수 없는 거대한 구멍이 생기는 것과 같다. 그 거대한 구멍은 끝내 두 사람의 사랑 감정을 삼키고 만다.

당신도 깨달았을 것이다. "왜 나랑 안 놀아줘?"라는 말은 어린아이들이나 끊임없이 해대는 질문이라는 것을. 성인은 그런 말조차 없이 그대로 헤어지고 만다.

흔히 "사랑은 하늘이 내려주는 기적"이라고들 한다. 사실이 그렇다.

수많은 사람 속에서 마음에 드는 사람을 만나게 되면 그에게 빠지는 것과 동시에 자신감이 생긴다. 삶에 한층 열정적이 되고, 이 세상에 대한 호기심도 한층 커진다. 마치 아름다운 빛깔의 작은 새가 오랜 비행 끝에 수많은 인파 속을 뚫고서 당신의 어깨 위에 홀쩍 내려앉은 기분이 든다.

당신은 그녀의 작은 입술에 키스를 갈망하게 될 것이다. 하지만 채 몇 달이 지나지 않아 그토록 서로가 갈망하던 작은 입술에서는 거친 언쟁이 쏟아져 나오게 된다. 고작 사소한 일 때문에 두 사람은 모든 집중력과 지혜를 동원하여 날 선 어조로 상대방의 마음에 상처를 입히고 서로를 비아냥댄다.

안타깝게도 슬픈 사실은, 당신이 지금 모든 신경을 집중하여 귀 기울이는 것은 상대방이 무슨 말을 하는지 알기 위해서가 아니라 그저 말의 꼬투리를 잡아 반격할 빌미를 찾기 위해서라는 점이다. 또한 상대방이 말을 멈추고 응시하는 것은 당신의 속마음을 가늠하기 위해서가 아니라 그저 한층 거센 말다툼을 위해 잠시 숨을 고르는 것뿐이라는 사실이다! 종합해 말하면, 당신 두 사람은 각자 자신에 대해 잘 모를 뿐만 아니라 상대방에 대해서도 서로 이해를 못하고 있다.

연인들이 서로를 이해하지 못하면 어떤 느낌이 들까? 아마 이런 느낌일 것이다. 시시콜콜 자질구레한 것까지 자세히 설명해주고 나서 120퍼센트의 기대감을 갖고 상대방에게 "이제 알겠지? 당신 대답은 뭐야?"라고 물었을 때 상대방이 어리둥절한 표정으로 "응? 방금 무슨 말 했어?"라고 되묻는 기분 말이다.

혹은 이런 느낌일 것이다. 당신은 이미 할 만큼 했지만 상대방은 그렇지 못하다는 생각에 "봐, 내가 당신을 위해 얼마나 많이 희생했는지"라고 말했을 때 상대방은 오히려 "이건 아예 하지도 않았고, 저건 제대로 하지도 못했다"라고 타박하는 기분 말이다.

사랑에는 인연도 필요하지만 그보다는 사랑을 어떻게 가꿔야 하는지를 배우고, 또 상대방이 정말로 필요로 하는 것이 무엇인지를 끊임없이 이해하려는 노력이 필요하다. 그러므로 사랑을 하려면 먼저 배우고, 잘못된 것을 고쳐야 한다. 우리는 누구나 학습과 개선이 필요한 부분이 있다. 가령 미소 짓는 법을 배워야 하는 이도 있고, 따뜻하게 안아주는 법을 배워야 하는 이도 있으며, 격한 감정을 다스리는 법을 배워야 하는 이도 있고, 자신의 체질을 개선해야 하는 이도 있다. 사랑하는 사람을 위해 눈곱만큼의 변화도 주저한다면 당신은 이 세상과 소통할 능력을 지니지 못한 사람이라는 사실을 의미한다.

혼자일 때는 당신의 개성을 마음껏 발휘하며 자기다운 생활을 할 수 있다. 하지만 연인이 생기고 혼자가 아닌 두 사람이 되고 나면 자상하게 상대방을 이해해주고 인내심을 갖고 소통할 줄 알아야 한다. 어차피 사랑의 논리는 '~하기 때문에 ~한다'가 아니라 '설사 ~하더라도 여전히 ~한다'이다.

사랑이란 무엇인가? 감별할 줄 아는 능력이다! 그는 당신이 살이 찌는 것에도 아랑곳하지 않는다. 설사 진짜로 살이 쪄도 그의 눈에 당신은 여전히 지방 속에 갇힌 늘씬한 여인으로 보이며, 이중 삼중으로 포장된 정교한 예물이다. 그는 당신의 속마음을 언제나 꿰뚫어 본다. 가령 당신이 상점에서 마음에 드는 스카프를 슬쩍 눈여겨봐도 그는 곧장 그 스카프를 당신의 목에 매어준다. 디자인이나 색깔, 문양까지 당신의 취향에 꼭 들어맞는 스카프를 말이다.

인터넷상에서 유행하는 다음 문구처럼 말이다.

'나의 정원에는 4만 송이의 장미꽃이 피어 있다. 매일 아침이면 나는 정원에서 책을 읽는다. 길을 지나는 사람들이 정원에 핀 장미꽃에 찬사를 늘어놓거나 몇 송이 따가기를 원해도 난 거들떠보지도 않았다. 그러던 어느 날, 마침내 그녀가 왔다. 가지런한 치아를 모두 드러낸 채 환한 미소를 지으며 나에게 물었다. 무슨 책을 읽으세요? 그때 나는 알았다. 저 4만 송이 장미꽃의 주인은 그녀라는 사실을.'

얼마나 운 좋은 사람인가? 이 세상에는 부자도 많고, 재능이 뛰어난 사람도 많으며, 다정다감한 사람도 많고, 막무가내로 억지를 부리는 사람도 많으며, 매너 좋고 점잖은 사람도 셀 수 없이 많다. 하지만 오직 그 사람만이 당신을 깔깔거리며 웃게 하고, 거침없는 질책도 쏟아붓고, 수심에 찬 채 펑펑 울게 하면서 아낌없는 사랑을 쏟게 만든다.

좋은 사랑을 하는 사람은 인생에서 절반의 성공을 거둔 것이나 다름없다.

11

뻔뻔스럽게 생떼를 부리는 것은 당신인데 왜 사정을 봐주지 않는다고 원망하는가?

샤오양의 세 번째 고백 이후, 그 남성은 수신 차단을 해버렸다. 그녀는 나를 찾아와 원망을 늘어놨다.

"제가 사람을 죽였어요, 아니면 불을 질렀어요? 어떻게 이런 식으로 나를 피할 수 있죠?"

두 사람은 친구 모임에서 처음 만났다. 당시 삼삼오오 앉아 이야기를 나눌 때 샤오양은 맞은편의 남성에게 첫눈에 반하고 말았다. 샤오양은 술기운을 빌려 자리에서 벌떡 일어나 맞은편의 남성을 가리키며 말했다.

"실례합니다만, 첫 만남에 그쪽이 좋아졌어요. 저랑 연애하실래요?"

순간 친목 모임은 웃음바다로 변했다. 하지만 정작 그 남성은 샤오양의 당돌한 요구에 상당히 놀란 눈치였다. 그는 어색한 듯 웃더니 아무 일 없었다는 듯 옆의 친구와 다시 이야기를 나눴다. 샤오양의 제안을 무시한 거나 다름없었다. 샤오양은 사막에 던져진 펭귄이 된 기분이었다.

하지만 남성에 대한 호감을 억누를 수 없었던 샤오양은 친구를 통해 남성의 SNS에 친구 맺기를 했다. 그날 밤 밤새도록 남성의 SNS에 실린 글을 하나하나 읽으며 '좋아요'를 눌러댔다. 그리고 며칠 동안 계속 남성에게 자신이 좋아하는 음악, 영화, 책, 음식을 추천해주었고, 평소에 읽거나 들은 우스개를 남성에게 들려줬다. 남성은 가끔 그녀에게 회신을 보냈다. 메시지를 받자마자 회신을 보낼 때는 '네', 한참 뒤에야 보낼 때는 '이제야 확인했습니다'라는 내용이 전부였다. 하지만 그러한 짧고 형식적인 대답에도 샤오양은 뛸 듯이 기분이 좋았다. 남성과 교제할 기회가 온 것만 같았다. 그래서 남성이 '이제야 확인했습니다'라고 회신을 보냈을 때 곧장 메시지를 보냈다.

'난 그쪽이 정말 좋은데, 우리 시험 삼아 교제해보는 게 어때요?'

하지만 상대방은 단호하게 대답했다.

'안 됩니다.'

순간 화가 치민 샤오양은 남성을 수신 차단을 하고서는 맹세했다.

"다시는 저 남자를 거들떠보지도 않겠어. 내가 또 연락하면 난 사람이 아니고 개다!"

그러나 다음 날이면 샤오양은 언제 그랬냐는 듯 다시 남성의 SNS에 접속했다. 그리고 이렇게 해명을 했다.

'정말 미안해요. 조카가 내 스마트폰을 갖고 놀다가 SNS 주소록을 지워버리는 바람에 어제부터 전화 한 통화 받지 못했어요.'

사랑 앞에서 약자는 마치 곰처럼 미련하다. 기세등등하게 결별의 말을 늘어놓고서는 다음 날이면 또 언제 그랬냐는 듯 창피한 줄도 모르고 먼저 연락을 한다.

샤오양은 가끔 이런 생각도 했다. 살면서 한 번쯤 마음을 설레게 하는 매력적인 남성을 만났다는 것만으로도 좋은 거라고. 하지만 그런 자기 위로는 1주일도 버티지 못했다. 친구로만 지내자는 게 너무 억울했던 샤오양은 다시 얼굴에 철판을 깔고 남성에게 마음을 고백했다. 이번에는 그가 대화를 회피하지 못하도록 직접 전화를 걸었다.

"당신의 이상형 좀 알려줄래요? 그럼 나도 노력해서 당신이 좋아하는 스타일로 변할게요……."

하지만 샤오양의 말이 채 끝나기도 전에 남성은 전화를 끊어버렸다. 그녀가 다시 전화를 걸었지만 통화도 할 수 없었다. 전화는 물론 SNS까지 모조리 차단시키고 만 것이다.

샤오양은 도무지 이해할 수 없다는 듯 나에게 물었다.

"난 그에게 가까이 다가가려고 노력했고, 그 사람도 한때는 나에게 관심을 보였어요. 그런데 왜 나를 차단한 거죠? 날 사랑하지 않아도 되고, 또 좋아하지 않는대도 괜찮아요. 근데 굳이 수신 차단까지 해야 하는 건가요?"

나는 이렇게 설명했다.

"그 남성은 처음부터 당신을 속이지도 않았고, 헷갈리게 하지도 않았고, 또 어설픈 기대로 실망시키지도 않았어요. 아주 명확하게 자신의 의사를 표명했어요. 그 때문에 그는 당신에게 미소 지을 의무도 없고, 또 막무가내식으로 일상생활을 헤집는 당신을 묵묵히 참을 이유도 없지요!"

좋아한다는 것은 일종의 느낌이다. 그러한 느낌을 허황하게 확대해석할 수도 있고, 또 자신의 설레는 감정에 안절부절못할 수도 있다. 하지만 상대방이 당신을 좋아하지 않는 것은 명확한 사실이다. 그 어떤 확대해석이나 과장도 사실을 숨길 수는 없다!

당신이 사랑을 위해 노력하는 것은 실상 시장의 노점에서 싼값에 야채를 파는 것과 다름없다. 그가 당신의 SNS에 '좋아요'를 눌렀다고 해서 당신의 호감에 응답한 것은 아니다. 노점을 지나가는 행인이 당신에게 눈짓했다고 해서 당장에 거래가 성사되는 것은 아니다. 그 사람은 그저 지나가는 행인으로 예의를 갖춰서 혹은 습관적으로 당신에게 머리를 끄덕인 것에 불과하다. 그러므로 시도 때도 없이 '지금 뭐 해?', '밥 먹었어?', '오늘은 일찍 자!', '물을 많이 마시면 건강에 좋아' 등등 영양가 없는 메시지를 남발하지 마라. 그럴 시간이 있으면 자신을 발전시키는 데 더 관심을 쏟아라. 가령 어떻게 해야 좀 더 건강해질 수 있는지, 또 좀 더 재미있고 유쾌하게 함께 시간을 보낼 수 있는 법, 어떻게 하면 좀 더 자신감을 갖고 상대방과 평등한 교류를 할 수 있는지 등을 연구하라. 정말로 좋아하는 사람이 생겼다면 그 사람에게 어울릴 수 있도록 자신을 발전시켜야 한다.

안타깝게도 좋은 연인을 가진 사람들은 많지만 자신이 그에게 어울리는 사람인지 이성적으로 고민하는 사람은 많지 않다. 상대방에게 사랑을 고백하는 편지를 쓰고, 선물하고, 머릿속에는 온통 그 사람 생각뿐이고, 또 그 사람 앞에만 서면 가슴이 두근거리고 얼굴이 붉어진다. 그러다 상대방에게 거절을 당하면 속으로 이렇게 말한다.

'지금은 네가 나를 거절할 수 있어. 하지만 일단 내가 적극적으로 대시하면 안 넘어오고는 못 배길걸!'

하지만 상대방은 당신에게 일말의 감정도 없는데 어떻게 당신의 유혹에 넘어간단 말인가?

잔혹한 현실은 이렇다. 자신을 좋아하지 않는다고 느끼기 때문에 상대방의 호감을 사려고 더욱 죽자 살자 애쓰게 된다는 점이다!

누군가를 좋아하는 데는 용기가 필요하다. 하지만 누군가를 매료시키는 데는 행운이 필요하다. 문제는 당신은 용기는 가상하지만 행운이 없다는 사실이다. 그 결과 매번 그에게 다가가기 위해 노력하지만 상대방은 귀신이라도 본 듯 줄행랑을 치고 만다.

아마도 당신은 '신경을 쓴다'라는 행위를 오해하고 있는지도 모른다. 하루에 스무 개가 넘게 메시지를 보내며 당신의 오늘 하루 의식주와 희로애락을 시시콜콜 그에게 보고한다. 그리고 잠자기 직전 그는 '이제야 메시지를 확인했다'는 단 한 개의 회신을 보낸다. 이는 그가 당신에게 신경을 쓰는 게 아니라 어쩔 수 없이 마지못해 보내는 대답에 불과하다. 상대방이 정말로 당신을 신경 쓴다면 먼저 적극적으로 당신에게 메시지를 보내며 소식을 알린다는 사실을 잊지 말라.

아마도 당신은 '고백'이라는 행위를 오해하고 있는지도 모른다. 고백은 당신의 마음을 털어놓는 것으로, 말을 내뱉는 것으로 그 행위는 끝난다. 말을 내뱉는 것으로 당신은 매우 용감하고 영광스럽게 그 임무를 완성한 것이다. 그렇기에 고백으로 상대방을 압박하며 대답을 하라고 강요해서는 안 된다. 그것은 고백이 아니라 협박이며, 좋아하는 것이 아니라 민폐를 끼치는 것이다.

그 결과 당신이 큐피드 화살을 쏘며 쫓아가도 상대방은 방탄복을 입고 도망치고 말 것이다!

연인과 이별하고 난 뒤 라오둥은 마치 영혼이 빠져나간 사람처럼 넋이

나간 채 생활했다. 중요한 계약서를 문서 파쇄기에 집어넣거나, 스파게티를 만들면서 주방세제를 케첩으로 착각해서 뿌리거나, 회사 문 앞에 이르러서야 슬리퍼를 신고 왔다는 사실을 깨닫는 등등……. 라오둥은 SNS에 이별한 후의 실의에 빠진 생활을 실감 나게 묘사해놓았다. 버스킹을 하는 예술가들이 행인들이 자신을 빙 에워싸주기를 기다리는 듯이. 나는 그에게 "떠나간 인연을 잊지 못하고 연연해봤자 상실감과 실의에 빠질 수밖에 없다"고 조언했다.

그녀와의 만남은 갑작스레 이뤄졌다. 라오둥이 먼저 상대방에게 마음을 뺏겨 다짜고짜 사랑을 고백했다. 처음에는 두 사람의 관계가 매우 순탄했다. 라오둥이 사랑을 고백하자 여성도 호감을 표시했다. 성을 함락하기 위해 군대가 출동하자 성문을 활짝 열어 환영해주듯이 말이다. 그래서 라오둥은 그녀가 오래전부터 자신에게 호감을 가졌다고 여겼다.

그러나 3개월도 지나지 않아 라오둥은 그의 연애생활을 극한도전의 익스트림 챌린지로 바꾸었다. 가령 몰아치는 파도처럼 억측에 가까운 상상력을 펼쳤고, 심장은 스키를 타는 것처럼 수시로 쿵쾅거렸으며, 자존심은 잠수한 것처럼 바닷속 깊이 내팽개쳤고, 질투심은 암벽 타기처럼 스멀스멀 피어올랐다. 가령 오늘은 그녀가 다른 남성을 좋게 평하는 말 한마디에 화산처럼 불타오르는 질투심에 사로잡히고, 또 내일은 그녀의 무심한 말 한마디에 노발대발 화를 냈다.

그렇게 몇 차례 '냉전'을 펼치고 난 뒤 여성이 헤어지자는 말을 꺼냈다. 당황한 라오둥은 미친 사람처럼 애원하고 길거리에서 엉엉 울기도 하며 이렇게 맹세했다.

"내 나쁜 점 모두 고칠게. 전부 다 고칠게."

다행히 여성은 더 이상 헤어지자는 말은 하지 않았지만 라오둥을 대하는 태도가 변했다. 날이 갈수록 차가워졌으며, 말도 잘 하지 않았고, 데이트도 거절하기 일쑤였다. 라오둥이 제아무리 정성을 기울여도 여성은 '오늘은 밖에 나가고 싶지 않은' 이유를 찾아내 거절했다.

두 사람이 마지막으로 만난 것은 라오둥의 생일이었다. 라오둥이 찰거머리처럼 조르고 또 졸라 함께 영화를 보러 가기로 약속을 받아냈다. 그러나 영화가 시작되기 20분 전에 갑자기 여성에게서 전화가 왔다.

"내 친한 친구도 그 영화 보고 싶대요. 영화 티켓 한 장 더 사주실래요?"

하지만 라오둥이 새로 좌석을 고르려고 보니 예약했던 그들 커플 전용 좌석 옆 좌석들은 이미 매진되고 없었다. 그러자 여성이 말했다.

"그럼 난 친구랑 커플 좌석에 앉을 테니 당신은 뒷좌석에 앉아요."

그렇게 로맨틱하고 행복해서 잊지 못할 생일이 될 거라고 예상한 그날의 데이트는 착잡하고 실망스러운 사랑의 제삿날이 되었다. 그날 밤 라오둥은 여성에게 전화를 걸어 물었다.

"나에게 조금만 따듯하게 대해주면 안 되나요?"

그러자 여성이 단도직입적으로 말했다.

"미안해요, 난 이제 당신을 사랑하지 않아요."

라오둥은 그날 여성과 마지막으로 나눈 대화를 털어놓으며 나에게 하소연했다.

"어떻게 이런 일이 일어나는 거죠?"

나는 이렇게 대답했다.

"아마도 당신은 연극이 끝나는 것이 못내 아쉬운 데 반해 그녀는 더 이상 공연을 하고 싶지 않은 거죠."

사랑에서 가장 슬픈 일은 얼핏 보기에는 여러 차례 사랑을 한 연애 고수처럼 보이지만 실상은 단 한 번도 제대로 상대방을 사랑한 적이 없다는 사실이다.

사랑은 대단히 현실적이다. 누군가가 당신을 좋아하기 시작할 때는 당신의 단점은 '특별한' 개성이 된다. 하지만 당신에 대한 그 사람의 감정이 식게 되면 그 단점은 지극히 평범하고 경박하기 짝이 없어진다.

그 사람이 아직 당신을 좋아할 때는 자신이 베푸는 사랑이 부족한 것은 아닌지 걱정하기에 급급하다. 당신의 애교를 사랑스럽게 바라보고, 의존성은 자신에 대한 신뢰감으로 받아들이며, 우울하고 침울한 모습은 여리고 연약하다는 매력으로 받아들인다. 심지어 트림을 하고, 방귀를 뀌고, 치아에 음식물이 낀 모습마저도 천진난만하고 귀엽다고 여긴다. 하지만 사랑이 식으면 당신이 요구하는 것이 너무 많다고 느끼고, 애교를 부리면 터무니없는 생떼를 부린다고 생각하고, 의존하려 들면 귀찮고 성가시다고 생각하며, 당신의 괴로움과 슬픔은 투정으로 받아들인다.

그 사람이 아직 당신을 좋아할 때는 당신은 아름다운 불꽃을 터뜨리는 폭죽처럼 개성이 강한 매력적인 사람이다. 하지만 사랑이 식으면 당신은 온순하기 그지없는 한 마리 고양이이며, 털 날림조차 미움받게 된다!

바꿔 말하면, 당신을 대하는 그 사람의 태도는 좋아하느냐 아니냐의 감정에 따라 결정되며, 당신의 행동이나 표현과는 관련이 없다는 뜻이다.

그러므로 사랑이 떠날 때는 수줍은 표정으로 영원히 기다리겠다는 말 따위는 하지 말라. 누군가를 기약 없이 기다리는 것은 무척 감동스럽지만 마음이 떠난 사람에게는 소용이 없다. 예컨대 당신이 제아무리 선량하고 헌신적인 사랑을 보여주더라도 그 사람이 또 다른 대상에게 느끼는 매력을 이겨낼 수 없다. 그 새로운 상대는 당신보다 더 아름답거나 혹은 재미있거나 혹은 훨씬 부자일 테니까. 사랑이 떠나갈 때는 잃고 싶지 않은 물건인 양 꽉 붙들려고 해서는 안 된다. 그저 우주가 당신에게 잠깐 맡긴 물건을 다시 돌려준다고 생각하라. 당신 소유라고 착각하는 사랑은 실상 언제든지 누군가가 빼앗아 갈 수 있다.

사랑이 떠났을 때 당신이 해야 할 일은 존엄을 지키는 것이다. 그 사람의 사랑을 지킬 수 있든 없든, 그 사람과 끝까지 해피엔딩을 맞이할 수 있든 없든 사랑을 할 때는 다음 세 가지 규칙을 따라야 한다.

첫째, 사랑이라는 감정은 마땅히 당신을 발전시키고, 행복하게 해줘야 한다. 그 사랑이 전반적으로 당신을 퇴행시키고, 자아를 잃게 하고, 걸핏하면 실망과 분노에 휩싸이게 한다면 그 사랑을 그만둬야 한다.

둘째, 좋아하는 감정에는 유효기간이 있다. 일방적인 짝사랑이든 마지못해 이별하는 사랑이든 유효기간이 지나면 폐기해야 한다.

셋째, 상대방을 좋아하지 않는다면 명확하고 단호하게 거절해야 한다. 애매하게 행동하며 상대방에게 희망을 줘서는 안 된다.

당신 소유가 아닌 물건은 과감히 버리되 아주 멀리 던져버려라.

당신이 하루라도 빨리 깨닫기를 바란다. 외모, 금전, 사업, 학업, 미래 전망, 가족애, 존엄 등은 모두 똑같이 사랑보다 더 중요하다는 것을!

인터넷상에 이런 이야기가 있다.

'어느 날 길거리에서 전 남친이나 전 여친이 새로운 상대와 함께 있는 모습을 발견한다면 절대로 마음 아파하지 말라. 어릴 때 엄마가 했던 말을 기억하는가? 싫증이 난 장난감은 우리보다 더 불쌍한 아이에게 줘야 한다고 말이다.'

하지만 실상 이별을 당하거나 버림받거나 배신당한 사람 입장에서는 그처럼 대범하게 행동하기가 쉽지 않다.

대다수 사람에게 과거의 사랑은 대단히 착잡하다. 말로는 그 사람을 비난하고 폄훼하지만 밤이 되면 그에 대한 그리움으로 잠을 이루지 못한다. 또한 말로는 새로운 사랑을 시작하겠다고 하면서 또 다른 한편으로는 과거의 사랑이 자신을 잊지 못하고 괴로워하다 다시 찾아와주기를 꿈꾼다. 그 결과 마음의 평온을 얻기 위해 애쓰면서도 과거의 사랑이 새로운 상대와 행복한 시간을 보내는 환상에 시달린다.

사실상 과거의 상대는 당신이 옳다고 생각했던 사람이고, 또 그를 위해 당신의 모든 것을 아낌없이 베풀었다. 그러므로 실연당했다고 해서 과거의 자신을 부정해서는 안 된다. 이제 사랑이 떠났다고 해서 그 상대를 증오할 필요는 없다. 사랑과 증오 사이에는 무한한 공간이 있다. 가령 연민이나 혹은 무관심 등이 있다.

용기란 무엇인가? 더 이상 뒤돌아보지 않는 것이다.

강인함이란 무엇인가? 조용히 인연을 기다리는 것이다.

마음이 복잡하면 휴가를 내고, 마음의 병이 있으면 병가를 내라. 자신을 낮추며 애원하지도 말고, 술이 떡이 되도록 마시지도 말고, 다시 매달리며 찾아가지도 말고, 사람들 앞에서 엉엉 울며 낭패스러운 모습을 보이지도 말고, 애꿎은 맥주 캔을 뭉개지도 말라. 이러한 행동들은 전혀 도움이 되지 못하고 그저 황당하고 웃길 뿐이다. 자기학대의 결과는 결국 자기가 수습해야 한다.

우리가 사는 세상은 매우 잔혹하다. 당신이 좋아하는 것은 기본적으로 다음 세 가지 특징 중 하나는 꼭 갖고 있다. 즉 쉽게 뚱뚱해지거나, 값비싸거나 혹은 당신에게 별로 관심이 없다. 하지만 당신은 대범해질 수 있다. 상대방이 당신에게 관심이 없다면 내버려두라! 어차피 우리가 살아가는 목적은 10만 개의 '왜?'에 대한 답변을 찾기 위해서가 아니다. 그저 10만 개의 '그냥'을 포용해야 한다.

당신의 진실한 모습을 보여준다면 그 모습에 매료당하는 사람이 나타나게 마련이다. 누군가의 환심을 사려고 애쓸 필요도 없고, 스스로를 낮추며 비굴하게 구애할 필요도 없다. 당신의 사랑에 응답 없는 사람에게 집착하지 말라. 마찬가지로 상대방의 사랑을 받아들일 수 없다면 단호하게 "나는 아니에요"라고 대답하라.

사랑은 종종 착각일 때가 많고, 증오는 전부가 허상이라는 사실을 기억하라!

나이 한 살을 더 먹는 생일 축하나 새로운 1년을 맞이하는 새해 인사는 무작정 당신의 행복을 기원하지 않는다. 고달프고 힘든 사랑을 겪으면서도 여전히 '이 세상은 살 만하다'고 느끼는 당신의 성숙을 축하해주는 것이다.

PART 3

울부짖어서
모든 문제가 해결된다면
아마 이 세상의 주인은
당나귀가 됐을 것이다

12

남을 평가하는 것은 쉽지만
정작 자신을 올바르게
인식하는 것은 매우 어렵다

먼저 세 가지 재미있는 이야기를 들려주고자 한다.

어느 남성이 최근 들어 아내가 점점 말수가 줄어들고 있다는 사실을 깨달았다. 뭘 물어봐도 도통 대답을 잘 안 하기 때문이다. 그래서 의사를 찾아가 물었다.

"어떻게 하면 좋겠습니까?"

의사는 이렇게 대답했다,

"그럼 똑같은 질문을 반복해보세요. 처음에는 육 미터가량 떨어진 곳에서 질문했다가 다음은 삼 미터 정도 다가가서 다시 물어보고, 그다음엔 바로 옆에 가서 또 물어보세요."

남성은 집으로 돌아가 문을 열자마자 아내를 불렀다.

"여보, 오늘 저녁은 뭐지?"

역시 아무런 대답이 없었다. 남성은 아내에게 가까이 다가가 다시 물었다.

"여보, 오늘 저녁은 뭐지?"

아내는 여전히 꿀 먹은 벙어리였다. 남성은 매우 실망스러운 듯 아내 옆에 바짝 다가가 물었다.

"여보, 오늘 저녁은 뭐지?"

그제야 남편은 아내의 대답을 들을 수 있었다.

"생선튀김이라고요! 도대체 몇 번을 대답해야 알아듣겠어요?"

두 번째 이야기는 사실 우스개다.

어느 가족 모임에서 A와 B가 빵에 버터를 바르고 있었다. A가 말했다.

"내가 이번에 새로운 법칙 하나를 발견했어. 빵을 떨어뜨리면 십중팔구 버터를 바른 부분이 바닥으로 떨어지는 거야."

그러자 B가 고개를 저으며 말했다.

"그건 너의 착각이야. 빵이 어느 쪽으로 떨어지느냐는 각각 오십 퍼센트의 확률이야. 네가 그런 착각을 하는 이유는 아마도 버터가 발린 쪽이 바닥에 떨어져서 청소가 힘들었던 기억이 유난히 강렬해서일 거야."

A는 자신의 주장을 증명하기 위해 손에 들고 있던 빵을 일부러 바닥에 떨어뜨렸다. 그러나 그의 예상과는 달리 버터를 바르지 않은 부분이 바닥에 떨어졌다. 그걸 보고 B가 여봐란듯이 말했다.

"그것 봐, 네가 착각한 거잖아."

그러자 A는 정색하며 말했다.

"아니! 버터를 바른 부분이 떨어지는 것이 맞아. 좀 전에 내가 잘못해서 반대편에 버터를 바른 것뿐이야."

세 번째는 더욱 웃긴 이야기이다.

어느 장군이 전쟁터에서 부상당해 황급히 야전 병원으로 옮겨졌다. 의사가 수술 준비를 하는데 옆에 있던 간호사가 갑자기 의사를 향해 총을 쏘았다. 현장에 있던 모든 이가 소스라치게 놀라는데 간호사가 눈물을 흘리며 말했다.

"죄송해요, 선생님. 당신은 좋은 사람이지만 나도 어쩔 수가 없어요. 난 스파이로서 당신이 장군을 살리게 그냥 놔둘 수가 없었어요."

그때 마지막 숨을 헐떡이던 의사가 간호사에게 말했다.

"그럼 아예 장군을 직접 쏘지, 왜 애먼 나를 죽이는 거요?"

이 세상의 가장 황당한 현상 중 하나는 이렇다. 즉, 똑똑한 사람은 끊임없이 자신의 생각이나 주장을 의심하고 되짚어 보는 데 반해, 바보는 자신에 대한 믿음이 확고부동하다는 사실이다.

우리는 무언가를 굳게 믿게 되면 고집스러워지고 지나친 자신감에 사로잡힌다. 주변 사람들의 의견이 귀에 들어오지 않으며, 자기는 결코 실수를 저지르지 않을 거라는 확신에 가득 찬다. 그래서 자신의 편협한 경험이나 지식으로 얻어낸 결론이 얼마나 황당한지 인식조차 못 한다. 또한 자신의 무모하면서도 독단적인 행위가 남들에게는 유치하고 우스꽝스럽게 보인다는 사실은 상상조차 못 한다. 설령 나중에야 자신의 잘못된 판단으로 좌절과 난관에 부딪히더라도 스스로 반성하기는커녕 습관적으로 하늘을 원망하거나 주변 환경, 사람, 불운을 탓한다.

이러한 상황이 반복되면 당신의 장점은 여전히 '잘못을 고칠 줄 아는 것'이지만 그 대신 단점이 생긴다. 즉, '한 번도 자신이 틀렸다고 생각'하는 일이 없게 된다.

이런 사람들은 소비자의 입장일 때는 '고객은 왕이다'라는 생각에 사로잡히기 쉽다. 음식점에서 밥을 사 먹을 때는 종업원의 사소한 실수에도 벌컥 화를 내며 고함을 지른다. 배달 음식을 시킬 때는 배달원이 조금만 늦어도 욕을 퍼붓거나 클레임을 걸기 일쑤다. 그뿐만 아니라 택시나 기차 혹은 비행기를 이용할 때도 서비스가 조금만 부족해도 화를 내거나 항의한다. 심지어 일행이 '곧 도착한다'라는 핑계로 위험을 무릅쓰고 항공기나 기차의 출발을 지연시키기도 한다.

또 이런 사람들은 친구라면 무조건 자기를 돕는 것을 당연시한다. 그래서 누군가에게 도움을 요청할 때도 당당하다 못해 뻔뻔하기까지 하다. 가령 "넌 게임할 시간은 있고 내 문서 작성하는 거 도와줄 시간은 없는 거야?", "집 장만할 돈이 있으면서 왜 저번에 돈을 안 빌려준 거지?" 등등의 말로 따진다. 하지만 상대방은 게임을 해야 하기에 당신의 문서를 살펴볼 시간이 없고, 또 집을 장만하려고 돈을 모으기 때문에 당신에게 빌려줄 여윳돈이 없는 것 아니겠는가?

이런 사람들은 사랑에 빠지면 항상 자신을 사랑받는 쪽이라고 여긴다. 그래서 상대방이 베푸는 모든 행위를 당연시한다. '날 좋아하면 마땅히 이성 친구와는 단절해야 해', '너는 내 여자 친구이니까 내 기분에 잘 맞춰줘야 해', '나를 사랑한다면 마땅히 기념일이나 로맨틱한 데이트를 잘 챙겨줘야 해' 등등! 사실 '날 좋아한다면'이라는 전제 뒤에 따라오는 모든 요구는 얼핏 보기에는 타당한 듯 보인다. 하지만 문제는 상대방은 당신을 사랑할 뿐 빚을 진 것이 아니며, 당신 역시 그의 연인일 뿐 부모나 조상이 아니라는 점이다.

설령 당신이 우세를 차지하고 있더라도 당신 마음대로 행동해서는 안 된다. 다른 사람의 실수를 밝히기에 앞서 자신이 그 실수를 했다고 생각하

라. 또 문제를 해결하는 데만 급급하지 말고 먼저 그 문제의 원인이 자신에게 있는 건 아닌지 돌이켜봐야 한다.

하루하루의 생활은 범죄 사건을 심판하는 것이 아니다. 자신의 잘못이 아니라는 사실을 증거로 제시할 필요도 없고, 또 상대방의 잘못을 증명하는 증거를 내세울 필요도 없다. 우리가 살아가는 데서 '나는 얼마나 잘못했고 또 너는 얼마나 잘못했나'를 정확하게 계산할 필요는 없다. 정작 필요한 것은 이해와 존중, 공동체의식이다.

삶의 진짜 모습은 뿌연 안개 속에 감춰져 있어서 정확하게 보는 것이 매우 어렵다. 그럼에도 작은 울타리 안에 갇혀서 눈에 보이는 것을 세상의 전부로 여기는 것이 문제다. 또한 명명백백 삶의 오답을 준비했으면서 삶이 잘못된 문제를 내놓았다고 지적하는 것도 문제다. 이는 국어 시험에 비유할 수 있다. 가령 과유불급(過猶不及)을 뜻하는 한자어 '過猶(佛)及'에서 빈 괄호를 채우라는 문제가 나왔다고 가정해보자. 당신은 '過猶(佛)及'이라고 오답을 쓴 뒤 시험문제 옆에 이렇게 메모해놓는다.

'선생님, 시험문제의 유 한자가 틀렸어요. 有가 맞습니다.'

이 얼마나 우스운가?

어느 심리학자가 아주 황당한 이야기 하나를 들려준 적이 있다.

어느 여성의 아버지가 세상을 떠났다. 그 여성은 장례식장에서 우연히 훤칠하고 잘생긴 남성 직원을 보고 한눈에 반했다. 그런데 얼마 지나지 않아 그 여성의 언니가 살해를 당했다. 경찰의 수사 끝에 밝혀진 범인은 뜻밖에도 그 여성이었다.

그녀는 도대체 왜 그런 끔찍한 일을 저질렀을까? 어이없게도 그녀는 또다른 장례식을 열기 위해 살인을 저질렀던 것이다. 장례식을 치러야만 그 잘생긴 남성 직원을 다시 만날 기회가 생긴다고 여겼기 때문이다.

아마 대다수의 사람은 "그건 말도 안 돼!"라고 말할 것이다. 물론 정상인이라면 모두 그렇게 여길 것이다. 그러나 우리의 현실 생활에서는 위의 일화와 유사한, 전혀 논리라곤 찾아볼 수 없는 착오가 빈번하게 일어난다.

예컨대 우리는 갈등이나 분쟁을 벌였다가 사과할 때 상대방도 무조건 사과를 받아들이고 과거의 잘잘못은 잊어야 한다고 여긴다. 그래서 상대방이 "괜찮아!"라는 대답을 즉각적으로 하지 않으면 속이 좁고 치사하다고 매도하기 일쑤다. 사과란 본래 '내 잘못이다'라는 뜻을 의미한다. 그 어떤 거짓이나 조건 없이 문제의 결과에 대해 책임진다는 뜻이다. 상대방이 '반드시 나를 용서해야 한다'라는 뜻이 아니라는 의미다.

또 우리는 상대방을 위해 뭔가를 계획하거나 배려할 때 상대방이 마땅히 감사해하며 무조건 자기 뜻을 따라야 한다고 생각한다. 이때 상대방이 불만이나 혹은 반대의 뜻을 표시할 경우 사리분별력이 떨어지고 양심 없는 사람 취급을 한다. '이 모든 건 널 위한 것이다'라는 말이 완성되려면 당사자가 좋다고 여겨야지, 당신이 좋다고 여겨봤자 소용없다. 당신은 그저 '관심'이라는 핑계 아래 상대방을 괴롭히고 있는 것이다. 가령 상당수의 부모는 아이에 대한 책임감으로 나쁜 습관을 고치기 위해 거친 말을 내뱉거나 심지어 체벌한다. 그리고 나서는 마땅히 부모의 가르침에 감사해야 하며 그렇지 않으면 불효막심한 자식이라고 한다. 체벌로 아이의 생각이나 습관을 고칠 수 있다고 생각한다면 본인도 직접 남에게 맞아보는 게 어떨까? 한 대 얻어맞고 나면 자신이 옳다고 여기는 생각이나 주장이 바뀌는지 말이다.

도덕적으로 우위에 있다는 느낌은 꽤 짜릿하다. 하지만 바로 그 때문에 생각의 오류에 빠지기 쉽다. 자신의 생각이 진리에 가깝고, 자신의 말이 사실이며, 자신의 방식은 정의를 대표한다고 맹목적으로 믿게 된다.

《우크라이나어로 쓴 트랙터의 짧은 역사》 중에서 아버지가 딸의 화장을 금지하면서 궤변을 늘어놓는 구절이 있다.

'지구상의 모든 여성이 화장한다면 어떻게 될까? 아마도 적자생존은 이뤄지지 못하겠지? 그렇게 되면 인간이란 종은 외모가 한층 추악하게 변할 거야. 너는 그런 일이 일어나기를 원하니?'

이는 마치 환자가 초조하게 의사에게 "수술 칼이 아직 제 배 속에 있어요"라고 말하자 의사가 웃으며 "괜찮습니다. 저에게는 아직 한 개가 더 있으니까요"라고 말하는 것과 같다.

최근에 본 가장 한심스러운 말은 이렇다.

'나중에야 난 깨달았어요. 평소에 내가 왜 사람들에게 호감을 못 주는지 그 이유를요. 그건 내가 너무 고지식하고, 직설적이며, 아부할 줄 모르고, 거짓말도 하지 않기 때문이에요.'

그야말로 뭐라 대꾸할 말이 없다! 저런 말이야말로 황당 그 자체 아닐까? 주위 사람들이 당신에게 호감을 느끼지 못하는 이유는 사실상 당신에게서 그 어떤 장점도 찾아볼 수 없기 때문이다. 또한 처세할 때 자기 분수를 모르며, 말에 조심성이 없이 신랄할 경우가 많고, 고약한 심술을 잘 부리기 때문이다. 교양 없고 무례한 모습을 수시로 보이고, 능력이나 자질도 없으면서 자기 자랑을 일삼기 때문이다. 자신의 분수도 모르고 특별한 운명을 타고난 사람이라고 착각하고 있기 때문이다. 게다가 가식적이고 허영에 넘치며, 아부나 듣기 좋은 말도 번번이 요점에서 벗어나기 일쑤다. 이 모든 것은 당신이 마치 사진 보정 어플로 최대한 미화한 듯한 자신만을 바라보고 있기 때문이다.

모두가 "표현하는 사람에게 오해는 숙명이다"라고 말하지만 주위 사람들의 찬성이나 이해를 받지 못하고 거부당하는 것은 '오해를 사는 것'과는 다르다. 십중팔구 사실과 논리 사이에 문제가 있기 때문이다.

우리는 얼핏 보기에는 논리가 타당한 '생억지, 강변'을 들을 때가 많다. 가령 "여성들이 화장하고 외모를 꾸미는 것은 남성들에게 잘 보이기 위해서 아닌가?", "손뼉도 마주쳐야 소리가 나는 법이다. 네가 그 사람의 화를 돋우지 않았다면 왜 그가 손찌검했겠느냐?", "너에게 상처를 준 사람들에게 오히려 감사해야 해. 그 사람들 덕분에 좀 더 성장했잖아!", "너는 남자고 돈이 많으니까 당연히 네가 밥을 사야 해!", "장난 좀 친 거야, 왜 정색을 하고 화를 내는데?" 등등…….

바꿔 말하면, 당신을 곤란하게 하는 것은 직장의 소인배들이나 불쾌감을 주는 나쁜 사람, 혹은 권모술수에 능한 사람들이 아니다. 바로 끊임없이 자기의 잘못을 용서하는 당신 자신이다. 또한 당신을 힘들게 하는 것은 자신보다 외모가 아름답거나 돈이 많거나 혹은 재미있고 활달한 사람들이 아니다. 바로 자기를 완벽한 성인군자로 착각하는 당신 자신이다.

다른 사람들이 모두 틀렸다고 생각될 때는 십중팔구 당신이 틀린 것이다. 또 모두가 바보라고 생각될 때는 정작 진짜 바보는 당신 자신이다.

흥미로운 관점이 하나 있다.

'우리는 컴퓨터 게임이 무엇인지, 게임에 몰두하면 근시가 되거나 혹은 중독을 일으키는지 등은 알 필요가 없다. 그저 가정교육의 실패, 학교교육의 실패를 덮어줄 희생양이 필요할 뿐이다. 지금은 컴퓨터 게임이 희생양 역할을 하지만 그전에는 조숙한 학생들의 연애, 아이돌이 있었고 그보다 훨씬 전에는 무협소설이 있었다.'

이와 유사한 황당무계한 논리도 있다.

'내가 얼마나 어리석은지, 또 얼마나 황당한 짓을 벌이는지, 얼마나 생각이 유치한지는 상관없다. 그저 나에게는 정의로운 목표와 고상한 동기, 합리적인 수요가 있다는 것만 알고 있다. 그래서 내가 너에게 기부금을 내라고 강요하는 것도 옳고, 일찌감치 결혼해서 빨리 자식을 낳으라고 하는 것도 옳고, 너에게 자리를 양보하라고, 돈을 빌려주라고 강요하는 것도 모두 옳다.'

이러한 사람들의 세계관, 인생관, 가치관은 확고부동하다. 일단 그들은 '3+7=10'이라고 확신하면 그 10은 반드시 3과 7이 더해야만 가능하다. '2+8'이나 '1+9'는 모두 틀린 것이다.

그들의 반응은 언제나 "너는 생각이 왜 그렇게 단순하냐? 난 진즉에 모든 것을 꿰뚫어 봤는데"이며, 그들의 결론은 언제나 "네가 틀렸고 내가 맞아!"이며, 그들의 말투는 언제나 "난 억울해. 이 모든 건 다 그들 탓이야!"

이다.

그들은 언제나 자신이 노력하는 시간만을 안타까워하고 애석해하면서 남들이 밤을 지새우며 노력하는 모습은 보지 못한다. 그들은 자신의 정의롭고 선량한 모습만을 볼 뿐 다른 사람들의 어질고 의로운 도덕성은 보지 못한다. 그들은 남들이 마땅히 해야 할 일만을 기억할 뿐 자신이 무엇을 했는지는 기억조차 하지 못한다. 그들의 가치 체계에서는 언제나 남들이 자신에게 빚을 지고 있으며 자신은 아무런 잘못이 없다.

의기소침한 사람을 보면 "그깟 일 때문에"라며 사소한 일로 치부하고, 진급한 사람을 보면 "개처럼 고생했다"며 비웃고, 놀기에 바쁜 사람에게는 "미래에 희망이 없다"라며 비난한다. 자신보다 지위가 높은 사람은 그의 성품을 의심하고, 지위가 낮은 사람은 그의 자질을 멸시한다.

사회적으로는 성공했지만 집안의 망신스러운 일이 드러난 사람을 불쌍히 여기고, 미모가 뛰어나지만 아직 결혼하지 않은 여성을 보면 초조해하고, 재벌이지만 못생긴 사람을 보면 안타깝게 여기며 말한다.

"정말 불쌍한 사람들이야, 우리 집의 수치스러운 일은 소문나지 않아서 얼마나 다행인지 몰라."

"저 사람들은 아마도 진짜 사랑을 못 만났나 봐."

그러고선 한편으로는 깔깔거리고 또 다른 한편으로는 "참 무료하다" 하면서 하품을 한다. 상황이 어찌 됐든 항상 주변 사람들을 자신보다 못하다고 내려다보며 편안한 마음으로 즐거움을 만끽한다.

이들은 그야말로 루쉰의 《아Q정전》에 나오는 아Q와 똑같다. 그는 사람들에게 괴롭힘을 당하거나 두들겨 맞을 때마다 스스로를 위로한다.

"남에게 맞은 것이 아니라 내 아들에게 맞은 것으로 친다."

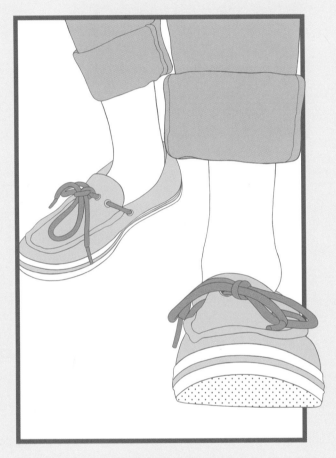

자기연민의 역할에서 빠져나와 맞은편에서 방관자가 되어보라.
제3자의 입장에서 자신의 언행을 살펴보고 이를 고치고 개선한다면
있는 그대로의 사실과 진짜 모습에 한층 가깝게 다가갈 수 있다.

남들보다 정신적으로 우월해서 맞아준 거라는 특유의 정신승리법 덕분에 그의 마음은 항상 편안하고 만족스럽다. 한마디로 이들은 자존심이 지나치게 강하면서도 스스로를 멸시하고 천대한다. 또한 승부욕이 강한 동시에 게으르고 예민하고 소심하면서 우둔하고 잘 까먹는다.

사실 우리는 누구나 무지하다. 다만 무지한 분야가 저마다 다를 뿐이다.

열 명에게 고백했다가 모두 거절을 당하고 나서야 다른 사람들의 안목이 모자란 것이 아니라 자신의 매력이 부족하다는 사실을 깨닫는다. 열 곳의 회사에 이력서를 넣었다가 모두 구직에 실패하고 나서야 사람들이 자신의 재능을 알아주지 않는 것이 아니라 자신이 능력도 부족하고 운도 따라주지 않는다는 사실을 깨닫는다. 그러므로 우리는 매사 입장을 바꿔서 상대방의 고충을 이해하려고 노력하되 함부로 지적하고 비난해서는 안 된다.

'정의의 사도', '지혜의 대변인', '진리의 화신', '박해를 받는 사람' 등 자기연민의 역할에서 빠져나와 맞은편에서 방관자가 되어보라. 제3자의 입장에서 자신의 언행을 살펴보고 이를 고치고 개선한다면 있는 그대로의 사실과 진짜 모습에 한층 가깝게 다가갈 수 있다.

비록 우리 모두에게 이번 생은 처음이지만 과거에 한 번 다녀간 사람들처럼 살기를 바란다. 처음 이번 생에 왔을 때 어떤 잘못을 했었는지 되새기면서 말이다.

13

최고의 교양은
항상 다른 사람을
배려하는 것이다

나는 '교양'이라는 단어를 보면 항상 탕반선(唐半仙)이 떠오른다.

탕반선의 본래 이름은 탕쩡(唐贈)이다. 우리가 그의 성씨에 스님을 뜻하는 '승(僧)'자를 붙여 탕승(唐僧)이라고 부르며 놀려대자 그녀는 아예 스스로 '반신선'이라는 뜻의 '탕반선'을 자처했다. 탕반선은 매우 천진난만하여 아이들과 놀 때는 어린아이처럼 보이고, 강아지와 놀 때는 정말 강아지처럼 군다.

그녀가 열세 살 때 고모 집에 초대를 받아 간 적이 있다. 모두들 네 살배기 사촌 동생의 머리를 쓰다듬고 얼굴을 어루만지는데 탕반선은 매우 정중하게 사촌 동생에게 악수를 청했다. 그날 고모 집에서 '큰일'이 벌어졌다. 친척들을 초대한 김에 고모는 집에서 키우던 수탉을 잡아서 대접했는데, 어린 사촌 동생이 그 사실을 알고는 울고 불며 난리 법석을 피운 것이다. 그도 그럴 것이 그 수탉은 사촌 동생이 병아리 때부터 모이를 주며 키

웠던 닭이었다. 어른들은 사촌 동생을 어르기도 하고 야단도 치며 "그만 울어라"라고 하는데 탕반선은 밖에 나가서 닭 한 마리를 사 들고 와 고모에게 집에서 잡은 수탉과 바꾸자고 했다. 그러고선 왼손에는 죽은 수탉을 들고 오른손으로는 사촌 동생의 손을 끌고 집 뒤의 숲으로 갔다. 두 사람은 수탉의 무덤을 만들어준 뒤 정성스레 절도 했다. 친척 중 한 사람이 물었다.

"네 살배기 어린애가 한바탕 떼를 쓴 것에 불과한데 그렇게까지 해야 하니?"

그러자 탕반선이 이렇게 대답했다.

"비록 네 살이지만 그래도 사 년이라는 세월 동안 인생을 경험한 어린 아이잖아요. 마땅히 존중해줘야죠!"

탕반선은 매우 영특했지만 남에게 손해를 끼치고 자신의 이익을 도모하는 일에 총명한 머리를 쓴 적이 한 번도 없었다. 또한 난처한 입장에 놓인 사람을 보면 재치 있게 도와주곤 했다.

동아리 친구들과 공원으로 소풍 갔을 때의 일이다. 마침 근처에 새로 개장한 테마파크가 있었는데, 입장권이 한 사람당 150위안이었다. 모두들 테마파크에서 놀다 가자고 입을 모으는데 여학생 한 명이 싫다고 고집을 부렸다. 왠지 억지에 가까운 이유를 대면서 말이다. 이때 탕반선이 나서서 말했다.

"나도 안 가고 싶어. 우리 둘이 공원에서 산책이나 하자!"

나중에야 친구들은 테마파크에 가기 싫다고 한 여학생의 속사정을 알게 되었다. 한 달 생활비가 450위안에 불과할 정도로 집이 가난했던 그 여학생에게 150위안의 입장권은 꿈도 꿀 수 없었다는 것을.

교양이란 무엇일까? 그것은 상대방이 알아채지 못하는 가운데서 진심으로 존중해주는 것이다. 또 스스로 비굴하지 않으면서 사람들을 편안하게 배려해주는 것이다. 자신의 편견을 버리고 타인이 진실로 필요로 하는 것이 무엇인지, 혹은 어떤 도움을 필요로 하는지 이해하고 살펴주는 것이다.

교양 있는 사람은 타인의 고통을 티타임의 화젯거리로 삼고는 SNS에서 멋대로 비판을 쏟아내지 않는다. 고통을 당하는 당사자에게 마이크를 들이민 것처럼 그의 느낌을 하나하나 내뱉게 만들어 당사자가 고통스럽고 괴롭다는 사실을 인정하게 만들지 않는다. 또한 이미 세상을 떠난 사람을 자신의 보험용으로 삼아 한편으로는 돈을 벌고 또 다른 한편으로는 거짓 눈물을 흘리지 않는다. 그런 사람들은 말로는 세상을 떠난 이를 추모한다지만 실상은 그의 죽음을 밑천으로 삼아 파티를 벌이는 것과 매한가지이다.

교양 있는 사람은 공공장소에서 자신의 말소리 크기에 항상 주위를 기울이며, 집에서는 불필요한 소음을 내지 않는다. 그는 가방이나 열쇠를 놓거나 혹은 문을 닫거나 신발을 벗을 때도, 그밖에 길을 걷거나 음식을 먹을 때도 항상 조용하다.

교양 있는 사람은 순번을 가로채지 않고, 교활한 변명을 늘어놓지 않으며, 규칙을 잊는 법이 없다. 설령 지하철에서 노약자 전용석이 비어 있어도 그 자리를 탐내지 않으며, 출근 시간이 빠듯해도 횡단보도를 무단으로 건너지 않는다. 이들은 자신이 불행하면 남도 불행해야 하고, 자신이 잠을 못 자면 남도 잠을 못 자게 하는 못난 사람들과는 전혀 다르다.

우리는 교양 있는 사람에게서 존중을 느끼고, 분별심과 세심함을 보며 포용과 이해를 얻는다. 반면에 교양이 없는 사람에게서는 당신의 용기는 '무모한 어리석음'이 되고, 당신의 지식은 '진부하다'며 매도당하고, 당신의 재치는 '꼼수'가 되고, 당신의 소박함은 '촌스러움'이 되며, 당신의 온화한 태도는 '아부'가 된다.

사실상 교양이 높은 사람일수록 타인에게서 더 많은 장점과 고충을 발견하고 또 이 세상의 아름다운 모습만을 바라본다. 반면에 내면이 추악한 사람은 타인에게서 단점과 비웃음거리만 찾고 또 이 세상을 왜곡해서 바라본다.

어느 날 오후에 자오솨이를 만났을 때다. 마침 그는 킥킥거리며 스마트폰에 몰두해 있었다. 뭐가 그리 즐겁냐고 물었더니 점심시간에 건달 노릇 좀 했다는 것이다. 도대체 무슨 건달 짓을 했는지 재차 물어도 자오솨이는 계속 낄낄거리며 웃기만 할 뿐 알려주지 않았다.

그러다 30분쯤 지났을 때다. 좀 전까지만 해도 낄낄거리던 자오솨이가 울상을 지으며 이렇게 말하는 것이다.

"나 어떡하지? 나의 여신이 나를 차단해버렸어!"

그 속사정은 이랬다. 자오솨이가 흠모하는 여성이 SNS에 사진을 올렸는데 자오솨이가 이렇게 댓글을 달았던 것이다.

'코를 성형수술했나요? 콧대를 너무 올린 것 같은데요?'

한참 지나서야 그 여신이 이렇게 댓글을 달았다.

'말솜씨가 없으면 그냥 입 다물고 계시지요.'

그제야 말실수를 했다는 사실을 깨달은 자오솨이는 냉큼 사과했지만 그녀는 끝내 수신 차단을 하고 말았다.

자오쑤이가 나에게 말했다.

"날 진즉부터 차단하고 싶었던 것은 아닐까? 그래서 내가 댓글을 달자마자 차단한 거 아냐?"

나는 웃으며 말했다.

"그건 생각이 너무 지나친 것 같은데? 너처럼 말에 조심성 없는 사람을 차단하는데 그렇게 치밀하게 계획을 세우고 기다릴 필요가 있을까?"

자오쑤이가 억울하다는 듯 말했다.

"하지만 내가 사과했잖아!"

"먼저 싸움을 거는 건 너의 자유지만 그렇다고 네 마음대로 화해를 할 수 있다고는 생각하지 마. 다짜고짜 상대방의 외모에 대해 왈가왈부 평가한 것도 너고, 얼른 사과한 것도 너고, 그녀를 공개적으로 난처하게 만든 것도 너고, 딸랑 사과 한마디에 용서를 바란 것도 너야. 처음부터 끝까지 상대방이 어떤 느낌일지 단 한 번이라도 생각해봤어?"

상대방이 마음을 풀기 전까지는 "미안하다"는 당신의 사과는 그저 미움이나 화를 돋울 뿐이다. 그 사과의 말은 당신의 고상함을 빛내주는 반면에 오히려 상대방의 편협함을 도드라지게 해주기 때문이다. 애초에 사건을 일으킨 사람은 당신인데 왜 결과적으로는 상대방이 철없고 사리 분별을 못하는 사람이 되는 걸까?

한 가지 일깨우고 싶은 점이 있다. 많은 여성은 SNS에 공개적으로 사진을 올릴 때 대단히 신중하다. 인상은 찌푸리지 않았는지, 흰자위가 도드라지지는 않았는지, 혹은 다른 사람의 배경이 되지는 않았는지, 얼굴이 가려지지는 않았는지 꼼꼼히 살핀다. 그 때문에 댓글을 달 때는 아예 외모에 대해 왈가왈부 평가하지 말든가, 아니면 상대방의 기분을 좋게 해주는 말을 해야 한다. 이는 가식적인 것이 아니라 최소한의 교양이다.

아마 당신은 잘 모르겠지만 SNS에 사진 한 장을 올리기 위해 그녀는 일부러 머리를 감고, 화장하고, 멋있는 포즈를 만들기 위해 수십 장의 사진을 찍어서 여러 번 보정을 한 끝에 가장 잘 나온 사진을 겨우 골라냈을 것이다. 그런데 '보정이 너무 심하다'라는 당신의 댓글 한마디 때문에 그녀가 온종일 애를 쓰며 공들였던 정성이 단번에 무너지게 된 셈이다.

대다수 사람의 심리는 이렇다. 만일 내가 올린 사진을 멋있다고 칭찬해준다면 "별것 아니야, 약간 보정을 한 것뿐인데"라고 말할 것이다. 반면에 당신이 대놓고 보정한 사진이라고 지적한다면 십중팔구 당신을 싫어하게 될 것이다.

이와 유사한 경우가 또 있다. 만일 당신이 우수한 성적을 거둔 친구에게 축하한다고 칭찬한다면 상대방은 "그저 운이 좋았을 뿐이야"라고 겸손하게 말할 것이다. 반면에 당신이 이번에는 운이 좋아서 성적이 잘 나온 것이라고 말한다면 그는 아마 이렇게 반박할 것이다. "그런데 너는 왜 항상 운이 나빠?"라고 말이다.

이처럼 말에 조심성이 없는 당신을 차단하지 않는다면 아마 당신은 예쁘게 생긴 사람이 성깔도 있다는 사실을 끝내 알지 못할 것이다.

백번 양보해서 당신의 말이 일부는 진실이라고 하더라도 그러한 진실을 상대방의 허락 없이 공개적으로 만천하에 알려도 되는 걸까? 만번 양보해서 그 사진 속 10분의 1만이 당사자의 진짜 모습이라고 하더라도 그가 사진의 주인공이라는 사실은 변하지 않는다. 예컨대 오렌지 주스에 10분의 1만이 오렌지 과즙이더라도 오렌지 주스라는 이름으로 홍보하는 것은 합리적이며 합법적이다.

내가 조언하고 싶은 점은, 말을 할 때는 항상 예의를 갖추라는 점이다. 이 세상의 모든 사람이 당신이 생각하는 것처럼 친절하고 상냥하지는 않다.

작은 집단에서 대화를 나눌 때는 최소한 이런 태도를 가져야 한다. 즉, 경청해야 할 때는 서둘러 변명하려고 하지 말고, 말해야 할 때는 무례한 태도로 사람들의 기분을 상하게 해서는 안 된다. 당신의 자유분방함은 상대방을 멋대로 평가할 이유가 될 수 없고, 저속한 취미는 시간이나 장소, 대상을 가리지 않고 짓궂은 농담을 던질 이유가 될 수 없다. 그것은 그저 무엇으로도 감출 수 없는 당신의 비교양적인 특징일 뿐이다.

'사이가 좋다'는 것이 '무슨 말을 해도 괜찮은' 사이를 의미하지는 않는다. '화가 났다'고 해서 '농담을 건넬 수도 없는 상태'인 것도 아니다. 또 '고의가 아니었다'는 말이 '당신에게 아무런 잘못이 없다'는 면죄부가 될 수는 없다. '악감정은 없다'라는 말도 '상대방에게 상처를 준 것이 아니다'는 변명이 될 수 없다.

예전에 이런 우스개를 들은 적이 있다. 어느 여성이 주문한 택배 상자가 택배원의 부주의로 분실되고 말았다. 여성은 택배원에게 수차례 전화를 하며 찾아달라고 요청했지만 끝내 택배 상자를 찾지 못했다. 두 사람의 언성은 점점 험악해졌고 급기야 감정이 폭발한 택배원이 전화로 여성에게 소리쳤다.

"난 당신 주소를 알고 있어. 내일 내가 당신을 죽이러 가는지 안 가는지 한번 두고 봐!"

여성은 황급히 전화를 끊고서 택배회사에 클레임을 넣었다. 한참 뒤 고객센터에서 전화가 왔다.

"너무 신경 쓰지 마세요. 택배 사원이 홧김에 내뱉은 말입니다. 정말로 당신을 죽이지는 않을 겁니다."

사실 상대방에게 '신경 쓰지 말라'라고 말할 경우 그 말을 듣는 상대방은 두 가지 상황으로 나누어진다. 그 일이 내내 신경에 거슬리거나 아니면 그 일에 한층 더 연연하게 된다.

가령 누군가가 "누구누구는 정말 대단해. 도연명(동진 시대 무릉도원을 노래한 시인)처럼 산다니깐"이라고 말했다고 가정해보자. 그 말인즉슨 '누구누구는 대단히 고결한 성품을 가진 은사(隱士)이다'라는 뜻이다.

첫 번째 부류의 교양 없는 사람은 학식이 부족한 이다. 그는 곧장 상대방의 말을 끊고 그 자리에서 이렇게 물을 것이다.

"도대체 도연명이 누구야?"

두 번째 부류의 교양 없는 사람은 질문을 던진 사람을 비웃을 것이다.

"맙소사, 넌 도연명이 누구인지도 몰라?"

세 번째 부류의 교양 없는 사람은 그 자리에서 자신의 지식을 뽐낼 것이다. 그는 도연명의 생애와 업적을 쭉 늘어놓은 뒤 도연명의 시를 줄줄이 외울 것이다.

반면에 교양 있는 사람은 맨 처음 말을 꺼낸 사람이 이야기를 지속할 수 있도록 배려할 것이다. 도연명이 누구냐고 물었던 사람과 친분이 있다면 아마 사적인 자리에서 도연명에 대해 설명해줄 것이다. 교양 있는 사람은 타인의 과장된 칭송을 한 귀로 듣고 한 귀로 흘린다. 타인이 잘못을 저질렀을 때도 그 사람의 잘못을 핑계로 자신의 지식을 뽐내지 않는다. 타인이 도움을 필요로 할 때는 그것을 빌미로 자신의 우월성을 과시하지 않는다.

교양 있는 사람은 생활에 어려움을 겪는 친구에게 선물할 때 겸손한 태도로 상대방의 자존심을 상하지 않도록 배려한다. 부유한 친구에게 선물할 때는 당당한 태도를 보여 상대방의 환심을 사려 한다는 오해를 피한다. 선물하든 도움을 주든 항상 상대방의 체면을 우선시하며 무시하거나 오만한 태도를 보이지 않는다. 또한 자신의 선행을 자랑하는 일도 없다. 친구들과의 모임에서는 설령 달변가라도 다른 사람의 이야기를 경청한다. 모임에서 소외되거나 무시당하는 이가 있으면 먼저 다가가 이야기 상대가 되어 그 사람이 소외감을 느끼지 않도록 살펴준다.

무릇 교양은 당신 혼자 동떨어져서 고상한 품격을 지키는 것이 아니다. 당신의 방식으로 남들이 '아, 아직은 살 만한 세상이구나'라고 느낄 수 있도록 도와주는 것이다. '선물' 혹은 '도움'이 상대방에게 '수치심'을 안긴다면, 혹은 '모임'이나 '교류'가 상대방에게 '소외감'을 준다면 사교 활동은 본래의 의미를 잃는 것이다.

하지만 우리 주변에는 꼭 이런 사람들이 있게 마련이다. 당신에게 악감정을 갖고 있는 것 같기도 하면서 또 아닌 것 같고, 일부러 트집을 잡는 것 같으면서도 아닌 것 같은 사람들이 있다. 그들은 마치 파리 떼처럼 쉴 새 없이 윙윙대며 당신의 머릿속을 헤집으며 벼랑 끝으로 밀쳐낸다. 가령 당신의 단점이나 약점을 틀어쥐고 걸핏하면 별명을 부르거나 웃음거리로 삼는다. 혹은 일부러 당신을 소외시키고 무시하며 수치심을 안긴다.

이때 큰 문제는 다른 사람을 괴롭히며 수치심을 안기는 사람은 자신의 행동이 지나치다는 사실을 모르는 반면에, 치욕을 당한 사람은 그 일을 평생 가슴에 새긴다는 사실이다!

말을 할 때는 항상 예의를 갖추라는 점!
교양 있는 사람은 겸손한 태도로
상대방의 자존심을 상하지 않도록 배려한다.

내가 하고 싶은 말은, 실제적인 사정을 정확히 알기 전까지는, 이해관계를 명확하게 파악하기 전까지는 함부로 다른 사람을 궁지에 몰아서는 안 된다는 것이다. 또 걸핏하면 '해결사' 역할을 하려고 들어서도 안 된다. 당신이 무심코 내뱉은 질책 한마디가 상대방의 멘탈을 붕괴시키는 결정적인 한마디가 될 수 있다. 또한 대수롭지 않은 평가 한마디가 상대방을 벼랑 아래로 밀칠 수 있다는 사실을 항상 기억해야 한다.

말 잘하는 법을 익히고 인간다움을 잃어버리지 말라.

가장 추악한 사람은 틈만 나면 다른 사람을 억압하고, 상대방의 약점을 캐기 위해 혈안이다. 이들은 자신도 모르는 사이 쓸데없이 작은 일에 트집 잡거나 남의 일에 참견하는 주책바가지가 된다. 반면에 가장 교양 있는 사람은 항상 상대방의 입장을 배려하며 자신의 행동을 수시로 돌아보기에 자연스레 뭇사람의 존중을 받는다.

그러므로 당신 주변의 뚱보라고 놀림을 받는 사람, 외톨이, 성적이 하위권을 맴도는 사람들에게 좀 더 상냥하게 대하라. 또한 말수가 적고 예민한 사람들에게는 적극적으로 다가가고, 당신보다 연봉이 낮거나 거친 노동을 하는 사람에게는 좀 더 예의 바르게 대하라.

그들은 아마도 매우 큰 용기를 내서 그 집단에 발을 디뎠으며, 좀 더 나은 미래를 위해 갑절의 노력을 하고 있을 것이다. 당신의 미소, 안부 한마디, 짧은 대화는 그들에게 매우 의미 있고 중요한 일이 될 것이다.

어떤 관계이든 어떤 장소이든 항상 명심하라. 신중하게 말하고, 정중하고 예의 바르게 행동하며, 매사 관대해야 한다.

14

혼자 있을 때는
자신의 과오를 수시로 들여다보고,
남들과 잡담을 나눌 때는
뒷말을 하지 말라

어느 날 오후 나는 SNS에 이런 글을 올렸다.

'곰곰이 생각해보면 이 세상은 정말로 웃긴다. 싱글족이 커플에게 연애하는 법을 알려주고, 미혼자들이 기혼자들에게 육아 기술을 가르치며, 사업에 실패한 사람들이 성공한 사람들에게 성공하는 법을 설파한다. 쯧쯧쯧.'

잠시 뒤 샤오메이가 연락이 왔다. 바로 자신이 그렇다는 것이다. 정작 자기는 여러 해 동안 싱글로 지내면서도 평소 친구들에게 연애하는 법을 알려줬다고 한다. 그런데 어제 갑자기 친구가 절교를 선언한 것이다.

"내가 매번 연애에 실패하는 것은 순전히 너 때문이야!"

샤오메이가 억울하다는 듯 말했다.

"난 정말 이해가 안 돼요. 걔가 남자 친구랑 말다툼할 때마다 나는 친구 편을 들어줬어요. 또 속상해하는 친구를 밤새도록 위로해준 적도 있고, 심지어 걔를 대신해 남자 친구에게 전화를 걸어 한바탕 욕을 퍼부어준 적도 있어요. 그런데 지금 와서 남자 친구와 헤어진 게 나 때문이라니요?"

샤오메이는 친구가 갑작스레 돌변한 이유를, 또 그토록 자신을 원망하고 미워하는 이유를 도통 몰랐다. 내가 물었다.

"친구가 당신에게 남자 친구에 대한 불평불만을 쏟을 때면 헤어지라고 권하지 않았나요? 그 남자 친구가 얼마나 단점이 많은 사람인지 알려줬나요? 친구와 함께 그 남자 친구의 어떤 점이 잘못되었는지 함께 분석하며 친구를 다독여줬나요?"

그녀가 말했다.

"물론 그랬지요. 그 남자는 믿음직한 사람이 아니었어요. 언행이 대단히 유치하고 걸핏하면 친구의 마음에 상처를 줬기 때문에 어차피 오래 못 갈 사이였어요. 내가 그렇게 한 건 모두 친구를 위해서였어요."

내가 말했다.

"친구를 위한 마음은 충분히 이해해요. 하지만 한 가지 중요한 사실을 잊고 있었네요. 당신은 이미 여러 해 동안 싱글로 지내고 있어요. 남녀 사이의 문제에서 당신은 풋내기에 불과하다는 뜻이죠. 그런데 무슨 자격으로 친구의 애정생활에 감 놔라 배 놔라 한 거죠? 친구에게 필요한 건 자신의 속내를 묵묵히 들어줄 나무 같은 친구였어요. 그런데 왜 자신의 본분을 망각하고 불필요한 간섭을 했나요?"

친구가 당신에게 남자 친구에 대한 불평을 늘어놓는 것은 달콤한 사랑에 대한 부담감 때문이며, 행복 뒤에 따라오는 고민거리 때문이다. 때로는 지나치게 감정에 휩쓸린 탓도 있고, 또 순간적인 고집 때문일 수도 있다. 친구에게 필요한 것은 자신의 말을 묵묵히 들어줄 나무 같은 사람이다. 당신이 덩달아 부추길 필요도 없고, 인생의 스승 노릇은 더더구나 할 필요가 없다. 상대방 남성이 여자 등쳐먹고 사는 쓰레기 같은 사람인지 혹은 그의 어떤 행위가 부적절했는지, 그 사랑을 지속해야 하는지의 문제는 그 두 사람의 일이다. 게다가 친구가 당신에게 하소연을 늘어놓을 때는 이미 그녀의 마음속에는 답이 정해져 있을 가능성이 크다.

어쩌면 당신이 친구의 애인에 대해 나쁜 말을 할 때 그녀는 당신에게 반감을 가지기 시작했을 것이다. 설령 자신은 남자 친구에게 매우 화가 난 상태일지라도. 또 당신이 친구와 함께 케케묵은 옛일까지 들추며 그 남자의 잘잘못을 따질 때부터 친구는 당신을 싫어했을지도 모른다. 설령 "나 남자 친구랑 헤어질 생각이야"라고 말했을지라도. 어쩌면 당신이 "너무 속 좁게 굴지 마"라고 조언했을 때도 친구는 당신이 너무 지나치다고 생각했을 것이다. 자신이 먼저 당신을 찾아와 속내를 털어놓으면서도 말이다.

누구든 갑작스레 당신을 싫어하게 된 것은 아니다. 그저 당신이 갑작스레 그 사실을 알게 된 것뿐이다.

당신이 최선을 다해 두 사람이 화해하도록 설득한 끝에 정말로 화해했다면 그나마 다행이다. 두 사람이 헤어진다면 당신은 친구를 불구덩이로 밀어 넣은 장본인이 된다. 반대로 당신이 최선을 다해 두 사람이 헤어지도록 권유했다가 그들이 다시 화해한다면 당신은 입장이 난감해질 것이다. 하지만 두 사람이 정말 헤어진다면 당신은 그들의 사랑을 갈라놓은 원흉이 된다. 두 사람이 헤어진다면 당신은 친구에게 새로운 남자 친구를 만들어줄 수 있는가?

내가 충고하고 싶은 것은, 이런 경우에는 그저 친구의 말을 묵묵히 들어주고 힘든 시간을 함께 보내주되, 친구의 문제를 해결하려거나 남자 친구의 나쁜 점을 강조하려고 들지는 말라는 것이다. 당신이 해야 할 일은 친구가 어떤 결정을 하든 항상 지지해주며 옆에 있어주는 믿음직한 모습을 보여주는 것뿐이다.

누군가가 당신에게 고향에 남는 게 좋을지 아니면 타지로 나가 새로운 인생을 시작하는 게 좋을지 물을 때도 마찬가지이다. 그 사람에게 용기를 북돋우며 더 넓은 세상으로 나가라고 권유할 필요도 없고, 고향에서 가족, 친구들과 함께 사는 삶이 얼마나 행복한지 설득할 필요도 없다. 능력이 된다면 두 가지 선택의 이해관계를 함께 분석한 뒤 당사자에게 선택권을 넘겨주면 된다.

누군가가 짝사랑에 목을 매며 집착할 때 억지로 쟁취한 사랑은 오래가지 못한다고 극구 만류하며 설득할 필요도 없다. 집착을 부리는 것은 그 사람의 선택이며, 정작 당사자는 그 사랑이 행복한 결말을 얻을지에는 관심조차 없다.

또 누군가가 돈에 집착할 때도 짐짓 자신은 고결한 척하며 '돈이 많다고 해서 행복한 것은 아니다'라며 일장 연설을 늘어놓을 필요도 없다. 상대방의 귀에는 그 어떤 말도 들리지 않으니까.

내가 걱정스러운 상황은 대략 다음과 같다.

친척이 아들의 취직을 부탁했다고 가정해보자. 아마 당신은 바쁜 가운데서도 짬을 내어 이력서 작성을 도와주고 면접 요령을 알려주며 애를 쓸 것이다. 하지만 결국 당사자의 능력이나 자질 부족으로 취직에 실패할 경우 친척은 당신의 도움이나 능력이 부족했다며 만나는 사람마다 붙잡고 당신의 흉을 볼 것이다.

친구가 당신에게 체력 단련에 대해 조언을 구한다고 가정해보자. 당신은 소중한 휴식 시간을 할애하여 친구에게 헬스클럽을 다녀보라고 권유하며 헬스 기기 사용법이나 체력 단련의 장점들을 자세히 설명해줄 것이다. 하지만 친구는 거금을 들여 헬스클럽에 등록한 뒤 겨우 한 번 다녀오고서는 당신에게 이렇게 투덜댈 것이다.

"너한테 속았어. 괜히 헬스클럽 등록한다고 아까운 돈만 날렸잖아!"

직장 동료가 어느 재테크 상품에 대해 조언을 구한다고 가정해보자. 당신은 여러 경로를 통해 정보를 수집한 뒤 친구에게 위험부담이 너무 크다며 투자를 하지 말라고 권유할 것이다. 하지만 친구는 끝내 당신의 조언을 듣지 않고 거액을 투자했다가 실패하고서는 이렇게 원망할 것이다.

"왜 애초에 나를 말리지 않았어?"

인간의 본성이 본래 그렇다. 상황이 호전되면 모든 공로를 자신의 지혜와 노력 혹은 행운 덕분이라고 말한다. 하지만 일단 상황이 악화되면 모든 책임을 다른 사람 탓으로 돌린다!

그러한 사람들에게 나는 이렇게 말한다.

"언제 어느 때 어느 순간 내가 싫어진다면 절대로 감추지 마. 면전에서 눈을 부라리며 화를 내든, 그 자리에서 반박하든, 나를 제지하든 혹은 오랜 시간 나를 멀리하며 무시하든, 아예 나와의 모든 연락방식을 차단하든 그 어떤 방식으로든 반드시 내가 알 수 있게 해줘. 그렇지 않으면 나는 너를 좋은 친구로만 생각하며 너의 일을 내 일처럼 여기고 최선을 다하게 될 거야. 또 너의 일을 처리하느라 많은 시간을 허비하고 여러 날을 꼬박 새워도 의미가 있다고 착각하며 지낼 거야."

아마 이런 경험이 있을 것이다.

당시 당신은 매우 괴롭고 우울하고 심지어 눈물까지 나와 누군가 찾아가서 이야기를 나누고 싶었을 것이다. 하지만 막상 스마트폰의 주소록을 뒤져봐도 딱히 속내를 털어놓을 대상을 찾을 수가 없다. 그래서 속상한 마음을 꾹꾹 누르며 SNS에 의미심장한 몇 마디 말과 우울한 모습의 셀카 사진을 올린다. 여기에는 조금이나마 우울한 기분을 해소하고 친구들의 관심을 받고 싶은 속마음이 담겨 있다. 하지만 친구에게서 날아온 회신은 '뭐 잘못 먹었어? 웬 난리래?'이다.

당신이 방구석에 처박혀 눈물을 훌쩍거릴 때 그는 전화로 "일어나!"라고 외친다. 그러고는 자신감을 불어넣는 온갖 격언을 읊어댄다. "울지 마, 내일이면 내일의 태양이 뜰 거야", "포기하지 마, 노력으로도 운명을 바꿀 수 있어", "게으름 피우지 마, 하늘은 스스로 돕는 자를 돕는다고 했어" 등등!

당신은 그저 잠시 기분이 우울해진 것뿐이지만 그가 보기에 당신은 절망의 나락에서 헤매고 있는 실패자다. 그래서 문제가 변질되고 만다. 그가 구원자를 자처한 탓에 당신은 자연스레 '문제가 있는 사람'으로 전락하고 만다.

이와 비슷한 사례는 또 있다. 금방이라도 쓰러질 것처럼 지칠 때가 있다. 그래서 스스로에게 기운 내라고 과거 도움이 되었던 격언들을 무심코 SNS에 올렸는데, 누군가가 딴지를 걸어온다. 우선은 당신의 어리석음과 유치함을 비웃는다. 그러고는 이른바 영혼을 따듯하게 해주고 힘을 북돋워주는 내용의 책들은 한결같이 논리가 없고, 사기성이 다분하며, 성공 사례도 그저 극소수에 불과하다는 등등의 비판을 쏟아낸다.

사실 그 사람은 그 당시 당신이 내면의 갈등을 일으킨 이유도, 또 어떤 계기로 우연히 그 격언 한마디에 정신을 차릴 수 있었는지도 전혀 알지 못한다. 그 사람은 절망의 나락에 떨어진 듯한 당신의 마음을 전혀 알지 못할뿐더러 어떤 도움이 필요한지조차 관심 없다. 그럼에도 높은 곳에서 당신을 내려다보는 듯이 거만을 떨며 어떤 것이 '영리'하게 사는 일인지를 일장 연설을 한 뒤에 이 모든 것은 당신에 대한 '관심'이라고 말한다.

이런 부류의 사람들도 있다.

그는 당신이 슬픔에 잠겨 있다는 사실을 뻔히 알면서도 뭐가 그리 좋은지 깔깔거리며 게임을 하거나 심지어 콧노래까지 부른다. 설령 당신이 속내를 털어놓아도 아무런 반응조차 보이지 않는다. 그런 부류의 사람은 당신의 감정이나 느낌에는 전혀 관심이 없다. 당신이 속내를 털어봐도 그는 이렇게 투덜댄다. "내 신발 어때? 예쁘지 않니?", "오늘 미용실에서 머리 새로 했는데, 세련되어 보이니?", "나랑 그 사람이랑 잘될 것 같아?" 등등으로…….

이들은 자신이 행복할 때는 세상 사람들에게 그 사실을 알려주지 못해 안달이 난 듯 온갖 호들갑을 떨고, 당신이 행복할 때는 당신의 입을 꿰매고 싶어 안절부절못한다. 또 그들이 슬픔에 잠겨 있을 때는 당신의 귀를 끌어다 자신의 속내를 쏟아내기에 급급하지만, 정작 당신이 슬픔에 잠겨 있을 때는 반벙어리, 반귀머거리, 눈뜬 장님이 된다.

나는 이런 부류의 사람들 때문에 당신이 마음의 상처를 받지 않길 바란다. 사람과 사람의 교류에는 한계선이 있어야 한다. 그럴 가치가 있는 사람에게는 진심을 다하고, 그럴 가치가 없는 사람은 피식 웃고 지나가라. 그들과는 시시비비를 따질 필요도 없고 앙갚음할 필요도 없다. 그저 잘못해서 파리가 입에 들어갔다고 생각하라.

사람과 사람의 교류에는 한계선이 있어야 한다.
그럴 가치가 있는 사람에게는 진심을 다하고,
그럴 가치가 없는 사람은 피식 웃고 지나가라.
당신도 점차 깨닫게 될 것이다.
비웃음을 나타내는 웃음소리 이모티콘이야말로
21세기의 가장 위대한 발명품이라는 사실을!

당신도 점차 깨닫게 될 것이다. 비웃음을 나타내는 웃음소리 이모티콘 이야말로 21세기의 가장 위대한 발명품이라는 사실을!

두 개의 재미있는 이야기가 있다.

첫 번째 이야기는 이렇다. 취직을 준비 중인 세 사람이 한 회사의 서류 심사에 통과된 뒤 27층에서 사장이 직접 면접시험을 주관한다는 통지서를 받았다. 승강기를 타고 난 뒤 그중 한 사람은 승강기 안에서 제자리 뛰기를 했고, 또 다른 사람은 벽에 머리를 부딪쳤으며, 나머지 한 사람은 노래를 불렀다.

세 사람은 면접시험에서 모두 합격했다. 제자리 뛰기를 한 사람은 달리기 때문에 채용되었다고 여겼고, 벽에 머리를 부딪친 사람은 머리를 부딪쳤기 때문에, 그리고 노래를 부른 사람은 노래를 불렀기 때문에 각각 채용되었다고 믿었다.

두 번째 이야기는 좀 더 현실적인 이야기이다. 대학원생 A와 B는 같은 방을 쓰는 룸메이트였는데 둘 다 경제적으로 그다지 풍족하지 못했다. 어느 날 두 사람은 친구 덕분에 2,000위안에 달하는 축구 결승전 티켓 두 장을 각각 공짜로 얻었다. A는 친한 친구와 함께 경기를 관람하고 즐거운 주말을 보냈다. 반면에 B는 티켓 두 장 모두를 중고거래로 팔아 작은 돈을 챙겼다. 두 사람은 저마다 상대방을 어리석다고 여겼다. B는 "A는 사는 것도 팍팍한데 그렇게 비싼 티켓으로 경기를 보고 싶었을까?" 하며 이해를 못 했다. 반면에 A는 "어차피 공짜로 얻은 티켓인데 B는 그걸 굳이 팔아서 돈으로 챙기고 싶었을까?" 하며 고개를 가로저었다.

이 이야기에서 보듯 대다수 사람은 저마다 자신이 옳다고 여기며 상대방의 선택을 이해하지 못한다. 설령 방 안에 들어앉아 곰곰이 생각하는 기회를 줘도 그들은 저마다 상대방의 잘못만을 생각한다!

바꿔 말해서, 허상(虛像)뿐만 아니라 집착, 편견도 우리의 두 눈을 가린다. 예컨대 학우 중 예쁘게 생긴 여학생이 있지만 평소 행실이 바르지 못하다고 확신하고 있다고 가정해보자. 일단 그런 확신이 생기면 그녀의 목소리는 경박하게만 들리고, 그녀의 말투는 천박하게만 느껴지며, 그녀와 어울리는 학생들은 모두가 도덕적으로 문란하다는 생각을 하게 된다.

또 다른 예로, 아침이면 길목에서 교통정리 봉사 활동을 하는 아줌마가 걸핏하면 학생들에게 트집을 잡는다고 확신하고 있다고 가정해보자. 이때 횡단보도에서 신호등이 녹색불로 바뀔 때까지 기다리는 중에 그녀의 외침을 듣게 되면 당신은 어떤 생각부터 하게 될까? 당연히 뭔가 트집을 잡기 위해 부르는 소리로 여길 것이다. 사실은 당신에게 "날씨가 너무 더우니까 여기 파라솔 아래에서 기다려라"라고 말하기 위해서인데도 말이다.

예컨대 성적평가서에 문제가 있다고 확신하게 되면, 심사의 규정, 기준, 조건 등을 자세히 설명해줘도 당신은 여전히 "분명 뭔가 음모가 숨겨져 있는 것 같아"라고 의심하게 된다. 또 누군가에게 반감을 갖기 시작하면 상대방이 날마다 선행을 할지라도 당신에게는 이름만 들어도 불쾌해지는 존재가 된다. 심지어 그가 좋아하는 자가용 브랜드, 옷 스타일까지 싫어하게 되고, 당신이 좋아하는 배우를 그도 좋아한다는 걸 알게 되면 치욕마저 느끼게 된다.

이처럼 우리는 무언가를 굳게 믿게 되면 단편적이고 고집스러워진다.

예컨대 독수리가 드넓은 하늘을 거침없이 날아다니는 모습을 보고 참새가 "구름이 저렇게 높은데 피곤하지도 않나? 저러다 떨어지면 뼈도 못 추릴 텐데"라고 중얼거리는 것과 같다. 혹은 산양이 질주하는 모습을 보고 달팽이가 한심하다는 듯 "저러다 죽지, 급할 게 뭐가 있다고?"라고 말하는 것과 같다. 혹은 연어가 물살을 거스르며 상류로 올라가는 모습을 보고 개구리가 "하하하, 정말 바보가 따로 없구나!" 하고 비웃는 것과 같다.

그래서 나는 여간해서는 사람들과 언쟁을 벌이지 않는다. 가령 "그렇게 많은 책을 읽어서 어디다 써먹어요?", "어떻게 서른 살이 넘었는데 아직 결혼을 안 해요?", "요즘 젊은 사람들은 외제라면 껌벅 죽죠?" 등등의 문제에 관해서 말이다. 또한 나는 이러한 질문에는 대답하지 않는다. "나는 왜 대중심리에 영합하여 환심을 사는 부류의 사람들이 우습게 여겨지는 거죠?", "왜 저런 사람들은 유독 어리석어 보이는 걸까요?", "왜 매번 상처를 입는 것은 나죠?"라는 종류의 문제에 대해서 말이다.

문제가 있으면 끝까지 파고들어야 직성이 풀리는 사람들에게 나는 이렇게 말한다.

"미안하지만 오늘 통화는 여기까지 하죠. 지금 스마트폰 배터리가 십 퍼센트도 안 남았어요."

15

손에
망치를 든 사람에게는
누구나 못이다

거쯔가 나를 찾아와 하소연을 늘어놨다. 그의 룸메이트는 '프로불편러'
인 데다 허구한 날 자신의 말에 '어깃장'을 놓는다는 것이었다. 방에서 이
야기 좀 할라치면 조건반사적으로 거쯔의 말에 의문을 제기하며 반박하
기 일쑤였다. 작게는 학교 식당의 음식이 맛있냐, 선생님의 수업 내용이
어렵냐로 시작해서 크게는 미국이 이라크를 공격하는 것이 옳은지에 이
르기까지 사사건건 말꼬리를 잡고 늘어졌다. 그래서 오후의 즐거운 티타
임이 말다툼으로 번져 서로 얼굴을 붉히는 일이 한두 번이 아니었다.

그중에서 거쯔는 룸메이트의 '사람 말문 막히게 하는' 사례 하나를 들려
주었다. 평소 거쯔는 식사할 때 쩝쩝거리며 소리 내서 밥을 먹지 않는다.
설령 옆 사람이 쩝쩝거리며 먹어도 그다지 신경 쓰지 않는 편이다. 그런데
그의 룸메이트는 밥을 먹을 때마다 항상 쩝쩝거리며 소리를 냈다. 그러던
룸메이트는 거쯔가 평소 밥을 조용히 먹는다는 사실을 알아채고는 이렇

게 말한 것이다.

"난 정말 너 같은 애 딱 질색이야. 어쩜 그렇게도 가식적일 수가 있어? 밥 먹을 때도 사람들 의식해서 소리를 안 내고 먹다니."

거쯔가 나에게 말했다.

"걔가 일부러 나에게 어깃장을 놓는 것 같아요. 말도 안 되는 억지를 부리면서 나를 공격하려는데 그 어느 것 하나도 논리가 성립되지 않아요."

수심에 가득 찬 표정으로 깊은 한숨을 내쉬는 거쯔는 이제 막 악몽에서 깨어난 사람처럼 보였다. 거쯔가 이어서 말했다.

"내가 조목조목 따지면서 그의 잘못을 지적해도 걔는 여전히 기고만장해요. 자기가 불리하다 싶으면 새로운 억지 논리를 펼치며 그럴싸한 말로 자신의 관점을 증명해대서 나까지 어리둥절해질 지경이라니깐요. 정말 울화통이 터져 죽겠어요."

난 이렇게 말했다.

"어쩌면 룸메이트가 당신을 정말로 싫어하기 때문일 수도 있어요. 그래서 사사건건 트집 잡고 맞서는 거겠죠. 아니면 논리나 이치로 상대방을 설득하는 것이 아니라 무작정 입심으로 기선을 잡는 것이 습관일 수도 있어요. 논리적으로 불리해진 상황에서 논쟁에서 이기려면 뻔뻔하게 굴 수밖에 없잖아요. 그러니까 당신이 제아무리 논리적이고 이치가 타당해도 논쟁에서 패배했다는 느낌을 받을 수밖에 없는 거예요."

나는 이렇게 덧붙였다.

"물론 당신도 스스로 반성해야 합니다. 가령 상대방의 기분을 살펴보지도 않고 함부로 말을 내뱉지는 않았는지 말입니다. 그 때문이 아니라면 자신에게 물어봐요. 손바닥도 맞부딪쳐야 소리가 나듯이 당신도 매번 그 친구와 각을 세우지는 않았는지, 왜 끝도 없는 언쟁을 되풀이하고 있는지 말입니다."

당신은 그 문제의 본질과 진위에 대해 논하고 싶은 반면에 상대방은 그 언쟁에서 승리하는 데만 급급하다. 또 당신이 지키고자 하는 것은 논리지만 상대방은 언쟁에서의 승리가 가져다주는 쾌감을 얻고자 하기에 근본적으로 대등한 언쟁이 아니다. 비유하자면 두 사람이 서로의 실력을 겨루는 시합에서 당신은 맨주먹으로 싸우려는데 상대방은 허리춤에서 총을 빼드는 격이다. 그런 상황에서 당신의 자존심이고 논리고 이치가 무슨 필요가 있겠는가? 그저 삼십육계 줄행랑을 쳐야 목숨을 보전할 수 있지 않겠는가?

그동안 살아온 나의 경험에 의하면, 항상 말싸움에서 이기려는 사람은 어차피 그다지 좋은 사람이 아니다.

유익한 언쟁은 상호 의견을 교환하며 이치를 따진 뒤 쌍방이 온화한 태도로 토론을 끝맺는 것이다. 반면에 쓸모없는 언쟁은 상대방을 멸시하며 각자 자기주장만 펼치다 결국 얼굴을 붉히고 서로 적대시하게 되는 것이다.

쓸모없는 언쟁은 종종 이렇게 전개된다. 일단은 처음부터 상대방의 의견을 부정한다.

"그건 네가 틀렸어. 네가 모르고 하는 소리야."

다음엔 아무런 설득력이 없는 증거를 내민다.

"난 이러지 않아. 내가 아는 사람들도 이러지 않아."

그다음엔 이렇게 확장한다.

"넌 가끔 말도 안 되는 소리를 하는 것 같아. 네가 사람들에게 엉뚱한 정보를 알려주는 모습을 보고 있자면 정말 못 참겠어. 네가 그렇게 날뛰는 거 도저히 못 봐주겠다고."

그리고 마지막엔 끝까지 우기는 사람이 승자가 되고 먼저 기권하는 사람이 패자가 되는 딜레마에 빠진다.

이런 상황에 이르면 언쟁은 구체적인 문제가 옳으냐 그르냐를 따지는 것이 아닌, 자기 입장과 자존심을 지키는 문제로 변질된다. 자기 주장의 근거가 정확한지, 논리가 합리적인지는 더 이상 중요하지 않다. 그저 상대방이 틀렸다는 것을 증명하는 데만 몰두하게 된다. 이러한 언쟁은 탐구토론의 의미를 상실했다. 설령 당신의 말이 옳다는 것을 상대방이 알아도 그의 입에서는 결코 인정한다는 말이 나오지 않는다. 오히려 마음속으로 당신을 비웃고 있을 것이다.

인간성의 비루함은 바로 여기에 있다. 스스로 자신의 잘못을 발견할 경우에는 개선할 가능성이 있다. 하지만 남들 앞에서 타인에게 지적당할 경우에는 그 잘못을 끝까지 우기게 된다.

그래서 난 이렇게 건의하고 싶다. 매사 이기고자 하는 사람에게는 관용을 베풀어라. 일단 상대방이 '똥도 맛있어'라는 결론을 내면 당신이 아무리 설명하고 증명해도 그는 자신의 주장이 틀렸음을 인정하지 않는다. 오히려 온갖 말도 안 되는 억지를 부리며 결국 '똥도 먹을 만하다'는 결론을 도출할 것이다. 당신이 계속 언쟁을 이어간다면 그는 어쩌면 당신의 입에 억지로 똥을 처바른 뒤 이렇게 말할 것이다.

"봐, 너도 먹었잖아. 똥도 먹을 만하다니깐."

간혹 자신의 주장이 옳다는 것에 목숨을 걸고 덤비는 이들이 있다. 그들에게 인품이나 도덕성은 기대할 수 없다는 사실을 알아야 한다.

나는 그동안 내가 정서적으로 안정적인 사람이라고 여겼다. 적어도 웨이보(중국의 소셜 네트워크 서비스)에서 악플러를 만나기 전까지는 말이다.

그 악플러의 첫마디는 이랬다.

'당신은 무슨 그딴 쓰레기 같은 글을 씁니까?'

본래는 아무런 대꾸도 하지 않을 생각이었지만 '쓰레기'라는 말에 그만 발끈하고 말았다.

'내 글의 어느 부분이 잘못됐는지 자세히 말해보시죠.'

그러자 그는 이렇게 답글을 달아놨다.

'이런 쓰레기 같은 글을 누가 봅니까? 나는 프리드리히 니체의 철학이나 프란츠 카프카의 소설을 좋아합니다. 당신이 쓴 그런 쓰레기는 쳐다도 안 봐요.'

나는 이렇게 대꾸했다.

'내 글을 읽지도 않았으면서 쓰레기인 줄은 어떻게 알았어요?'

그가 대꾸했다.

'당신 같은 부류의 사람들이 쓰레기니까 당신들이 쓴 글도 당연히 쓰레기죠. 그러니까 읽을 필요가 없어요. 당신도 시간 있으면 니체의 논리나 카프카의 표현주의에 대해 공부해요. 그런 쓸데없는 쓰레기 책은 쓰지 말고!'

순간 화가 머리끝까지 치민 나는 전혀 논리적이지 않은 별의별 말을 다 끄집어내어 반박문을 써 내려갔다. 하지만 막상 글을 올리려는 순간 나도 모르게 헛웃음이 나오고 말았다. 나 자신이 그 사람과 똑같은 악플러로 변했다는 것을 깨달았기 때문이다. 나는 반박문을 다 삭제한 뒤 그 사람과 똑같은 악플러가 되는 것을 포기했다. 나의 이성은 무의미한 논쟁을 포기하도록 했지만 실상 마음은 내내 불쾌했다.

그 일을 통해 나는 그동안 나의 감정 제어력을 너무 과대평가한 반면에 악플러의 파괴력을 과소평가해왔음을 깨달았다. 하지만 한 가지 분명한 사실은, 내가 그 악플러와 논쟁을 벌였다면 아마도 크게 패배했을 것이라는 점이다. 상대방은 그 방면에서는 작전 경험이 풍부한 고수였을 테니까.

그날 나는 웨이보에 다음과 같은 글을 올렸다.

'싫으면 맘껏 싫어하세요. 그 대신 내가 어떻게 해야 당신을 만족시켜줄 수 있는지는 알려줄 필요 없습니다. 나는 글을 쓰는 거지, 당신 발을 주무르는 것이 아니니깐.'

이 세상에 가장 얄미운 규칙은 바로 악플러는 무죄라는 것이다. 예컨대 길거리에서 누군가가 당신에게 욕을 퍼부었다고 가정해보자. 당신이 화가 나서 그의 머리통을 한 대 갈기거나 혹은 밀어서 넘어뜨렸다면 어떻게 될까? 결과적으로 당신은 법적 책임을 져야 하는 가해자가 되고 반면에 당신에게 욕을 퍼부었던 사람은 법규의 보호를 받는 피해자가 된다.

한층 짜증 나는 사실은 악플러에게는 논리나 증거가 필요하지 않다는 점이다. 그들은 자신의 머릿속에서 만든 기상천외한 논조로 객관적 사실을 호도한다. 그들은 사실의 5분의 1만 알고, 그중의 10분의 1만 이해한다. 그리고 사고의 과정 없이 수백 배에 달하는 격렬한 반응을 나타낸다. 그들은 그저 습관적으로 길거리에서 가래를 내뱉는 것처럼 습관적으로 타인을 공격한다.

인터넷에 실린 글의 첫머리를 읽자마자 욕설을 퍼붓고, 동영상을 본 지 3초 만에 악의적인 댓글을 달고, 한마디 말 혹은 한 장의 그림에 대해서도 거침없이 욕을 퍼붓는다. 그들은 글이나 동영상을 올린 사람을 알든 모르든, 그 내용을 정확하게 이해하든 이해하지 못하든, 또 자신들의 주장이 논리적이든 그렇지 않든 상관없다. 그저 그 웹페이지에 다녀갔다는 사실을 알리기 위해 상대방의 마음에 커다란 바윗돌을 던져놓는다. 당신이 조심스레 그에게 가르침을 부탁하려고 할 때는 이미 사라지고 난 뒤다. 어쩌면 그들은 이 세상에 대고 선전포고를 하는 정서적 테러리스트인지도 모른다.

인터넷의 비호 아래 그들은 인간성의 가장 어두운 일면을 전혀 거리낌 없이 내보인다. 그리고 논리라고는 눈곱만큼도 없는 억지 주장을 펼치거나 혹은 헛소문을 퍼뜨린다. 예컨대 싫어하는 배우가 있다고 가정해보자. 이들은 그 배우가 어느 작품에 출연할 경우 그 작품을 보든 안 보든 무작정 '비추'를 누르며 나쁜 평가를 쓴다. 누군가 고층빌딩에서 자살하려고 할 때 그들은 경찰에 신고하기보다는 악의적으로 이렇게 외친다.

"어디 한번 뛰어내려 봐! 누가 놀랄까 봐?"

여성이 성희롱을 당했다는 말을 들으면 "분명 그 여자가 노출이 심한 옷을 입었을 거야!"라고 반응하고, 학생이 친구들에게 폭행당했다는 말을 들으면 "그 학생이 얻어맞을 짓을 했나 보지"라며 냉소를 내뱉는다.

이러한 악플러를 상대하는 가장 좋은 방법은 "됐어!" 하는 식의 무관심이다. 당신이 채찍을 한 대 휘두르면 그 사람도 채찍을 휘두를 것이며, 기분은 계속 엉망진창이 된다. 악플러가 욕설을 퍼붓는 이유는 사람들의 주목을 받고 또 상대방을 분노하게 만들기 위해서이다. 이는 그들의 비참한 현실이나 실패한 인생에서 유일하게 존재감을 찾을 수 있는 중요한 방법이다.

그러므로 당신이 악플러를 신경 쓸수록 그들은 한층 흥분할 것이고, 당신이 화를 낼수록 그들은 한층 즐거워할 것이다. 그와 맞서 욕을 퍼부으면

악플러가 욕설을 퍼붓는 이유는
사람들의 주목을 받고 또 상대방을 분노하게 만들기 위해서이다.
이는 그들의 비참한 현실이나 실패한 인생에서
유일하게 존재감을 찾을 수 있는 중요한 방법이다.

그들을 자극해 극도로 흥분하게 만드는 결과를 가져온다. 설령 그들을 차단해도 오히려 자신들이 그만큼 가치가 있다고 여긴다.

중국의 만담꾼 궈더강은 악플러를 상대하는 것에 관하여 이렇게 풍자했다.

"나는 과학자에게 이렇게 말했다. '그 로켓용 액체연료는 안 되겠어요. 내 생각에는 마땅히 땔감을 써야 해요. 석탄이 가장 적합하겠어요. 그중에서도 정탄(精炭, 불순물이 제거된 고품질 석탄)이 좋아요, 세척탄(洗滌炭)은 안 돼요.' 만일 이때 과학자가 정색하고 나를 상대했다면 그는 나에게 졌을 것이다."

악플러와의 전쟁터는 그 사람 혼자 자유롭게 쓰도록 내버려두라. 당신은 말 탄 김에 경치 좋은 곳으로 가서 기분전환이나 하라. 악플러는 무시하는 것이 가장 확실한 반격이다.

당신을 향해 미친 듯이 짖어대는 개들에 일일이 돌을 던진다면 영원히 목적지에 이를 수 없다.

'웅변증'에 걸린 환자가 병원을 찾아갔다. 의사는 대단히 예의 바르게 환자에게 말했다.

"앉으세요."

환자는 불쾌한 듯 대꾸했다.

"내가 왜 앉아야 하죠? 앉지 않아도 되는 나의 권리를 박탈하는 겁니까?"

이렇다 할 방법이 없던 의사는 물 한 잔을 따르며 말했다.

"먼저 물 한 모금 마시지요."

환자가 말했다.

"이런 말을 하는 것은 좀 단편적이지만 이 세상의 모든 물이 다 마실 수 있는 건 아닙니다. 당신이 물속에 산화칼륨을 섞었다면 절대로 마시지 않겠어요."

의사가 말했다.

"이 물에 어떤 독약도 안 탔어요, 걱정하지 마세요!"

환자가 말했다.

"누가 당신이 독약 탔다고 했나요? 아무렴 당신이 독약을 탔다고 내가 무고한다는 겁니까? 검찰청에서 당신이 독약을 넣었다고 기소한대요? 난 당신이 독약을 탔다고 말한 적 없어요. 내가 독약을 탔다고 말한 건 당신이에요. 이거야말로 더 지독한 독약을 탄 거나 다름없네요!"

의사는 한숨을 내쉬며 화제를 바꾸었다.

"오늘은 날씨가 좋네요."

환자가 말했다.

"그야말로 헛소리네요! 여기 날씨가 좋다고 해서 전 세계의 오늘 날씨가 좋은 건 아니죠. 가령 북극은 오늘 날씨가 아주 안 좋아요. 눈 폭풍이 불고 길고 긴 밤이 계속되고 있으며, 빙산은……."

의사는 더 이상 참지 못하고 이렇게 반박했다.

"여긴 북극이 아니잖아요."

그러자 환자가 말했다.

"그렇다고 북극의 존재를 부정해서는 안 되지요. 당신이 북극의 존재를 부정하는 것은 사실의 참모습을 왜곡하는 겁니다. 다른 꿍꿍이 속셈이 있는 거지요."

의사가 포기한 듯 말했다.

"오늘 진료는 끝입니다. 그만 돌아가세요."

환자가 말했다.

"당신은 내게 돌아가라고 명령할 권리가 없어요. 여긴 병원이고, 병원은 공공기관이지 않습니까? 당신은 나를 체포할 권리도 없고, 나를 총살할 권리는 더더구나 없어요."

여러 방면으로 조사해보니 환자에게는 과거 량샤오(문화혁명 과정에 명성을 날린 베이징대학과 칭화대학 학자들이 조직한 작가팀)의 일원으로 활동한 전적이 있었다. 아마도 그때의 후유증이 남아 있었던 것으로 예상된다.

잔혹한 현실은, 황소 뒷걸음치다가 쥐 잡는 행운은 매우 드물지만 말이 통하지 않는 사람을 만나는 경우는 허다하다는 점이다. 무릇 어떤 일을 증명하는 데는 논리와 증거가 필요하다. 하지만 부정하는 데는 "아무튼 내 생각에는 틀린 것 같아"라는 한마디면 족하다.

언쟁을 즐기는 사람은 종종 승부욕이 강하면서도 그다지 도량이 넓지 않다. 그들은 자신의 세계에만 갇혀 살며 타인의 포용과 인내에 익숙하다. 매사 자기중심적으로 생각하며 본능적으로 모든 것을 반박한다. 심지어 충분한 사고 과정조차 거치지 않고 무작정 반박한다. 이러한 사람들과 마주쳤을 때는 진지하게 상대하거나 무언가를 증명할 필요가 없다. 그저 피하는 것이 상책이다.

누군가가 어느 학자에게 "삼 곱하기 칠은 이십팔입니다"라고 말했다. 학자는 "삼 곱하기 칠은 이십일입니다"라고 정정해주었고, 이 일로 재판까지 하게 되었다. 판사는 학자에게 곤장 20대를 치라고 판결했다. '3 곱하기 7은 28'이라고 우기는 사람과 논쟁을 벌이는 당신이 더욱 어리석으니 마땅히 벌을 받아야 한다는 것이었다.

그렇다. 살다 보면 손바닥만 한 견식을 가진 사람이 있다. 그들에게 바다는 어떻다는 둥 산은 어떻다는 둥 좀 더 넓은 세상을 장황하게 설명할 필요가 없다.

상대방과 수준이 안 맞는다고 판단될 때는 억지로 대화하지 마라. 억지로 그 사람과 친구가 될 필요도 없다. 오히려 멀찌감치 떨어져 거리감을 둔다면 상대방에게 신비감을 느낄 수도 있어서 마음이 편하다. 굳이 상대방의 턱밑까지 다가가 언쟁해서 서로 불쾌감을 느낄 필요가 있겠는가? 그래봤자 한 사람은 여전히 자신의 말이 이치에 타당하다고 자기합리화할 것이고, 또 다른 사람은 짜증 나고 답답할 뿐이다.

그 어떤 대화이든 기본적 사실에 서로 동의하지 않는다면 대화를 지속할 필요가 없다. 쌍방 모두 각자가 상상하는 '사실' 속에 머물러 있기에 대화를 나눌수록 서로의 격차만 커질 뿐이다. 현대무용가이자 방송인인 진싱은 말했다.

"당신의 길만 묵묵히 가라. 당신이 산 정상에 올랐을 때 그들은 아직도 산기슭에서 끊임없이 지껄이고 있을 것이다. 당신이 일출과 일몰의 아름다운 경치를 감상하는 동안 그들은 자신들이 내뱉는 침방울의 향연을 누릴 뿐 당신에게 그 어떤 상처도 입히지 못한다."

마찬가지로 중요한 한 가지가 또 있다. 오해로 말미암아 당신을 공격하는 사람들이 사실의 내막을 알게 된 후에 양심의 가책을 느끼며 사과할 것이라는 헛된 희망은 품지 마라. 그들은 절대로 그럴 리가 없다. 그들은 한층 더 집요하게 트집을 잡을 것이며 당신의 실수나 결점이 드러나면 손톱을 곤추세우고 공격하며 이렇게 말할 것이다. "당신에 대한 모든 공격은 사실에 기반한 것이다"라고. 그러니 그런 사람들과 마주치면 무조건 도망쳐라!

상대방이 당신을 바보라고 여긴다면 그 사람 앞에서는 바보처럼 굴어라. 어차피 시간은 남아도니 그를 상대로 놀아보는 것도 좋다!

한 가지 재미난 놀이가 있다. 한가할 때 웨이보에 들어가서 각종 시사 뉴스의 댓글창을 들여다보면 별의별 '독특한 4차원의 세계'를 가진 악플러를 발견할 수 있다. 그들의 SNS를 들여다보면 그 사람의 생활 모습을 대충 살펴볼 수 있는데, 대부분 사회적으로 잘나가는 축에 들지 못한다는 것을 알 수 있다.

이 악플러들은 공통적으로 한 가지 특징을 증명하고 있다. 바로 그들의 생활이 팍팍할수록 악플의 강도도 더욱 격렬하며 그렇게 비례관계를 이룬다는 점이다!

16

성모마리아가 되고 싶다면
먼저 솔선수범하라

옛날 약재상 앞에는 이런 글이 걸려 있었다.

'모두가 건강을 되찾을 수 있다면 약재상을 운영하지 않아도 무방하다.'

요즘 약국에서는 확성기로 이렇게 홍보하곤 한다.

"회원들은 오십 퍼센트 할인 가격으로 우대합니다."

얼핏 들으면 약국이 아니라 아이스크림 가게라는 착각이 들 정도다.

고대의 약재상이 지금의 약국보다 더 품격 있고 고상한 걸까? 합법적인 영업허가증과 이윤추구의 권리를 가진 약국들은 옛날 사람들처럼 '조용하고 겸손하게' 영업해야 하는 걸까?

물론 아니다! 내 코가 석 자라서 나를 돌보기에도 벅찬 이 시대에 우리는 그저 스스로에게만 엄격하면 된다. 남들에게 양심적이고 순수하라고 강요할 것이 아니라 그저 자신의 힘닿는 대로 청렴하고 깨끗한 세상을 만들어가면 된다.

가장 웃긴 것은 정작 자신은 추악하고 불결하기 짝이 없으면서 세상 사람들에게는 깨끗하고 청렴하라고 요구하는 이들이다.

먼저 가슴 아픈 실화를 들려주고자 한다.

이 이야기의 주인공은 젠즈청으로, 그녀는 동물병원 의사이다. 어릴 때부터 동물을 좋아했던 그녀는 수의학과를 졸업한 뒤 유기견 보호센터에서 7년째 근무하고 있었다. 근무 첫날 그녀는 학교 수업에서 배우지 못했던 놀라운 현실을 깨닫게 되었다. 유기견 보호센터에서는 유기견을 돌보고 치료하는 것 외에도 장기간 분양이 안 되는 유기견들을 안락사시키고 있었다.

처음 그녀는 도무지 이해할 수가 없었다. 거리를 떠도는 유기견들의 생명을 지켜야 하는 의사가 왜 그들의 생명을 빼앗는 사신(死神)의 역할을 하는 걸까? 하지만 불과 3개월 만에 유기견 센터에 무려 1,700마리의 유기견이 들어오는 걸 보면서 그녀는 차츰 이해하기 시작했다. 그녀가 근무하는 유기견 센터에서 수용 가능한 동물 수는 300마리에 불과했다. 유기견들이 좁은 공간에서 장기간 갇혀 지낼 경우 좋은 보살핌과 치료를 받지 못할 뿐만 아니라 서로 물고 뜯으며 싸우거나 교차 감염이 발생할 확률이 높았다. 그와 동시에 유기견 센터의 한정된 인력과 운영비로는 나날이 증가하는 동물들을 감당할 여력이 없었다. 다시 말해서 수용하는 유기견의 숫자가 늘어날수록 동물의 생존 환경은 더욱 악화될 수밖에 없는 구조였다. 그래서 부득이하게 안락사를 시킬 수밖에 없었던 것이다.

처음으로 선배와 함께 고양이에 안락사 주사액을 주입했던 그날 젠즈청은 밤새 울었다. 그 후 젠즈청은 유기견들의 털을 밀고 사진을 찍은 뒤 인터넷에 올리기 시작했다. 그녀는 유기견들이 새로운 주인을 만날 수 있도록 '유기견 분양' 홍보에 전력을 다했지만 효과는 미미했다. 새로운 주인에게 분양되는 유기견보다 버림을 받아 입소하는 유기견의 수가 월등히 많았기 때문이다.

그녀 앞에는 두 가지 선택밖에 없었다. 유기견 센터를 떠나서 동물병원에서 마음 편하게 일하든가, 아니면 자신의 손으로 유기견들의 생명을 끊어야 했다. 그녀는 후자를 선택했다. 그녀가 아니더라도 그 잔인한 일은 다른 사람에 의해 계속될 것이 분명했다. 그럴 바에는 자신이 직접 불쌍한 유기견들을 최대한 편안하게 떠나보내고 싶었던 것이다.

그래서 젠즈청은 매주 동료와 함께 '안락사 명단'에 오른 유기견에게 먹이를 주고 함께 놀아준 뒤 마지막에는 수술대 위로 보내는 일을 반복했다. 그녀는 유기견 센터 안에 '동물영혼비'을 만들어 안락사한 동물들을 위해 기도를 올렸다. 그렇게 2년 여의 시간이 흐르는 동안 그녀는 총 700여 마리의 유기견을 안락사시켰다.

그런데 어느 날 누군가에 의해 그러한 사실이 인터넷에 폭로되었다. 일순간 수많은 사람의 원성과 저주의 목소리가 쏟아졌다. 어떤 이는 젠즈청을 '도살자'라고 부르며 어떻게 그런 잔인한 짓을 저지르느냐며 비판을 쏟아냈고 또 어떤 이는 그녀를 인간으로서 최소한의 양심도 없는 '냉혈 망나니'라고 매도했다.

젠즈청은 자신의 억울함을 해명하기도 했고, 또 안락사를 시행할 수밖에 없는 고충을 설명하기도 했다. 하지만 그 누구도 그녀의 부득이한 고충에 귀를 기울이지 않았다. 인터넷에서는 젠즈청을 처벌해야 한다는 목소리가 나날이 거세졌다. 결국 이제 막 신혼생활을 보낸 젠즈청은 사회적 압력을 견디지 못한 채 동물 안락사용 주사로 서른두 살의 젊은 목숨을 스스로 마감했다.

젠즈청은 유서에 '생명은 모두 똑같다!'라는 말을 남겼다. 그녀는 유기견들과 똑같은 방식으로 선택한 죽음을 통해 세상 사람들에게 인간의 생명과 유기견의 생명은 똑같다는 사실을 알렸다.

사실 젠즈청은 그 누구보다 더 동물을 사랑했으며, 그 누구보다도 더 나약하고 불쌍한 동물들의 생명을 아끼고 존중했다. 불쌍한 유기견에게 잔혹한 죽음을 안길 때 그녀가 느꼈을 고통은 그 누구도 경험해보지 못한 것이었다. 그럼에도 유기견들을 위해 아무런 도움을 베풀지도 않고 유기견들의 죽음에 고통 분담조차 하지 않은 이른바 '사랑 넘치는 동물애호가'들은 자신들의 호불호와 상상력으로 최고의 도덕성을 가진 사람인 양 그녀를 맹렬하게 공격하여 죽음으로 내몰았다. 사실 유기견을 죽인 것은 그 수의사가 아니라 키우다 버린 견주들이다. 또한 그 수의사를 죽인 것은 독약이 아니라 무책임한 사람들이 제멋대로 지껄이며 내뱉는 침이었다.

난 그들에게 말하고 싶다. 당신이 그처럼 선량하다면 당신 집에서 키우는 애완동물을 좀 더 사랑으로 보살피며 책임을 다하라고! 그러고 난 뒤에 주변 사람들에게 호소하라고! 함부로 애완동물을 버리지 말라고! 애완동물을 '유기'하는 것은 바로 '죽이는 것'과 똑같다고!

유기동물을 위해 무언가 하고 싶다면 후원금을 기부하거나 애견용품을 기증하거나 혹은 자원봉사 활동을 할 수 있을 것이다. 설령 도와줄 능력이 없어서 그저 묵묵히 응원만 보내는 입장이라도 최소한 좀 더 많은 사람에게 유기견의 실태를 널리 알리는 홍보 일을 도울 수 있다. 다만 당신의 싸

구려 정의감으로 그토록 유기견을 위해 노력하고 있는 사람들을 해쳐서는 안 된다.

무릇 자신의 정의로 타인의 정의를 무너뜨려서는 안 된다! 당신이 성공과 명성을 얻고 또 주변의 각종 유혹에도 흔들리지 않아야만 비로소 스스로를 '정직한 사람'이라고 말할 자격이 있다. 당신이 솔선수범하고 또 수많은 무질서한 상태에서도 선량함을 유지할 수 있을 때 비로소 스스로를 '좋은 사람'이라고 말할 수 있는 것이다. 바꿔 말하면, 타인의 불완전성을 발견하고 그들이 공명정대하지 않고 고상하지 않다고 지적하는 것은 자랑스러운 일이 아니다. 하지만 자신의 능력 부족이나 생각 부족을 깨닫는다면 그것은 칭찬할 만한 일이다.

'자기가 싫은 일은 남에게 강요하지 않으며, 자신이 할 수 없는 일을 남에게 미뤄서는 안 된다'고 했다. 말로는 인의(人義)와 도덕을 강조한다고 해서 그 사람이 인의도덕을 행하는 사람이라고는 할 수 없다. 반대로 진실하고 선량하고 아름다운 것을 언급하지 않는다고 해서 그 사람이 진실하지 않다거나 선량하지 않다거나 아름답지 않다는 의미는 아니다.

사실 우리는 살아가면서 날마다 갖가지 '도덕성 시험'을 치른다. 그 시험에서 빵점을 받는 사람도 있고, 59점을 받는 사람도 있고, 80점을 받는 사람도 있고, 99점을 받는 사람도 있다. 저마다 다른 점수를 받는 것은 매우 정상적인 일이다. 하지만 그중에는 자신의 점수가 몇 점인지는 아랑곳하지 않고 무작정 남들에게 "왜 그 점수밖에 못 받았어?"라고 지적하는 사람이 있다. 이들의 교만함은 그들의 우둔함과 비례한다!

나는 그들에게 묻고 싶다. 당신은 도덕성의 최고 정상에 서 있다고 자부하는데 춥지는 않나?

아르바이트로 구매 대행을 하는 대학 2학년 여학생이 내게 이런 이야기를 들려줬다. 어느 날 그녀가 사놓은 립스틱을 룸메이트가 두 번이나 사용했다. 룸메이트는 포장지를 뜯어버린 립스틱을 구매하기는커녕 "한번 테스트해봤어"라는 말로 상황을 모면하려고 했다. 이에 그녀가 배상을 요구하자 기숙사의 친구들이 오히려 그녀에게 치사하다고 한목소리를 냈다. '기숙사의 평화와 단결을 지키는 데 신경을 써달라'며 오히려 그녀를 만류한 것이다.

　여학생은 억울해하며 내게 이렇게 말했다.

　"립스틱은 내 서랍에 있었고, 그 서랍은 굳게 닫혀 있었어요. 난 친구들에게 그 립스틱을 자랑하지도 않았고 또 멋대로 사용해도 된다고 허락하지도 않았어요. 걔들은 날마다 TV 드라마나 보고 인터넷 게임을 하거나 쇼핑을 하며 편안한 생활을 누리고 있어요. 내가 생활비를 벌기 위해 구매 대행을 하는 고충은 전혀 알아주지도 않아요. 또 그 립스틱 두 개를 구매하기 위해 내가 두 주의 시간을 투자한 것도 알지 못해요. 그러고선 나더러 속이 좁다고 치사하다고 지적을 하는데, 정말 내가 잘못한 건가요?"

　나는 이렇게 대답했다.

　"당신은 잘못한 것도 없고 또 요구도 매우 합리적이었어요. 기숙사 친구들이 관대하고 아량이 넓었다면 당신에게 속이 좁다고 매도하지 않고 돈을 모아 립스틱 비용을 배상했겠죠."

　한도 끝도 없는 관용은 없어도 무방하다. 또한 원칙이 없는 단체주의는 없느니만 못하다.

　한 젊은 외과 의사는 내게 이런 이야기를 들려줬다. 어느 날 그는 에이즈에 걸린 환자의 수술을 거부했다가 수많은 사람에게 모진 욕을 들었다. 그의 설명은 이랬다.

"의사는 모두가 히포크라테스 선서를 합니다. 죽음에 처한 사람을 구조하고 다친 사람을 돌보는 것을 업으로 삼는 거지요. 하지만 의사도 일반 사람과 똑같아요. 한 부모의 자식이고, 또 어린 자녀의 부모입니다. 수술하다 손이 미끄러지기만 해도 목숨이 위태로울 수 있는데 아무럼 두렵지 않겠습니까?"

그는 내가 이해하지 못할까 봐 수술의 위험성에 대해 좀 더 자세히 설명해주었다.

"수술할 때 메스에 손을 베는 일은 매우 허다합니다. 어떤 보호조치를 해도 날카로운 메스를 피할 수는 없어요. 그래서 완벽한 설비와 풍부한 경험이 있다는 전제 없이 에이즈 환자를 수술하는 것은 상어가 있는 수영장에 뛰어드는 것과 같습니다. 사실 우리 병원에는 그러한 수술을 할 만한 하드웨어가 충분히 갖춰져 있지 않습니다. 게다가 저 역시 그런 수술을 한 경험이 없고요. 그런데 환자와 전반적인 상황을 모르는 일부 사람은 환자를 돌보는 건 의사의 천직이라고만 강요합니다. 제가 잘못한 겁니까?"

나는 이렇게 대답했다.

"당신은 잘못이 없어요. 환자를 돌보는 것은 의사의 천직이지만 그렇다고 목숨을 버릴 수는 없지요."

우리는 모두 교육을 받은 사람들로서 고상의 의미도 알고 또 고상한 행위를 널리 찬양하기도 한다. 하지만 도덕성을 앞세워 타인에게 고상한 품격을 유지하라고 강요할 수는 없다. 누군가에게 도움을 요청할 때는 상대 입장에서 문제를 생각해봐야 한다. 그렇지 않으면 그건 '요청'이 아니라

'협박'이다.

이 세상에서 가장 짜증 나는 부류는 그 일의 자초지종이나 이해관계를 정확히 알지도 못하면서 타인에게 후한 인심을 베풀라고, 고상해지라고 요구하는 이들이다. 도덕성을 인질로 삼는 사람들은 보편적으로 타인의 아량을 제 것인 양 평평 써댄다. "당신들은 부자면서 왜 자선기관에 기부금을 내지 않나요?"라고 말할 수 있는 사람은 아마도 돈이 한 푼도 없는 가난뱅이일 것이다.

"넌 정말 낭비가 너무 심해. 그렇게 비싸게 주고 사 온 게 내가 사 온 값싼 물건이랑 뭐가 다르냐?"

걸핏하면 이런 말을 하는 사람은 아마 자신이 그토록 멸시하는 '값비싼 물건'을 한 번도 써본 적이 없는 사람일 것이다. "아줌마들이 광장에서 단체로 사교댄스를 배우는 것은 정상적인 일이야"라고 말하는 사람은 고막을 터뜨릴 듯한 스피커가 자신의 집 대문 앞에 설치되어 있지 않기 때문에 그런 말을 할 수 있는 것이다. "어린 애처럼 굴지 마라"라고 말하는 사람은 망가뜨린 장난감이나 장식품이 자신의 돈으로 산 것이 아니기 때문에 그런 말을 할 수 있는 것이다. "너는 ~하기 때문에 물불을 가리지 말고 앞으로 돌진해야 한다"라고 말하는 사람은 그 일에 대한 위험부담을 함께 분담할 필요가 없기 때문에 그런 말을 할 수 있는 것이다.

그러므로 당신은 그저 두 가지 일만 확실히 하면 된다. 하나는 무엇이 옳은지를 알았을 때 그 일을 단호하게 추진하는 것이고, 또 하나는 무엇이 더 좋은 것인지를 알았을 때 다른 사람에게 선택을 강요하지 않는 것이다. 입안에 포도를 넣은 사람만이 포도가 시다고 말할 자격이 있다. 입장 바꿔 상대방의 관점에서 생각하고 느껴야만 "공감한다"라고 말할 자격이 있다.

도덕을 법률에 적용하면 모든 법률을 피할 수 있고, 도덕을 법조인에게 적용하면 모든 사적인 형벌을 없앨 수 있다.

언젠가 에이즈에 관한 설문 조사를 본 적이 있다. 조사 결과 설문 응답자의 95퍼센트 이상은 에이즈가 공기를 통해 전파되지 않는다는 사실을 알고 있었다. 하지만 '에이즈 환자와 함께 학교 다니거나 한 회사에서 근무할 수 있습니까?'라는 질문에는 95퍼센트 이상이 '싫다'라고 대답했다. 공포심이 차별을 의미하지는 않는다. 하지만 내가 일깨우고 싶은 점은 누구나 공포심을 느낄 수 있다는 사실이다.

실생활에서 타인에게는 성인군자의 잣대를 들이대면서 정작 자신에게는 평범한 기준을 요구하는 이가 많다.

도덕성이란 무엇인가? 착한 척 안 하고 위선자 노릇을 하지 않으면 도덕성을 갖췄다고 말할 수 있다. 그렇다면 착한 척하는 사람은 어떤 사람일까? 바로 정작 자기는 황당무계한 행위, 태도, 방식으로 문제를 해결하면서 피해자의 잘잘못을 따지고 드는 사람이다. 그렇다면 위선자란? 바로 그 사실이 자신에게 유리하면 사실을 강조하고, 법률이 자기에게 유리하면 법률을 앞세우고, 도덕성이 자기에게 유리하면 도덕성을 내세우는 반면, 자신에게 불리하면 무작정 탁자를 치며 항의하는 이들이다.

비유를 들자면, 당신이 수영도 못하는데 실수로 물에 빠졌을 때 물가에 있는 사람이 도와줄 생각은 않고 당신에게 "몸을 많이 움직이지 않으면 언젠가는 물 위로 뜰 겁니다"라고 말만 하는 것이다. 그 사람은 당신이 이대로 두면 곧 물에 빠져 죽을 거라는 사실에는 전혀 개의치 않는다. 그러므로 당신에게 성인군자의 잣대를 들이미는 사람에게는 이렇게 읊어주라.

"한순간만 참으면 모든 일이 평온해지는데 당신은 왜 참지 못하는가? 한 걸음 뒤로 물러서면 천 길 낭떠러지인데 내가 왜 물러서나? 제발 입 좀 다물라."

설득하는 데 가장 효과적인 방법은 무력으로 위협하는 것도, 도덕성을 인질로 삼는 것도 아니다. 바로 자신이 정확하다고 생각하는 일을 끝까지 고수하는 것이다. 정의를 지키는 가장 중요한 조건은 목소리 크기도 도덕의 고상함도 아니다. 자기 스스로 강해지는 것이다.

작가 쑤친이 웨이보에 올린 말 그대로다.

'당신이 부처님과 같은 아량을 갖고 있다면 사자와 같은 힘도 가져야 한다. 그래야만 가족을 보호할 수 있고, 남들에게 무시당하지 않으며, 돈을 벌어 가족을 부양할 수 있다. 그렇지 않고 성격만 좋다면 남들 눈에는 배알도 줏대도 없는 사람으로만 보인다. 불가에는 미치광이처럼 웃어 젖히는 미륵도 있고, 항마저(降魔杵)를 휘두르는 위타(韋陀) 보살도 있다. 금강(金剛)의 노여움 없이는 보살의 자비도 없다.'

그러므로 여론의 홍수에 휩쓸려서는 안 된다. 자칫하면 '논쟁'의 잿더미로 희생될 수 있는 요즘 같은 시대에 우리가 스스로를 살피고 자제하는 것이야말로 나쁜 관습과 추악함에 대적하는 가장 좋은 방법이다. 또한 체력을 단련하여 당신에게 좌석 양보를 강요하는 사람, 멋대로 새치기를 하는 사람들을 단호하게 밀어제쳐야 한다. 충분한 돈을 벌어서 당신에게 결혼을 강요하고, 당신 인생에 왈가왈부하는 사람들이 함부로 간섭하지 못하도록 해야 한다. 노력해서 우수한 인재가 되어 당신을 못마땅하게 여기는 사람이 함부로 당신을 괴롭히지 않도록 해야 한다.

[PART 4]

미안하지만
당신의 청춘은 이미
잔액 부족 상태이며
충전도 할 수 없다

17

실패는 성공의 어머니이지만,
성공은 무정하기 짝이 없다

대학 졸업이 두 달 앞으로 다가오면서 아하오는 사나흘에 한 번씩 나에게 소식을 전해왔다. 예컨대 좋아하는 여학생이 SNS에서 나를 차단했는데 그 이유를 모르겠다, 사소한 일로 가족과 말다툼을 벌였는데 너무 억울하다, 룸메이트가 나를 싫어하는데 아무래도 무시하는 것 같다, 서른 곳이 넘는 회사에 이력서를 넣었지만 단 한 곳도 서류심사에 통과하지 못했다, 보름 동안 간장소스 하나를 반찬 삼고 있다. 라면 다섯 봉지로 1주일을 버틸 수 있다, 양팔을 뻗으면 방의 크기를 알 수 있다 등등의 내용이었다.

아하오는 자신이 타고난 재능도 없고 외모도 뛰어나지 않으며 가정 배경도 좋지 않다고 원망했다. 또 이 세상이 너무 냉혹하고 실리적이며 사람들은 이해타산적이라고 증오했으며, 자신이 하고 싶은 일을 할 기회가 없다고 속상해했다.

나는 문득 호기심이 생겨서 그에게 하고 싶은 일이 무엇이냐고 물었다.

뜻밖에도 그는 이렇게 대답했다.

"그저 단순하고 편안하게 사는 거죠."

나는 이렇게 반문했다.

"그다음은? 삼, 사십 대가 돼서도 낮은 직급에서 쥐꼬리만 한 월급을 받으며 이제 막 대학을 졸업한 당신보다 열 살이나 어린 새내기들과 술을 마시면서 말인가요?"

나는 아하오가 왜 그처럼 절망적이고 황폐한 삶을 살아가는지 알고 있다. 그건 미지의 기회를 얻기 위해 힘들고 고된 노력을 하지 않기 때문이다. 그럭저럭 체면치레하며 쉬운 길만 찾고 기회를 얻을 수 있는 길목의 입구는 찾지 않았다. 그는 대학 시절 따분하게 시험답안을 줄줄 외워대며 그저 '낙제점을 면하는 성적'을 얻기 위해 고군분투했다. 대부분의 시간을 인터넷 게임에 투자하여 비록 게임의 승자가 됐을지언정 현실에서는 여전히 실패자를 면하지 못했다. 대학 졸업 후에는 중소기업을 못마땅하게 여기며 대기업에 취직할 궁리를 했지만 딱히 그를 받아주는 곳은 없었다. 일상적인 업무는 거부감을 느끼면서도 막상 창의성을 요하는 업무에는 경험이 없었다. 그 결과 그는 아름다운 환상과 잔혹한 현실 사이에 갇히는 신세가 되고 말았다. 그는 "지지리 운도 없고, 이렇다 할 가정 배경도 없고, 타고난 재능도 없다"며 투정이나 부리며 실의에 빠진 생활을 하고 있다.

내가 하고 싶은 말은 이것이다. 사실 무능력자가 되는 데도 엄청난 재능이 필요하다. 당신처럼 평범한 사람은 그저 노력하면서 살아가는 것이 어울린다!

대학생활이 무서운 것은 따로 있다. 문제는 돈이 없거나 친구가 없거나 성적이 나쁜 것이 아니다. 얼핏 보기에는 대학 입시를 준비하던 시절처럼 숨 막히거나 긴장되지도 않고 오히려 휴가를 즐기는 것처럼 평온하고 즐겁기만 하다. 하지만 위험은 종종 보이지 않는 가운데 도사리고 있는 법이다.

대학생활을 하는 동안 당신은 그 어떤 사회적 책임을 질 필요가 없다. 시간 대부분을 자유로이 즐길 수 있고 또 이성 교제를 하며 젊음을 만끽할 수 있다. 무엇보다도 당신의 미래에는 무한한 가능성이 열려 있다.

대학생활은 크나큰 자유를 주는 동시에 당신의 날카로움을 무디게 하고 인내심을 시험하며 꿈을 소비하도록 한다. 졸업 시즌이 다가오면 당신이 인간적으로 충분히 성숙되어 있든 없든 상관없이 사회로 공급되는 인력자원으로 수확의 대상이 된다! 실리적인 세계는 진즉부터 아가리를 벌린 사자처럼 호시탐탐 교문 밖에서 당신을 기다리고 있다.

그런데 당신은 어떠한가? 아마 당신이 상상한 대학생활은 이러했을 것이다. 시끌벅적한 동아리 모임 등 풍성한 사교 활동을 한다. 도서관에서 조용히 좋아하는 책을 읽는다. 자기계발을 위해 실질적인 공부를 한다. 풋풋하고 아름다운 첫사랑의 추억을 만든다. 의기투합이 잘되는 기숙사 룸메이트를 만든다. 그 어떤 스트레스나 억압 없이 즐거운 생활을 충실히 누린다!

하지만 실제 대학생활은 전혀 다르다. 처음 17주 동안에는 유치원에 입학한 어린아이처럼 어리둥절한 가운데 시간을 보내고, 마지막 1주일은 대학 입시를 치르는 전날처럼 시험 준비로 분주하다. 이성은 많지만 마음 맞는 연인을 찾을 수 없다. 시험은 주로 오픈북 테스트로 이뤄지지만 정답을 찾기가 힘들다. 강의 시간에는 항상 지각하기 일쑤다. 강의 노트는 종종 잊어버리면서도 스마트폰을 잊은 적은 없다. 기숙사생활로 새로운 룸메이트를 만나지만 마음을 터놓는 친구는 오랜 친구 서너 명에 불과하다. 수중에 용돈은 항상 부족하지만 미래에 무한한 환상을 품고 있다. 그 결과 당신은 이 도시, 이 학교, 이곳의 사람들 속에서 무시당한다. 모두들 당신의 기분을 불쾌하게 만들고 사사건건 트집을 잡는다.

우리는 누구나 가슴 아픈 사연과 불만을 갖고 살아가며 또 누구나 수긍이 가는 '좋은' 핑곗거리가 있다. 저급한 몇 가지 이야기만 듣고 행운이나 배경, 인맥이 노력보다 더 중요하다고 여기며 노력을 포기해서는 안 된다. 또한 남들은 이미 두 바퀴째 돌고 있는데 이제야 여유만만하게 경기장에 등판하고서는 그들과 똑같은 출발선상에 있다고 착각해서도 안 된다. 크나큰 결심으로 고향을 떠나 낯선 타향에 왔으면서도 노력할 생각을 않는 당신은 그저 이 대도시에 잠입한 스파이인가?

당신이 외운 그토록 많은 명언과 격언 중에서 단 한 마디만 실행에 옮겨도 당신의 인생은 지금과 완전히 달라질 것이다. 다만 그 많은 명언과 격언을 달달 외우면서도 무의미하고 황폐한 삶을 살아가는 것이 걱정스러울 뿐이다.

그런 사람들에게는 이렇게 말하고 싶다. 지금의 썩어 문드러진 나날과 엉망진창인 당신은 그야말로 천생연분이라고 말이다.

정샤오시는 대학을 졸업한 직후 결혼했다. 결혼하자마자 첫아이를 낳았고, 또 얼마 지나지 않아 둘째를 낳았다. 아이를 돌보고 가정을 꾸리는 지난 7년 동안 그녀는 전업주부로 살았다. 그녀의 처지를 한마디로 표현하자면, 꿈속에서는 아직 시험 답안을 제출하지도 않은 학생인데 깨고 보니 두 아이의 엄마가 되어 있었던 셈이다. 그러한 생활은 한가하다면 한가한 나날이었다. 아이를 돌보고, 집안일을 하고, TV를 보고, 쇼핑하고……. 하지만 그러한 생활이 장시간 이어지고 특히 두 아이가 연달아 학교에 입학하면서 정샤오시는 점점 삶이 무료하게 느껴졌다.

그녀는 나에게 이렇게 털어놨다.

"누구든 한눈에 봐도 전업주부로 보이는 그런 생활을 지내다가 문득 주변의 친구들을 보니 하나같이 충실하고 풍요로운 싱글생활을 만끽하고 있더라고요. 나 혼자만 시간을 축내며 살고 있었어요."

나는 그녀를 위로하며 말했다.

"아마 당신이 바쁘게 살고 있는 친구들을 부러워할 때 정작 그 친구들은 가정생활을 꾸리며 여유롭게 살고 있는 당신을 부러워할 겁니다."

그녀가 말했다.

"하지만 시간이 가면 갈수록 내가 인생을 허비하며 허송세월하고 있다는 생각이 들어요. 사실 난 오래전부터 커피숍을 차리는 것이 꿈이었어요. 그런데 이미 수년 동안 전업주부로만 살아서 사회생활에 대한 감각도 떨어지고 이제 와서 경영관리를 배우기에는 너무 늦은 것 같아요."

난 이렇게 말했다.

"사실 지금 전업주부의 생활을 편안하고 만족스럽게 보내고 있다면 그건 커피숍을 운영하는 것과 똑같아요. 가정을 돌보는 것은 가게를 관리하는 것과 마찬가지이기 때문에 성공한 삶을 살고 있다고 할 수 있어요. 결코 허송세월하며 인생을 낭비했다고는 할 수 없지요. 하지만 지금의 생활이 싫고, 또 즉흥적이거나 일시적인 푸념이 아니라 정말로 이루고자 하는 목표가 확실하다면, 지금이라도 빨리 시작하세요. 현재의 생활에 만족도 못하면서 이러지도 저러지도 못하며 지내는 것이야말로 인생을 낭비하는 거지요."

'늦었다'라는 말을 할 때는 항상 확신이나 단정적인 어조로 말하면서 '늦지 않았다'라는 말을 할 때는 '내 생각에는' 혹은 '내 느낌에는'이라는 말이 붙는다.

대다수 사람은 이렇다. 앞으로 나아가자니 자신감이 부족하고, 또 뒤로 물러나자니 딱히 물러날 길을 찾지 못해 그저 우물쭈물 마지못해 작은 걸음을 내딛고는 다시 뒤를 돌아본다. 이제 막 걸음마를 배우는 아이들처럼 앞에 놓인 사탕을 간절히 원하면서도 뒤에서 부축해주는 엄마나 아빠 품으로부터 쉽게 빠져나오지 못한다.

당신은 어떤가? 한때 그토록 갈망하던 것들이 이젠 아무런 느낌조차 없는가? 인생이 고달프고 운명이 불공평하다는 것을 깨닫고는 모든 것에 무감각해졌는가? 이젠 그 어떤 일에도 습관적으로 위축되는가?

걸핏하면 자기 회의감에 빠지는 악순환을 겪고 있는가? 예컨대 1분 전까지는 '이 망할 곳에서 벗어나자'라고 마음먹었다가도 1분 후에는 '내가 어디를 갈 수 있겠어?'라며 포기한다. 1분 전까지만 해도 '그와 헤어지자'라고 결심했다가도 1분 후에는 '내가 어디 가서 저 사람보다 더 나은 사람을 만날 수 있겠어?'라고 생각한다. 1분 전까지는 '지겨운 이곳을 떠나자'라고 결정했다가도 1분 후에는 '내가 새로운 환경에 적응할 수 있을까?' 하고 그 자리에 주저앉는다. 그러다 어느 날 친구로부터 자극을 받거나 혹은 주변 사람들에게 크게 실망하고서는 새로운 결심을 하지만 마지막에 가서는 다시 '지금 이 나이에 무엇을 할 수 있겠어?'라는 생각으로 주저앉고 만다.

결국 당신이 원했던 것들은 '됐어, 관두자'로 바뀌어간다. 당신의 머릿속에는 자신의 '비겁함'을 위한 핑곗거리가 될 수많은 이유가 있다. 그 핑곗거리를 대며 스스로를 위로한다. '이곳이 썩 좋지는 않지만 다른 곳으로 가봤자 더 좋아진다는 보장도 없잖아', '비록 여기 사람들이 귀찮고 성가시지만 다른 사람들도 마찬가지겠지' 등등으로……

바꿔 말하면 이렇다. 당신이 두려워하는 일들이 그토록 많은 것은 그 일이 해결하기 어렵기 때문이 아니다. 그건 당신이 은연중에 자신이 모자라고 부족하다고 느끼기 때문이다. 당신의 초조함과 두려움은 대부분 당신이 자신을 너무 잘 알고 있기에 느끼는 감정이다.

하지만 난 그런 당신에게 이렇게 일깨워주고 싶다. 위험부담이 두렵다면 성공을 좇지 마라. 노력을 기울이지 않으면서 요행을 바라지 마라. 일단은 당신이 할 수 있는 모든 노력을 다한 뒤 결과는 하늘에 맡겨라.

자유를 원한다면 안정감을 희생해야 한다. 한가로운 여유를 즐기고 싶다면 남들에게 자랑할 만한 성취는 포기해야 한다. 또한 마음껏 쾌락을 즐기며 살고 싶다면 타인들의 평가에 연연해서는 안 되며, 좀 더 큰 세계로 나가고 싶다면 지금의 편안한 환경을 박차고 나가야 한다.

나의 편견일 수도 있지만 자신의 총명에 기대어 허송세월하는 사람들은 모두 바보다.

당신이 시간 관리에 특별히 유능하다는 것을 난 잘 알고 있다.

예컨대 프로젝트를 맡게 되면 그 작업에 필요한 시간을 정확하게 세분

화할 것이다. 그중 10분의 9에 해당하는 시간은 즐겁게 놀거나 여유를 즐기다가 마지막 10분의 1의 시간이 다가오면 그 시간을 다시 쪼갤 것이다. 그렇게 쪼개고 쪼개다 더 이상 쪼갤 시간이 없으면 그제야 초조해지고 성급해진 나머지 밥도 못 먹고 잠도 제대로 못 자면서 그 일에 매달릴 것이다.

그렇다. 우리는 마지막 순간이 닥치지 않는 이상 자신의 한계가 어디까지인지 알 수 없다!

아마 학창 시절에는 이렇게 학습 계획을 짰을 것이다. 월요일은 주말이 끝나고 새로운 한 주가 시작되는 날이니 최대한 릴랙스하게! 당연히 효율성은 제로다. 화요일은 아직 충분히 긴장을 풀지 못했으니 오늘도 좀 더 느긋하게! 수요일은 SNS에 집중하느라 역시 이날도 공부 효율성은 제로! 목요일은 즐거운 주말을 계획하느라 당연히 효율성 제로! 금요일은 황금주말의 시작이니 나머지 공부는 다음 주로 미룬다!

직장생활을 하면서는 비가 오면 집에서 낮잠 자는 것이 알맞고, 맑은 날은 밖으로 드라이브 가기에 적합하고, 눈이 오는 날은 친구들과 샤브샤브를 먹는 것이 제격이고, 흐린 날은 조용한 곳에서 고독을 만끽하기에 적합하다.

그렇다. 길고 긴 시간 속에서 단 하루도 공부나 일을 하기에 적합한 날이 없다! 그렇다면 날마다 당신이 어떻게 시간을 보내는지 자세히 살펴보자.

아침에 알람 소리에 눈을 뜨면 무의식적으로 시간을 먼저 본다. 아직 더 잠을 잘 수 있는지 확인하기 위해서다. 그러고는 10여 분 동안 당신의 이성이 '더 자고 싶은 충동'을 물리친 끝에 당신은 다시금 두 눈을 뜰 것이다. 이어지는 30초 동안 당신의 몽롱한 두뇌 속에서는 '전쟁'이 벌어진다. 그리고 은행의 잔고가 일깨워주는 긴장감 덕분에 당신의 이성은 '사직서를 내고 싶고', '휴가를 신청'하고 싶고, '그래봤자 지각이지'라는 등의 막강한 욕망을 물리친다. 당신은 간신히 침대에서 일어난다. 성별, 성격, 수입, 연령, 직업 등의 차이에 따라 다음 3분에서 30분 사이 출근 준비를 끝낼 것이다.

당신은 날마다 원칙에 따라 살아간다. 가령 무슨 일이든 안 할 거면 처음부터 아예 안 하고, 하기로 결정하면 완벽하게 처리한다. 하지만 끝까지 완성하지 못할 경우에는 그대로 포기하고 만다. 또 매주 혹은 매월, 매년 "파이팅!"을 외친다. 루쉰의 책 이름을 빌려 온다면, 한편으로는《방황(彷徨)》하면서 다른 한편으로는 파이팅하며《외침(呐喊)》을 부르짖는 셈이다.

오전에는 잠을 자지 않은 것처럼, 오후에는 아직 잠에서 깨어나지 않은 것처럼, 밤에는 꾸벅꾸벅 조는 것처럼 지낸다. 어렵사리 주말이 돼서 마음 놓고 늦잠을 잘라치면 당신의 이웃들은 작정하고 방해라도 하는 사람처럼 이상한 소리를 질러대며 시끄럽게 군다. 아직 메일 회신도 보내지 못했고, 모임은 시작도 하지 않았으며, 새로 산 책은 읽지도 않는 등 무엇 하나 제대로 시작하지도 않았는데 문득 깨닫게 된다. 시각은 이미 일요일 오후 4시를 가리키고 있다는 사실을 말이다.

공리사회는 자신을 개선하고 발전시키려고 노력하는 사람에게는 새로운 세상을 여는 대문이 되지만 변화를 두려워하는 사람에게는 핑곗거리가 된다. 여가 시간을 자기계발에 쏟아붓는 대신 '좋은 사람'의 역할을 하기 위해 모든 정력을 쏟아붓는다면? 당신의 오락은 예능 프로그램과 드라마에만 국한되어 있고, 당신의 열정은 유행을 좇는 데만 집중되고, 행동력은 점점 뒤떨어지며, 작은 범위에서 중하위층을 차지하고, 사람이나 일에 대한 원망은 점점 더 늘어나고, 지나간 일에 대한 그리움은 점점 쌓이고, 후회하는 선택은 점점 많아진다. 이쯤 되면 낙오는 이미 벌어진 현실이다.

　그보다 더 심각한 것은 '조금만 더 놀고', '조금만 더 미루고', '조금만 있다가', '한 편만 더 보고' 등의 말이다. 얼핏 듣기에는 사소한 것들이다. 그러나 저 말들 속에는 '타협, 게으름, 늑장'이라는 바이러스가 들어 있다. 그 바이러스는 서서히 당신의 오장육부로 스며들어 결국 뼛속까지 침투해서 평생 당당히 살 수 없게 만든다.

　나는 이렇게 일깨워주고 싶다. 당신을 초조하게 하고 무거운 중압감을 느끼게 하는 일을 떠맡았을 때 가장 좋은 대책은 지금 당장 그 일을 처리하는 것이다. 죽을힘을 다해 진도를 빼고 용감하게 도전한다면, 그 일은 조금씩 진척이 되고 당신의 초조감은 그만큼 줄어들 것이다. 절대로 시간을 헛되이 낭비하거나 미루지 말라. 그럴수록 견딜 수 없는 중압감과 초조감에 마음고생만 하게 된다. 이미 청춘의 잔액이 심각하게 부족한 지금, 당신은 착실하게 인내심을 갖고 해야 한다. 인생이란 본래 그렇다. 조금씩 하다 보면 어느새 목표 지점에 도달하게 마련이다.

　이른바 '인내심'은 황무지를 개간하는 농부와 같다. 눈앞에 광활한 황무지가 펼쳐져 있더라도, 그곳에 발을 디딘 사람이 당신 혼자이더라도 언젠가는 그 황무지가 기름진 옥토로 변하고 수많은 사람으로 북적거릴 것을 기대하는 거다!

젊은 사람들이 나에게 자주 묻는 질문이 있다.

"사는 게 무슨 의미가 있을까요? 왜 연애를 해야 하는 거죠? 결혼은 꼭

자유를 원한다면 안정감을 희생해야 한다.

한가로운 여유를 즐기고 싶다면 남들에게 자랑할 만한 성취는 포기해야 한다.

\좀 더 큰 세계로 나가고 싶다면 지금의 편안한 환경을 박차고 나가야 한다.

해야 하는 겁니까? 왜 취직을 해야 하죠? 꼭 노력하면서 살아야 하나요?"

처음엔 나도 자세히 설명을 해주었지만 그들은 며칠 지나지 않아 또다시 똑같은 질문을 해댄다. 그래서 이젠 단도직입적으로 이렇게 대답한다.

"그렇게 질문만 해대지 말고 먼저 자신이 해놓은 것이 무엇인지 돌아보세요."

사실 내가 해주고 싶은 말은 이렇다. 지금 당신이 반드시 해야 할 일은 어쩌면 오랜 시간이 지나고 나서야 그 이유를 알게 될 것이다. 또 지금 무의미하다고 생각되는 일들은 그 일을 다 이루고 난 뒤에야 그 의미를 깨닫게 된다.

본래 우리 삶에는 '불공정약관 조항'이 있다. 당신이 노력하지 않으면 그 결과는 종종 엉망이 되기 일쑤다. 하지만 노력한다고 자신이 원하는 결과를 이룬다는 보장은 없다. 노력의 좋은 점은 노력을 기울인 사람만이 알 수 있다.

다음과 같이 비유할 수 있을 것이다. 지금의 당신은 어두컴컴한 방 안에서 빨래하고 있는 사람과 같다. 그 작업은 매우 무료하면서도 힘들다. 또한 게으름을 피울 수도 있고 반대로 열심히 일할 수도 있다. 당신을 감시하며 채찍을 휘두르는 사람도 없기에 모든 것은 당신에게 달려 있다. 그런데 어느 날 방 안에 환한 전등불이 켜졌다. 똑같은 시간을 보냈지만 게으른 사람 앞에는 아직도 수북이 쌓인 빨랫감이 놓여 있고, 반면에 열심히 노력한 사람은 그동안 기울인 노동의 성과를 발견하게 된다. 그의 눈앞에는 부지런히 빨았던 옷들이 정갈하게 개켜져 있으니 말이다. 그동안 막막하기만 했던 날들이 결코 허투루 보낸 것이 아니라는 사실을, 그동안의 고생이 값어치가 있었다는 사실을 깨닫는다!

물론 나는 당신의 인생을 이끌어주고 지켜봐주는 사람이 있기를 바란다. 없다면 그래도 당신이 인내심을 갖고 꾸준히 헤쳐 나아가기를 바란다. 그런 인내심을 발휘하지 못한다면 뻔뻔해져라. 그나마 뻔뻔해질 수도 없다면 제발 누군가 당신의 인생을 이끌어주기를 바랄 뿐이다.

다만 인생의 스승도 없고, 스스로 노력해서 개선할 의지도 없고, 뻔뻔하지도 못해 결국 체면과 존엄, 쾌락만 중시할까 봐 걱정스럽다! 또한 지금 당신 눈앞에 놓인 잡다한 일, 죽기 살기로 덤벼서 해결할 엄두조차 못 내는 난제를 내일로 미루고는 '내일은 해결책이 생기겠지'라며 스스로를 위로할까 봐 걱정스럽다. 그야말로 꿈도 야무진 당신이다!

가장 적극적인 인생 태도는 미래가 구원해주기를 기다리는 것이 아니라 자신의 손으로 현재를 바꾸는 것이다. 문득 생각나는 만담의 한 대목이 있다.

"이 세상을 살아가려면 두 가지만 잘 파악하고 있으면 돼. 하나는 이 세상에는 공부할 필요조차 없이 영리한 천재와 노력을 안 해도 잘 사는 사람, 심지어 돈이 없어도 즐겁고 행복하게 사는 사람이 있다는 사실이야. 그리고 또 하나는 당신은 절대로 그런 부류의 사람이 아니라는 점이지."

실패가 과연 성공의 어머니일까? 나는 확신할 수 없다. 하지만 한 가지 분명한 점은 성공은 가족이라고 봐주지 않는다는 것이다!

18

당신이 생각하는 방식대로
살지 않으면
당신이 살아가는 방식대로
생각하게 된다

삶이 따분하고 가슴을 설레게 하는 일들은 찾아볼 수 없고 속상한 일들만 연거푸 벌어진다고 느끼는가? 하루하루를 살아가는 것이 마치 개똥으로 뒤덮인 '지뢰밭'을 건너는 것처럼 앞으로 나가기는 해야 하는데 '죽지는 않을 것'이지만 그렇다고 '좋지는 않을 것'이라는 생각이 드는가?

마지못해 살아가는 것 같고 하나같이 자신이 원하지 않는 선택들을 하고 있는가? 때로는 만족스럽지 못하지만 귀찮은 게 싫어서 하는 선택도 있고, 이기기 위해서가 아니라 그저 지는 것이 두려워서 하는 선택도 있고, 또 내심 원하는 것은 아니지만 남들의 눈이 무서워서 하는 선택도 있고 ……. 그래서 당신은 원하지 않는 선택을 마지못해 책임지고, 흐지부지 이어가며, 건성 건성으로 노력한다. 그 결과 현재의 삶이 불편하면서도 딱히 바꿀 엄두도 나지 않고 능력도 없다.

첸첸이 똑같은 이야기를 연달아 여덟 번이나 했다.

"나는 미치광이 피에로예요. 얼굴에 파란색 페인트를 칠하고 머리에는 폭약 한 다발을 매달아 성냥불을 그어버리고 싶은 욕망이 내 마음속에서 휘몰아쳐요."

나는 뭔가 심상치 않다는 생각에 도대체 무슨 일이냐고 물었다. 그 결과 첸첸은 '왜 대학교에 진학해야 하는가?'부터 시작해서 '왜 공부를 해야 하는가?', 급기야 '왜 살아야 하는가?'라는 질문을 연달아 꺼냈다.

그녀를 멘붕에 빠지게 한 사건의 시작은 대학 영어 과목의 낙제였지만 더 큰 원인은 따로 있었다. 첸첸은 자신이 열심히 노력해야 할 목표도 없고, 꿈도 없으며, 동기도 없고, 취미도 없다는 사실을 깨달았다. 그 무엇에도 흥미를 못 느끼고 온종일 산송장처럼 멍하니 살아가고 있음을 깨달은 것이다. 그와 동시에 첸첸은 대학생활이 대단히 소중하며, 각종 학비나 생활비가 많이 들 뿐만 아니라 자신을 뒷바라지하는 부모님의 고생도 크고, 또 사회 경쟁도 치열하다는 사실을 새로이 인식하게 되었다.

첸첸은 의식적으로 열심히 공부하려고 노력했다. 하지만 매번 책을 펼치면 10분도 채 지나지 않아 SNS를 뒤적거리기 일쑤였다. 영화 상영일을 확인하거나 유명 스타의 생일을 체크해서 꼭꼭 기억해두면서도 정작 방금 10분 동안 공부한 내용은 새까맣게 잊곤 했다.

첸첸은 말하기를 대학에 입학한 이후 날마다 눈을 뜨면 떠오르는 생각이 '자퇴하자!'였다고 한다. 그녀는 항상 이유를 알 수 없는 초조감에 휩싸였고, 무엇을 해야 할지도 알지 못했다. 옆에 펼쳐놓은 책은 1주일이 지나도 페이지 수는 그대로였다.

첸첸은 점차 열심히 공부하는 일이 매우 어렵게 느껴졌다. 고등학교 때까지만 해도 학습 부진으로 고민한 적이 없었던 그녀다. 그런데 지금은 낮에는 SNS를 업로드하고 친구들과 메시지를 주고받느라 정신없이 바빴고, 저녁에는 우주와 운명과 철학, 죽음과 삶의 문제를 생각하느라 바빴다.

첸첸은 이 도시가 싫고, 다니는 대학도 싫었다. 자신이 좋아하는 전공도 아니고 주변에 마음 터놓고 이야기 나눌 친구도 없었다. 그녀는 학업을 계속해야 할 동기를 찾을 수 없고, 삶의 희망은 물론 미래조차 꿈꾸기 힘들다고 말했다. 첸첸은 내게 물었다.

"전 이제 어떻게 해야 하죠? 인생이 이대로 끝장난 것처럼 무력감에서 빠져나올 수가 없어요!"

나는 이렇게 대답했다.

"무력감에서 벗어나려면 두 가지 문제를 정확하게 파악하고 있어야 해요. 첫째는 당신이 왜 싫어하는 곳에 있는지, 둘째는 당신이 꿈꾸는 미래는 무엇인지."

사실 나는 이 말을 하고 싶었다. 자신의 과거가 합격인지 아닌지 알고 싶다면 지금 상황에 만족하고 있는지 아닌지를 살펴보면 된다. 또 자신의 미래가 아름다울지 알고 싶다면 지금 내가 노력하고 있는지를 살펴보면 된다.

사람이 가장 크게 부자유를 느낄 때가 바로 그 자리에서 머뭇거리며 더이상 갈 데가 없다고 확신할 때다. 여기서 문제는 '어디로 갈지를 모르는 것'과 '선택의 여지가 없는 것'은 전혀 별개라는 점이다.

20대 초반은 누구나 방황하는 시기이다. 모두가 평범하며 어떻게 노력해야 할지, 어떤 고난을 얼마나 겪어야만 인생에 커다란 변화를 맞이할지 모른다. 하지만 당신이 열심히 공부하고 규칙적으로 체력을 단련하며 목표를 갖고 지식을 쌓는다면 이야기는 달라진다. 물론 당장은 커다란 변화를 느낄 수 없지만 실제로는 이미 변화하기 시작한다.

다만 나는 걱정스러울 따름이다. 당신의 셋째 고모가 괜찮다고 하는 대학에 진학하고, 큰아버지가 좋다고 권하는 전공을 선택하고, 졸업 후에는 대학 동기가 전망이 있다고 추천한 도시로 가서 선배가 실력 있는 곳이라고 한 회사에 취직하고, 낯선 도시에서 동료가 정확하다고 느끼는 말을 하고, 친구가 괜찮다고 소개해주는 이성을 만나고……. 그러고 나서는 참담한 듯 "이것은 내가 원하는 인생이 아니야!"라고 한탄하게 되는 것은 아닌지. 당연히 그것은 당신이 원하는 인생이 아니니까!

웨스트민스터 사원에는 그곳에 묻힌 어느 성공회 주교의 유명한 묘비명이 있다.

'내가 젊고 자유로워서 무한한 상상력을 가졌을 때, 내게는 세상을 변화시키겠다는 꿈이 있었다. 좀 더 나이가 들고 지혜를 얻었을 때 나는 세상이 변하지 않으리라는 것을 알았다. 그래서 나는 내가 살고 있는 나라를 변화시키겠다고 결심했다. 그러나 그것 역시 불가능한 일이었다.

황혼의 나이가 되었을 때는 마지막 시도로, 가까운 내 가족을 변화시키겠다고 마음먹었다. 그러나 아무도 달라지지 않았다. 이제 죽음을 맞이하는 자리에서 나는 깨닫는다. 내가 나부터 먼저 변화시켰더라면, 그것을 보고 내 가족이 변화되었을지도 모른다는 것을. 또한 거기서 용기를 얻어 내 나라를 더 좋은 곳으로 바꿀 수 있었을지도 모른다는 것을. 누가 아는가, 그러면 세상까지도 변화되었을지!'

세상을 깜짝 놀라게 할 만한 큰일을 해낼 능력이 없다면 잠시 동안은 그 열정을 가슴에 품고 지금 눈앞에 놓인 사소한 일부터 잘 처리하라. 게으름 피우고 싶고, 미루고 싶고, 포기하고 싶을 때는 주먹을 꽉 쥐고 조금만 더 버티자고 스스로를 북돋우라. 꿈이 너무 요원하다고 느껴질 때는 먼저 작은 목표들을 세워서 하나씩 달성해보라. 예컨대 마음이 잘 통하는 친구를 사귀고, 영혼에 힘을 북돋우는 책들을 읽고, 규칙적으로 체력을 단련하며 또 미래에 하고 싶은 일에 필요한 전문적인 지식을 쌓는 것도 좋다. 그렇게 하다 보면 남들처럼 평범한 대학 시절을 보낼지라도 동기들에 비해 훨씬 우수한 사람이 되어 있을 것이다.

당신이 스스로를 다그치며 좀 더 노력해야만 삶은 좀 더 따듯하게 대해줄 것이며 좀 더 만족스러운 인생 동반자를 만나게 해줄 것이다. 세상이 돌아가는 법칙! 당신이 우수해지면 나머지 일들도 덩달아 호전된다.

샤오허는 명문대학에서 영어를 가르치고 있다. 업무량도 많고 스트레스도 커서 날마다 밤 10시가 넘어야 겨우 귀가한다. 그런데 집에 돌아와 SNS를 들여다보면 그녀에게 도움을 요청하는 메시지가 산더미처럼 쌓여 있기 일쑤였다.

유명인사의 명언을 번역해달라거나 동영상 자막을 번역해달라거나 혹은 생물학이나 철학과 같은 전문적인 단어의 해석을 묻는 이도 있고, 심지어 중국 고문을 영문으로 번역해달라는 사람도 있었다. 샤오허는 너무 힘들다고 나에게 하소연을 했다. 번역하는 데는 시간도 많이 걸릴뿐더러 일부 내용은 대량의 고증이 필요하기도 하고 또 그녀 힘으로는 도저히 번역할 수 없는 내용도 있다고 말이다.

그녀는 이렇게 말했다.

"남들은 가난을 탈출하기 위해 기를 쓰며 '탈빈(脫貧)'을 외치는데 정작 나는 탈모를 외치고 있어요. 어떨 때는 아픈 줄도 모르고 머리카락을 한 움큼 잡아 뽑을 때도 있어요. 손오공처럼 내 머리카락 한 올 한 올이 분신으로 변했으면 하고 바라면서요. 나 대신 짓궂은 학생들을 상대하고, 강의 준비를 하고, 친척이나 친구들의 번역을 해줄 그런 분신 말이에요."

나는 물었다.

"그 사람들의 부탁을 거절한 적은 있나요?"

"아니요. 모두 친구이고 친척인걸요. 그들도 나름대로 고충이 커서 나에게 도움을 요청했을 텐데 어떻게 거절하겠어요?"

나는 또다시 물었다.

"그럼 그들에게 당신이 매우 바쁘고 힘들다고 말하지 그랬어요?"

그녀는 대답했다.

"그런 말을 하는 것은 부탁을 거절하는 거잖아요?"

나는 쓴웃음을 지었다.

"그렇군요. 그들이 보기에 당신은 더할 나위 없이 친절하고 시간도 열정도 많은 데다 탄탄한 실력까지 갖추고 있는데, 당신에게 부탁을 안 하면 누구에게 하겠어요?"

사실 당신은 남들이 끝도 없는 부탁을 한다고 원망할 자격이 없다. 어차피 매번 양보하는 것은 당신이니까!

그렇다면 당신은 어떠한가? '미안한' 마음 때문에 얽매인 적이 있는가? 남들은 언제나 가볍게 당신의 부탁을 거절하는데, 정작 당신은 남들의 부탁을 거절할 때는 마치 커다란 잘못을 저지르는 듯 크나큰 결심을 필요로 한다. 남의 일을 해줄 때는 자기 일을 할 때보다 더 신중하고 조심하며 심지어 그 일을 자기 일로 착각할 때가 있다. 그런데 남들의 도움이 필요할 때는 거절당하는 것이 두려워 쉽게 부탁하지 못한다. 어떤 일에 대해 피드백을 할 때도 어휘 선택에 신중을 기하고 또 기한다. 그런데 피드백을 하자니 상대방이 불쾌하게 여길까 봐, 또 아무 말도 하지 않자니 무시한다고 여길까 봐 두려워한다.

상대방의 말투가 조금만 차가워도 '혹시 내가 기분 나쁘게 했나?'라는 생각에 안절부절못한다. 또한 남들과 맞서거나 갈등을 일으키는 것을 두려워한다. 겉으로는 진심에서 우러나오는 태도로 남을 돕는 것 같지만 실상은 마지못해 할 때가 많다. 사람들에게 부정적인 평가를 받는 것이 두려워 항상 주변 사람들의 눈치를 살핀다. 능력이나 시간이 부족한데도 해낼 수 있다고 장담할 때가 많다.

당신은 사람들과 거북해지는 것이 싫어서 자신의 솔직한 생각이나 견해를 여간해서는 말하지 않는다. 그 누구와도 갈등을 일으키지 않으려고 애쓰느라 상대방을 기분 좋게 해주는 일을 억지로 많이 한다. 그러한 과정에서 자신의 솔직한 생각과 감정을 끊임없이 억누르며 상대방의 뜻에 맞추느라 억울한 일만 쌓인다. 그리고 언제든지 마음대로 막 부릴 수 있는 대상으로 전락하고 만다.

매번 "마음대로 하세요"라고 말하면서도 정작 마음속으로는 '어떻게 저럴 수가 있지?'라고 불만을 품고, '즐거운 마음으로 당신을 돕는다'는 식으로 행동하면서도 마음속으로는 '정말 귀찮아 죽겠다!'라고 원망을 쏟아낸다. 하지만 알고 있는가? 당신이 매번 "Yes"를 외칠 때 사실상 당신은 그 사람, 그 일에 대해 "No"라고 말하고 있다는 사실을.

우리는 주위 사람과 더불어 사는 사회에서 살고 있다. 그래서 누군가에게 도움을 요청하고 또 누군가의 부탁을 들어주며 살 수밖에 없다. 하지만 나는 당신이 남을 '도와주는 것'과 '제멋대로 구는 것을 용인하는 것'의 차이를 구분할 수 있기를 바란다. 최선을 다해 도와줘도 여전히 무엇 하나 제대로 하지 못하는 사람에게는 단호하게 거절할 수 있어야 한다. 그렇지 않으면 그들은 점점 당신에게 도움받는 것에 익숙해지고 심지어 당신이 도와주는 것을 당연시하게 된다.

난 당신에게 차갑고 냉혹한 사람이 되라는 것이 아니라, 힘이 닿는 데까지만 도우라고 말하는 것이다. 자신의 능력이나 시간, 열정을 가늠하여 조건이 허락하는 범위 내에서만 도우면 된다. 자기 일을 모두 내던지고 무조건 남들을 만족시키려고 애쓸 필요는 없다.

'좋은 사람'의 역할에 집착할 필요가 없다. 사람들이 말하는 '좋은 사람'은 실상 '넌 지금 내게 유용한 사람이야'라는 뜻에 불과하다.

숭고한 자유와 소중한 생명 앞에 맹세하라.

"다시는 남들을 힘들게 하지 않고 동시에 나 자신도 힘들게 하지 않을 것이다. 다시는 중요하지 않은 사람의 환심을 사지 않을 것이며, 동시에 중요하지 않은 사람의 호의도 받지 않을 것이다."

인터넷에 떠도는 이야기가 있다.

'1만 위안을 벌 때는 크게 만족스러워하며 입에 풀칠할 걱정은 하지 않아도 된다고 여긴다. 10만 위안을 벌 때는 사치품을 사기에는 돈이 부족하다고 여긴다. 100만 위안을 벌 때는 값비싼 차, 호화주택을 살 수 없어서 자신이 가난하다고 여긴다.'

그 결과 부유한 사람은 자신이 가난하다는 것을 용납할 수 없기에 한층 더 노력한다. 반면에 가난한 사람은 "만족할 줄 알면 즐겁다"면서 점점 더 게을러진다.

그래서 우리는 자주 이런 모습들을 본다. 흐지부지 반평생을 살며 부모를 원망하고 사회를 원망하면서도 여전히 흐리멍덩하게 살아가는 사람, 자기계발은 하지 않으면서 월급이 적다고 불평하며 "인생은 즐기기에도 부족한 시간이야, 너무 힘들게 살 필요는 없어"라고 자위하는 사람, 친구를 대충대충 사귀는 사람 등등. 한데 우르르 몰려다니며 어울리다 또 어느 순간 우르르 사라지고 만다. 그들을 진정한 친구로 만들 능력이 없기 때문이다. 그래서 소설 속에 나오는 의리를 부러워하면서도 다시 대충대충 친구를 사귄다. 혹은 결혼도 대충 만나서 결혼했다가 걸핏하면 부부싸움을 한다. 배우자에게 불만이 많으면서도 이혼할 자신은 없다. 그래서 영화나 TV 드라마에 나오는 지고지순한 사랑을 부러워하면서도 여전히 현실 속에서는 배우자와 끊임없이 다투며 살아간다.

이러한 횟수가 점점 늘어나면 자신에게 그럴싸한 이유를 만들어내고 당당한 변명거리를 찾아내어 마음 편하게 현 상황을 받아들이고 유지하게 된다. 그래서 더욱 게을러지고, 멋대로이고, 즉흥적이 된다. 그러니 현재의 생활에 순응해도 당신의 삶은 나아지지 않는다! 그저 당신이 원하던 삶으로부터 조금씩 멀어지는 동시에 자신이 멸시하던 모습으로 한 걸음씩 다가가는 것이다.

당신이 스스로를 다그치며 좀 더 노력해야만 삶은 좀 더 따듯하게 대해줄 것이며
좀 더 만족스러운 인생 동반자를 만나게 해줄 것이다.
세상이 돌아가는 법칙! 당신이 우수해지면 나머지 일들도 덩달아 호전된다.

한때는 배낭 하나 메고 세계 곳곳을 돌아다니며 다양한 모습을 보는 것이 꿈이었는데……. 지금은? 작성해야 할 리포트가 많아서 혹은 직장생활이 너무 바빠서, 혹은 결혼해서, 혹은 아이가 어려서 결국은 그 꿈을 이루지 못한다. 혈기 넘치던 청년 시절의 열정이 서른 살이 넘으면서 얼음장처럼 식어 사그라지고 마는 것이다.

우리는 삶에 머리를 숙이고 순종해야만 생활이 좀 더 편해질 수 있다고 자신을 설득한다. 하지만 종종 삶은 오히려 횡포를 부리며 무릎을 꿇으라고 강요한다! 그러므로 아직 철저히 꿈을 버린 것이 아니라면, 당신의 흥미가 아직 사그라지지 않았다면, 아직 억울하다는 생각이 든다면 다시금 현실에 구애받지 말고 하고 싶은 대로 해보라. 주먹을 불끈 쥐고 인내심을 갖고 목표를 세워 조금씩 자신을 변화시켜라.

나이가 들고 늙었다는 변명은 그저 운명 탓을 하며 체념하는 것에 불과하다. 지금 눈앞의 난관에서 영원히 벗어나지 못할 거라고 느끼기 때문에, 하고 싶은 일을 영원히 할 기회가 없을 거라고 느끼기 때문에, 꿈을 이룰 수 없다고 느끼기 때문에 나이를 핑계로 대는 것이다.

여기서 내가 한 가지 일깨워주고 싶은 점은, 우리 인생에는 수많은 갈림길이 있다는 점이다. 고입시험, 대입시험, 대학 진학은 물론 직장이나 연애, 결혼은 모두 인생의 갈림길 중 하나이다. 그 갈림길에 섰을 때 우리는 대개 현재의 선택이 매우 중요하며 그 선택에 따라 엄청난 대가를 치르게 될 것이며, 자신의 행복, 이미지, 심지어 운명까지 결정해줄 것이라고 착각한다. 하지만 다음 갈림길에 서게 되면 비로소 지난번 갈림길은 인생의 작은 단계에 불과하며 '나는 누구인가?', '나는 어디로 가야 하는가?', '나는 어떤 사람이 되고 싶은가?'를 결정해주지 않는다는 사실을 깨닫게 된다.

바꿔 말하면, 당신은 죽는 그날까지 끊임없이 선택할 권리가 있고 동시에 당신을 변화시킬 가능성을 지니고 있다. 다만 운명이려니 하며 포기할까 봐 걱정될 뿐이다!

결코 포기하지 않는다면 현실은 꿈보다 더 아름다워질 것이다. 하지만 굴복하고 포기한다면 당신의 발길마다 족쇄가 널려 있을 것이다.

언젠가 현실에 곤두박질쳤을 때 당신 자신을 부축해서 일으켜 세우고 엉덩이에 묻은 흙먼지를 털어내며 '3판 2승'을 외칠 수 있기를 바란다.

언젠가 현실이 전혀 예측할 수 없는 삶의 족쇄를 배송해도 과감하게 수신 거부하고 자부심에 가득 찬 목소리로 "운명에 따를 수 없다!"라고 외치기를 바란다.

19

인생에서 맞부딪치는
절대다수의 난관은 주관 없이
남의 장단에 춤추느라 생겨난다

　수많은 자기계발 관련 서적을 읽고 수많은 영화를 관람하고 또 세계 곳곳의 예술 도시를 여행했을 것이다. 답답한 마음의 해방구를 찾거나 아니면 감동받든, 열정에 사로잡히거나 아니면 엉엉 울며 억누른 감정을 발산하든, 안목을 넓히거나 아니면 모아놓은 돈을 몽땅 써버리든, 당신의 본래 의도는 단순히 무언가에 열중하기 위해서 혹은 눈물을 흘리며 감정을 발산하기 위해서 혹은 문화적 소양을 쌓기 위해서는 아닐 것이다. 그저 평범하고 따분한 일상에 작은 변화를 가져다줄 활력소를 얻고 싶어서, 막다른 골목에서 좌절하지 않고 다시 일어서기 위해서, 괴로울 때 마음을 다잡고 견뎌내기 위해서, 혼란에 빠졌을 때 머리가 탁 트이는 해결책을 얻기 위해서, 또 남들의 눈에 바보로 보이고 싶지 않아서, 자신이 싫어하는 부류의 사람이 되지 않기 위해서일 것이다.

　그런데 이상하게도 입으로 '나 자신을 소중히 여길 것이다'라고 말하는 것도 당신이고, 자신을 깊은 낭떠러지로 떠미는 것도 당신이며, 주먹을 불끈 쥐고 이 세상과 한판 승부를 벌이려고 하는 것도 당신이고, 한번 승부에 투항해버리는 것도 당신이다. 그 결과 수많은 좋은 기회를 다른 사람에게 갖다 바치는 꼴이 된다.

대학원 입학시험이 한 달 앞으로 다가왔을 즈음 후배가 SNS에 이런 글을 올렸다.

'12월입니다. 시험 시즌이 다가오니 저 좀 잘 대해주세요. 저도 시험 준비 열심히 하면서 자기관리를 잘하려고 합니다. 시간 나면 조깅도 하고 급한 성미도 고칠 생각입니다.'

그리고 자신의 셀카 사진을 올렸다. 사진 배경으로는 여러 학생이 도서관에서 공부하고 있는 모습을 깔았다.

많은 사람이 '좋아요'를 누르고 격려를 보냈지만 나는 그 후배의 SNS 속 글 이면의 또 다른 내용이 보이는 듯했다. '내가 위의 내용을 실천하지 못한다면, 다음 달에 한 번 더 글 올리지 뭐!' 하는…….

우리는 한때 학보사에서 함께 일한 적이 있기에 나는 그 후배에 대해 잘 알고 있다. 단순히 외적인 이미지만 따져봐도 그 후배는 호감을 주는 스타일인 데다 말이나 행동도 매우 신사적이다. 다만 일을 하는 데서는 자주 실수를 하는 편이다. 약속을 잊어버린다거나, 날짜를 잘못 기억한다거나, 문서를 잘못 편집한다거나. 그렇게 많은 실수를 저지르면서도 그에게는 여러 대의 '타이타닉'호에 적재하고도 남을 변명거리가 넘쳐났다.

당시 학보는 다섯 명이 원고를 책임지고 있었는데 그중에서 그 후배의 일 처리가 가장 매끄럽지 못했다. 예컨대 학보 인쇄 바로 전날에야 부랴부랴 맡은 일을 처리하거나 혹은 내용이 수정되었는지 확인도 않고 일찌감치 인쇄한다거나. 그러다 급기야 담당 교수에게 꾸중 몇 마디를 듣고서는 학보사를 그만두었다.

그가 나에게 주는 인상은 걸음을 내딛는 족족 난관에 부딪혀 넘어지는 느낌이었다. 대학원 진학을 준비한다던 그의 일상은 대충 이런 식이었다. 전날 밤샘 공부를 하고서는 다음 날 정오쯤에야 일어난 뒤 식당에서 끼니를 때우고서는 다시 책 보따리를 짊어지고 도서관으로 향한다. 마음을 다잡는 데 1시간을 소요하고 나서는 겨우 30분 동안 문제집을 푼다. 답안을 맞춰보니 열 문제 중 8문제를 틀렸고, 그나마 두 문제도 찍어서 정답을 맞힌 것에 불과하다. 홧김에 책장을 덮어버리고는 스마트폰을 꺼낸다. '잠깐 기분 전환 좀 하다가 다시 공부해야지' 하는 마음으로. SNS을 뒤적이고 인터넷 검색을 하다 보니 어느새 저녁이 되어 배가 출출해져서 식당으로 간다.

밤이 되어 다시 공부를 시작하려는데 두 번째 문제를 푸는 중에 스마트폰이 울린다. 쓸데없는 스팸 메시지인데 일단 스마트폰을 집어 들고 나니 쉽게 손에서 놓기가 힘들다. 인터넷 게임을 한다거나 전화 통화를 하는 것은 아니지만 SNS에 새로운 글이 올라왔는지 뒤적이다 댓글에 정신이 팔려 시간 가는 줄도 모른다. 그러다 어느새 눈이 침침해지면서 잠 잘 시간이 된다.

하지만 막상 잠자리에 누웠지만 정신은 말똥말똥해서 또다시 스마트폰을 들고 뒤적거린다. 유튜브에 오른 동영상은 어쩜 그리도 재미있고 또 풍경 사진은 왜 그리도 멋있는지 부럽기만 하다. 그렇게 밤새도록 스마트폰만 들여다보자니 결국 해놓은 공부도 없이 하루가 지나고 만다……. 맞다. 후배는 '마땅히 고군분투하며 미래를 준비해야 할 시간'을 스마트폰만 만지작거리며 허송세월하고 말았다.

상당수 사람의 인생이 이렇다. 하고 싶은 일은 반드시 해내고 하기 싫은 일은 손도 대지 않는다. 그러면서도 정작 반드시 해야 할 일은 질질 끌면서 시간만 축낸다.

사실 우리가 세워놓은 계획들이 실패하는 주요 원인은 능력이나 조건이 부족해서가 아니라 실천력과 인내심이 부족해서이다. 최대한 편하고 간단하게 그 일을 하기 위해 많은 사람이 게으름을 피우거나 이리저리 꾀를 부리며 자신에게 유리한 방법을 찾는다.

그렇다면 당신은 어떠한가?

인내력을 키우기 위해 운동이나 독서와 관련된 출석 체크 어플을 다운로드하지만 날마다 출석 체크를 하며 일정한 성과를 올려야 하는 과정을 견디지 못해 결국 삭제해버린다. 예컨대 다이어트를 시작할 때는 수많은 구호를 외치고 단단히 결심한다. 하지만 '오늘은 기분이 우울해', '내일은 날씨가 나빠' 등등의 이유를 꼽다가 결국 조깅은 '나중에 다시 하자'가 되고, 식단 조절은 '오늘 저녁까지만 제대로 먹고 내일부터 다시 해보자'가 되고 만다. 그림을 배우기로 결정하고 여러 개의 물감과 붓을 장만한다. 하지만 한두 번 그림 그리는 시늉만 내고는 이내 시들해져서 내팽개치고 만다. 바둑을 배우기로 마음먹고서는 동아리 반에 등록한다. 바둑 관련 동영상을 보고 연구도 하며 전교 1위를 꿈꾼다. 하지만 어느 주말 이웃집의 여덟 살짜리 꼬마와 바둑 내기를 뒀다가 참패를 당하고서는 바둑과는 '원수' 사이가 되고 만다.

그렇게 당신은 풍성한 삶을 누리기를 갈망하면서도 또 다른 한편으로는 자신에게는 그런 삶을 누릴 행운이 없다고 느낀다. 또 사람들로부터 무시당하는 것이 억울하면서도 다른 한편으로는 그저 현 상황에 만족하며 변화를 위한 노력을 하지 않는다.

온라인에서는 열변을 토하고 슈퍼맨과 같은 적극적이고 뛰어난 면모를 자랑하지만 정작 현실에서는 나약하기 짝이 없고 무슨 일에든 소극적이며 몸을 사린다.

당신은 그저 의기소침한 것뿐이라고 여기지만 실상은 폐기 처분된 것과도 마찬가지다.

자신의 삶에 대해 거짓말을 하면 결국 그 삶이 당신의 거짓말을 하나하나 밝히게 마련이다. 흐지부지 노력하는 척 거짓으로 꾸미기만 하는 당신은 그야말로 꿈도 없고 하는 일도 없는 무능력자일 뿐이다.

이 세상은 대부분 이렇다. 온갖 방법과 궁리를 다 짜내며 노력하는 사람은 성공하지만, 이런저런 핑계를 대며 회피하기만 하는 사람은 실패자 신세를 면하지 못한다.

'역습'이라는 주제 아래 열린 세미나에서 해외유학파 박사가 다음과 같은 자신의 이야기를 들려줬다.

"사람과 사람 사이의 격차는 태어날 때부터 존재하고, 또 그 차이는 실로 엄청납니다. 내가 저녁 식사로 스파게티를 먹을지 아니면 물만두를 먹을지 고민할 때 나의 룸메이트는 생일 선물로 요트와 자가용 비행기 중에 어떤 것을 고를지 고민하고 있었습니다."

그가 대충 설명해준 유학 시절 룸메이트는 다음과 같았다. 한 사람은 부교수급의 연구원으로 이미 3개의 박사 학위를 갖고 있었다. 또 한 사람은 부유한 가정의 외아들로서 요트를 생일 선물로 골랐다. 또 한 사람은 금발의 잘생긴 청년으로 여러 편의 TV 광고에 출연했다. 그러한 룸메이트들과 함께 생활해야 했던 그 연구원은 젖 먹던 힘까지 다해서 겨우 박사 반에 입학했고, 생김새도 변변찮았으며, 집도 부유하지 못하고, 재능에도 한계가 있었다.

예민하고 자부심을 가진 사람들이라면 아마 그러한 환경에서 열등감에 시달렸을 것이다. 박사 학위를 3개나 갖고 있는 연구원이 분자구조와 심리학에 대해 논하면 딱히 대답할 말이 없었고, 부유한 자제가 요트, 비행기, 별장에 관해 이야기하면 한 번도 경험한 적 없는 딴 세상 이야기처럼 들렸고, 잘생긴 금발의 청년이 할리우드 스타를 만난 이야기를 하면 도무지 실감조차 나지 않았다⋯⋯. 그래서 그는 기숙사에서 내내 '나는 대단히 쿨해서 그 누구도 부러워하지 않는다'라는 거짓 미소를 짓고 살았다.

현실에서 도피하기 위해 그는 게임과 소설, 영국 드라마, 미국 드라마에 빠져들었다. 또한 SNS, 유튜브 동영상을 보느라 밤을 지새우는 날이 부지기수였다. 이러한 놀이는 삶의 번뇌를 잊고, 가정 배경이나 능력의 격차에서 오는 초조감도 잠재워줬다. 하지만 그 결과 그는 논문을 쓰느라 사나흘 밤을 지새우는 것을 제외하고는 날마다 하는 일 없이 흐지부지 시간을 보냈다.

그러던 어느 날 논문에 오류가 자주 발생한다는 문제로 지도교수의 부름을 받았다. 지도교수는 그를 한동안 바라보다가 말했다.

"자네는 원래 그런 부류의 사람이 아닌데 말이야. 자네가 재능 있는 인재라는 것을 난 알고 있네. 그런데 요즘 자네 모습은 너무나 평범하기 짝이 없어. 내가 말하는 평범함이란 논문의 수준 차이를 말하는 것이 아니네. 가난하다거나 배경이 나쁘다거나 재능이 없다거나 지위가 낮다는 것을 말하는 것도 아닐세. 내가 말하는 평범함이란 자네가 우수해지기 위해 고군분투하기를 포기한 것을 뜻하네. 게으름을 피워도 괜찮다고 생각하고, 이곳에서 박사과정을 밟는 것 자체만으로도 우수하다고 여기는 자네의 마음을 지적하는 걸세. 지금 현재에 안주하는 것만도 괜찮다고 여긴다면 실상 자네는 좀 더 나은 자신으로 거듭날 기회를 버리는 걸세."

그것은 지난 20여 년간 공부하면서 스승에게 들은 처음이자 마지막 꾸지람이었다. 그날 이후 그는 SNS, 게임, 룸메이트 등과 거리를 뒀다. 그 때문에 그는 감당하기 힘든 초조감과 외로움, 인내심과 싸움을 벌여야 했다. 그것은 마치 낭떠러지로 추락하는 자동차를 맨손으로 잡아끄는 것과 같았다. 그 과정은 매우 힘들고 우여곡절도 많았으며, 일말의 희망조차 보이지 않는 시간이었기에 몸과 마음이 힘들었다. 하지만 예전에 하는 일 없이 흐리멍덩하게 시간을 낭비하면서 느꼈던 공허감과 절망에 비하면 오히려 충족감을 느낄 수 있었다. 노력하는 과정은 힘들고 고통스럽지만 사람의 마음을 편안하게 해준다는 사실을 깨달은 것이다.

성장은 잔혹한 과정이다. 당신이 정신을 차릴 때까지 현실이라는 놈에게 연신 뺨을 얻어맞아야 하기 때문이다.

세미나 말미에 그는 이렇게 말을 맺었다.

"당신이 불편하다고 생각할수록 역습의 가치가 커집니다. 지금의 자신을 견디기 힘들기 때문에 억지로라도 스스로를 변화시켜 이 불편한 환경에서 벗어나려고 애를 쓰게 됩니다. 편하고 한가롭다고 느끼면서 그 무엇에 반항할 힘도 없고, 또 현실과 맞붙어 싸울 욕구조차 없이 침대 위에 드러누워 시간 가는 줄도 모르고 지내는 것이야말로 가장 위험합니다."

"사는 게 참 힘들다"라고 느끼는 사람이 많다. 이것은 그가 너무 많은 일을 해서가 아니라 해놓은 것이 너무 없어서이다. 그래서 난 이렇게 조언하고 싶다. 당신의 들뜬 마음을 잘 다스리고, 끓는 냄비처럼 변덕이 죽 끓는 태도를 고치고, 홧김에 일을 벌이는 경솔함을 다잡고, 나약하고 비굴한 마음을 다독이며 열심히 노력하라. 그것이 무엇보다 중요하다.

내 말이 믿기 힘들면 지난 일들을 돌이켜보라. 당신의 나태함, 미루는 버릇, 우유부단함, 이해득실에 연연해하는 조급함 때문에 얼마나 많은 목표와 임무, 계획 달성에 실패했는가? 얼마나 많은 사랑을 놓쳤는가?

"다른 사람들도 다 그래"라는 말로 자신의 게으름을 변호하지 말라, 자신을 제멋대로 방임하는 행위를 스스로를 아끼고 소중히 여기는 것으로 착각하지 말라. 더더구나 '한동안 노력한 것'을 '자신이 할 수 있는 모든 노력을 다한 것'으로 오해하지 말라. 조금만 스트레스를 받아도 자신이 견디기 힘든 짐을 짊어지고 있다고 말하지 말고, 작은 불확실에도 미래가 없다고 단정하지 말고, 사소한 실패에도 인생이 끝장났다고 낙담하지 말라. 그것은 자신의 나약함을 덮기 위한 졸렬한 변명에 불과하다. 사실 당신은 그어떤 고생도 하지 않았는데도 남들에 비해 투정이 매우 심한 편이다.

지금 당신 앞에 놓인 문제의 시발점은 다름 아니라 그동안 책도 많이 읽지 않고, 배부르고 편안하게 뒹굴면서 산 당신이다.

성장은 잔혹한 과정이다.
당신이 정신을 차릴 때까지 현실이라는 놈에게 연신 뺨을 얻어맞아야 하기 때문이다.
들뜬 마음을 잘 다스리고, 끓는 냄비처럼 변덕이 죽 끓는 태도를 고치고,
홧김에 일을 벌이는 경솔함을 다잡고, 나약하고 비굴한 마음을 다독이며 열심히 노력하라.

온갖 말로 자신을 변명하는 사람이 많다. 예컨대 이런 식이다. 이 문제는 내가 못 푸는 것이 아니라 귀찮아서 안 푸는 거야, 이 일은 하기 싫어서 안 하는 것이 아니라 이 일을 해야 할 의미를 모르겠어서 안 하는 거야, 감기가 다 나으면 그때부터 체력 단련을 할 거야, 이 드라마만 다 보고 단어 외울 거야, 내가 부잣집에서 자랐다면 너보다 더 성공했을 거야, 오늘 날씨만 좋았다면 5킬로미터는 완주했을 거야, 그때 컨디션이 나쁘지 않았다면 100점 받았을 거야 등등…….

또 '분명 괜찮을 거야'와 '별거 아니야'라는 요행 심리로 일을 처리하는 사람도 많다. 가령 과학적인 다이어트 식단을 짜고 저녁에는 밀가루 음식을 먹지 않겠다고 다짐을 한다. 하지만 한밤중이 되면 의지력은 무너지고 급기야 '조금만 먹는 건데 괜찮을 거야'라는 생각을 하게 되고 결국 매일 밤마다 음식을 먹는다. 혹은 강의를 빠지면 안 된다는 사실을 잘 알면서도 친구들의 부추김 속에 강의를 빠지고 싶은 마음이 생겨난다.

'에잇, 강의 한 번 빠지는 건데 별문제 있겠어?'

그 결과 한 번이 두 번이 되고, 두 번이 세 번이 되면서 매번 강의를 빠지고 친구들과 놀 궁리만 한다. 혹은 비밀번호를 설정하거나 중요한 문서를 보관할 때도 대충 기억했다가 잊어버리기 일쑤다. 그래서 매번 비밀번호를 다시 재설정하거나 혹은 문서를 찾느라 책상 서랍이란 서랍은 모조리 뒤지곤 한다.

그래서 자신만만하게 세운 거창한 A 계획들이 좀 더 쉬운 B 계획에 대체되고, 무수히 많은 '무엇을 하겠다'는 '그러나'에 패하고 만다. 이처럼 매번 가볍게 포기를 한다면 당신은 항상 제자리만 맴돌게 될 것이다.

짧은 인생에서 우리가 결정하는 여러 가지 선택은 '맞다'와 '틀리다' 두 종류가 있는 것이 아니라 '맞다'와 '좀 더 가볍고, 좀 더 쉽고, 좀 더 편안한' 것으로 나뉜다.

당신이 좀 더 우수해지기를 원한다는 것을 난 잘 알고 있다. 하지만 '아무것도 하지 않는' 편안함은 '내가 한 말은 꼭 지킨다'는 고통스러움을 간단히 이기고 만다. 당신은 인생의 승자가 되기를 원하지만 '노력해봤자 소용없다'는 좌절감은 '난 반드시 할 수 있다'는 확신을 짓뭉개고 만다.

당신 마음속의 자기부정, 자기 회의감의 역량은 자기 긍정, 자기 신뢰의 역량보다 더 힘이 세다. 그 때문에 자신은 더 나아질 수 없고, 승자가 될 수 없다고 느끼고, "이대로도 괜찮아", "목표를 달성하지 않아도 큰 문제 없어"라고 타협하고, 가장 결정적인 순간에는 "됐어, 여기까지 하자"라고 포기를 선택한다. 그다음에는 원치 않는 결과를 받아들고서 "운명을 잘 못 타고 태어났어", "운이 따르지 않았어"라고 체념한다. 마지막에 이르러서는 전에는 한쪽 발만 딛고서도 쉽게 닿을 수 있는 곳을 이제는 손조차 뻗을 수 없으며, 한때 밤낮으로 간절히 원했던 것들을 이제는 더 이상 갈구하지 않게 된다. 반대로 과거에는 쳐다도 보지 않은 것들에 지금은 정신을 빼앗기고, 한때 멸시했던 것들을 지금은 오히려 숭배하게 된다.

바꿔 말하면 당신이 불만을 품고 있는 현재에 대해 당신은 피해자이자 공범인 셈이다.

내가 하고 싶은 말은 이렇다. "추가 근무로 못 간 여행을 언제 또 시간 내서 가지?"라고 투정 부리지 말고 그 대신 자문하라. "게으름 피우며 보낸 시간을 언제 보충하지?"라고 말이다.

또한 남들이 놀고 게으름 피우고 흐지부지 산다고 해서 당신도 안심하고 시간을 낭비해서는 안 된다. "나는 나무꾼이고 그들은 목동이다. 그들과 온종일 논다면 그들의 양은 실컷 풀을 뜯어 먹을 수 있지만 내 땔감은 언제 모을 것인가?"라고 수시로 자신을 일깨우라.

[20]

자율은
자신과의 전쟁이다

어느 날 나는 SNS에 이런 글을 올렸다.

'눈이 영혼의 창이라면 눈두덩이는 영혼의 창틀이다.'

그 글을 읽고 아이디가 '올빼미 선생'인 친구가 전화를 걸어와 나에게 물었다.

"어떻게 해야 일찍 자고 일찍 일어날 수 있지?"

그는 항상 이런 식이었다. 연락이 끊겼다가 오랜만에 전화를 걸어와도 다짜고짜 본론부터 들이밀었다. '잠깐 통화 가능할까?', '요즘 잘 지내고 있지?', '그곳 날씨는 어때?' 등의 인사말을 꺼낸 적이 없었다. 무의미한 인사말을 주고받는 것은 시간 낭비라고 생각하는 듯했다.

'올빼미 선생'은 내가 알고 있는 사람 중에 가장 답답한 디자이너였다. 그의 첫인상은 스마트폰만 쥐어주면 평생을 잘 살 수 있는 사람 같았다.

'올빼미 선생'이 다짜고짜 그런 질문을 한 이유는 자초지종을 듣고 나서야 알 수 있었다. 그는 어릴 때부터 아픈 적이 없을 만큼 매우 건강한 체력을 자랑했다. 그런데 요즘 들어 부쩍 건강이 나빠지고 있었다. 평소 채식 위주로 식사를 하는데도 갑자기 얼굴에 여드름이 났고, 날마다 꾸준히 운동하는데도 면역력이 떨어졌으며, 조깅하는 습관도 갑작스런 가슴 통증으로 중단하게 되었다. 그뿐만이 아니었다. 간헐적으로 이명 현상과 눈이 충혈되는 증세가 나타났으며, 심지어 피부 알레르기 증상까지 생겼다. 과일만 먹으면 팔과 두피에 마치 모기에 물린 것처럼 두드러기가 났던 것이다. 아침에 일어나면 수건이나 옷, 침대 시트에 머리카락이 한 다발 빠져나오기 일쑤였다.

"어떨 때는 내가 민들레 홀씨가 된 기분이야. 바람만 불면 머리카락이 다 빠져 대머리가 될 것 같거든."

가장 심각한 경우에는 1주일에 무려 세 번이나 병원을 찾아갔다. 의사는 모든 문제의 원인은 오랫동안 밤낮을 바꿔 살아서 그렇다고 진단했다.

"큰 병은 없어요. 다만 자질구레한 증세들로 일상생활이 불편할 뿐이지요."

그는 지금 날마다 네 가지 알레르기 약을 복용하고 있다. 약을 먹고 나면 정신이 혼미해지는데 막상 쉽게 잠이 들지는 않는다. 그렇다고 일에 몰두하자니 약효 때문에 집중력이 크게 떨어져 그마저도 쉽지 않다. 이에 그는 이렇게 말했다.

"난 이제야 깨달았어. 몸이 우리가 상상하는 것만큼 내구성이 좋지 않다는 사실을!"

여러 해 동안 올빼미 생활을 하던 그가 수면에 대한 근심 걱정을 드러내며 견디기 힘들 정도로 건강이 안 좋아졌다고 털어놓았다. 나는 그에게 말했다.

"자네에게 필요한 것은 편안한 수면의 비결이 아니라 제시간에 잠자리에 드는 끈기야. 그리고 잠자기 전에 스마트폰을 꺼버리는 것도 필요해."

"하지만, 하지만."

그는 두 번이나 반복하고서야 이렇게 말했다.

"밤새워서 처리해야 할 일이 많아서 잠을 잘 수가 없어. 정말 잠을 잘 수가 없다니깐."

난 이렇게 말했다.

"사실 자네는 생각만큼 바쁜 편이 아니야. 자네가 밤새워 일하는 것은 업무가 산적해서가 아니라 낮에 그 일을 미처 끝내지 못했기 때문이야. 밤을 새우는 것도 일이 많아서가 아니라 스마트폰을 손에서 놓지 못하기 때문이라고."

내가 하고 싶은 말은 이렇다. 당신이 잠을 이루지 못하는 것은 지극히 정상적인 현상이다. 밤새워 사랑을 속삭이는 것도 아니고, 온종일 아무것도 하지 않은 채 스마트폰을 뒤적거리며 남들이 하루 동안 노력한 성과만을 엿듣고, 남들이 자랑하는 행복한 삶을 엿보기만 하니 어찌 쉽사리 잠들 수가 있겠는가? 실상 당신은 밤을 새운다는 핑계로 하루 동안 허송세월한 것에 따른 초조감을 땜질하려 들고, 담배 두 갑으로 목을 '보호'하고, 커피와 술로 계속해서 밤을 새우라고 '격려'하고 있는 것이다.

밤을 지새우며 일을 하면 마치 당신이 꿈꾸는 워커홀릭이 된 듯한 성취감을 느낄 것이다. 하지만 아쉽게도 밤샘 기간이 길어진다고 해서 일의 능률이 오르는 것은 아니다. 겨우 두서너 시간 잠을 자고 알람 소리에 눈을 뜨면 잔뜩 짜증이 몰려오면서 아마 마음속으로는 이렇게 외칠 것이다.

'왜 벌써 날이 밝은 거지? 난 왜 이렇게 힘들게 사는 걸까?'

설령 육체적으로는 억지로 이불을 박차고 일어나지만 영혼은 여전히 깊은 잠에서 깨어나지 못한다. 그다음에는 아침밥은커녕 옷매무새나 마음을 정돈할 시간조차 없이 허둥지둥 출근길에 나설 것이다. 물론 초조하고 효율성 낮고 혼돈에 가득 찬 하루를 보내는 것은 당연하고. 그렇게 며칠을 반복하고 나면 당신의 얼굴에는 눈 밑 처짐과 다크서클이 생기고 집중력과 기억력이 현저하게 감퇴한다. 얼굴색은 칙칙해지고 날마다 하품을 입에 달고 살고 괜한 우울감에 시달린다. 그렇게 시간이 지나다 보면 밤은 정신의 정토(淨土)가 되고, 침대는 영혼의 성전이 되며, 이불은 청춘의 묘지가 된다. 고요하고 무료한 밤에 당신은 편안하지만 생기를 찾아볼 수 없고, 자유롭다고 여기겠지만 실상 사방에 위기가 도사리고 있다! 그렇다. 당신의 영혼은 밤을 지새우는 것을 즐길지 몰라도 당신의 육체는 감당하지 못한다.

뜻대로 이뤄지지 않는 생활 속에서 남들은 꼼꼼하게 계획을 세우고 차근차근 실행해 나아간다. 하지만 당신은 "아, 귀찮다!"라고 외치며 기분전환을 한답시고 스마트폰을 들여다본다. 그러다 어느새 새벽이 밝아온다. 당신은 새벽 네 시 반 동틀 무렵의 도시의 모습을 본 적이 있는가? 남들은 전날 일찍 잠자리에 들었기에 그 시각이면 이부자리를 개키고 활력 넘치는 새로운 하루를 시작한다. 하지만 당신은 밤을 꼬박 새운 탓에 그 시각이면 점차 졸음이 쏟아지기 시작할 것이다.

그렇다면 인간은 잠을 자면 편안하기 때문에 잠을 자는 걸까? 아니다. 인간에게는 수면이 매우 중요하기 때문에 잠을 자는 것이다. 그만큼 중요하기에 우리는 삶의 3분의 2를 잠으로 보낸다. 그 대신 맑고 청량한 두뇌와 왕성한 활력을 얻고, 또 신체의 모든 기관이 활발하게 활동하기 때문에 건강과 규칙적인 생활을 영위할 수 있다.

그렇다면 밤을 새우면 죽는 걸까? 꼭 그렇지만은 않다. 하지만 확실한 것은 밤을 새우는 날이 많을수록 사망률이 정상인보다 훨씬 높다는 것이다.

생물학적 시계에 저항하는 행위는 당신의 몸속에 회복 불가능한 상처를 남긴다. 건강에 적신호가 켜졌을 때 당신은 비로소 '병이란 산이 무너지는 듯 갑자기 들이닥친다'는 말뜻을 이해하게 될 것이다. 당신이 즐겨 지새우던 밤은 낮 시간을 비몽사몽 속에서 허비했기에 가능한 것이다. 행운이 당신을 스쳐 지나간 후에야 당신은 '백일몽(白日夢)'의 뜻을 실감할 수 있을 것이다.

그러므로 주위 사람들에게 더욱 미움받고, 더 큰 초조감을 느끼고, 더 빨리 늙고 싶다면 실컷 밤을 지새우도록 하라. 어차피 당신이 그토록 좋아하는 사람은 이미 깊이 잠들어 있을 테고, 당신이 그토록 꿈꾸는 미래도 지금은 휴식 시간이다. 하릴없이 보내는 기나긴 밤이 당신에게 주는 게 돌연사 외에 무엇이 더 있겠는가?

한샤오러우가 하프마라톤 시합에서 받은 상패를 SNS에 올렸을 때 나는 너무 놀라 떡 벌어진 입이 다물어지지 않을 정도였다. 200미터를 달리는데도 세 번이나 쉬어서 가던 그녀가 20킬로미터를 완주하다니!

'자기를 책임질 줄 아는 당신, 정말 대단하다.'

내가 달아놓은 댓글에 그녀는 이렇게 회신했다.

'태어날 때부터 자기를 책임져야 한다는 걸 아는 건 아니야. 모두가 실패를 겪고 나서야 깨닫곤 하지. 노력하지 않는 인간은 천벌을 받을 거야!'

내 기억 속의 한샤오러우는 친구 모임에서 종종 투명 인간처럼 무시당하곤 했다. 매우 뚱뚱하고 열등감에 사로잡혔으며 또 예민하기 짝이 없었다. 그녀는 이렇게 회상했다.

"당시 나는 구멍 난 청바지를 좋아했지만 사람들 앞에서는 앉을 수가 없었어. 구멍 사이로 살이 비죽 비집고 나왔거든. 게다가 사람이 서너 명만 모여 있어도 그 앞을 지나가는 것이 두려웠어. 쇼핑도 잘 안 나갔어. 거리에 나가면 내가 제일 뚱뚱한 것 같았거든. 남자 친구는 둘째 치고 동성 친구도 손에 꼽을 정도였어."

혼자 다니거나 사람들과 교류를 피하거나 혹은 헐거운 옷이 뚱뚱한 외모를 감출 수 있었다면, 3년 전 그날의 일은 그러한 가림막을 완전히 걷어 젖히는 계기가 되었다. 그날은 채용 신체검사가 있었다. 자동 신장체중계는 개방된 로비에 있었다. 그녀가 속한 팀에는 총 13명이 있었는데 한 사람씩 차례로 몸무게를 재었다. 한샤오러우 앞에 선 남자가 체중계 위에 오르자 담당자가 말했다.

"키 백팔십오 센티미터, 몸무게 칠십팔 킬로그램입니다."

이어서 한샤오러우가 체중계 위에 올라가자 "키 백육십이 센티미터, 몸무게 칠십팔 킬로그램입니다"라고 말했다. 순간 신체 검사장은 웃음바다로 변하고 말았다. 심지어 "두 사람 몸무게가 똑같은데 천생연분인 것 같아요!"라고 농담을 던지는 사람도 있었다. 체중계에서 내려온 한샤오러우는 자기 자신과 절교하고 싶을 만큼 깊은 자기혐오에 빠지고 말았다. 회사 로비를 빠져나오는데, 로비에 설치된 수족관 속 열대어마저 자신을 비웃는 듯한 느낌이 들었다.

그날의 일은 한샤오러우의 마음에 대지진을 일으켰다. 이제 남은 것은 지진으로 무너진 자아를 재건하는 일이었다. 고통스러운 다이어트를 시작한 것이다. 그녀는 한 달 동안 삶은 채소만을 먹었다. 너무 견디기 힘들 때는 다른 사람들이 고기를 먹는 모습만 봐도 군침을 흘릴 정도였다. 한번은 고기찜을 먹으려다 고기를 다시 뱉어내는 꿈도 꿨다. 다이어트에 대한 강박관념이 얼마나 강했는지 짐작하고도 남았다.

그녀는 지방흡입술을 받느라 몸이 아파서 사나흘 동안 잠도 제대로 자지 못했고, 다이어트에 효과가 좋다는 약을 무턱대고 먹다가 배탈이 나서 고생도 했다. 조깅할 때도 숨이 차서 쓰러질 것만 같으면 그제야 속도를 줄이다 다시 이를 악물고 달렸다. 한밤중에 배가 고파 눈이 빙빙 돌 지경이 되면 차가운 물을 벌컥벌컥 들이켰다.

그런 그녀의 모습을 보다 못한 엄마는 울면서 "도대체 뭣 때문에 너 자신을 이렇게 괴롭히니?"라며 만류하기도 했다. 하지만 그녀에게는 딱 하나의 집념만 있었다.

'절대로 남들의 웃음거리가 되지 않겠다!'

음식 앞에서 그녀는 더 이상 머뭇거릴 필요도 없고 먹고 싶은 충동을 억제할 필요도 없었다. 그저 무시무시한 야수를 본 것처럼 그대로 삼십육계 줄행랑을 쳤다!

몸무게가 94킬로그램에서 78킬로그램으로 줄어들었을 때는 '다이어트는 자학 행위야'라고 느꼈고, 78킬로그램에서 66킬로그램으로 줄어들었을 때는 '체력 단련도 중독이구나'라고 느꼈다. 그리고 몸무게 57킬로그램을 유지하면서부터는 '살이 빠졌다고 끝난 것이 아니야, 이건 시작에 불과해'라고 생각하게 되었다.

변화하는 몸무게의 숫자는 주변 사람들은 상상할 수 없는 고통과 이해할 수 없는 쾌감을 가져다주었고, 또 자신감과 의지력을 한층 강하게 해주었다. 전에는 누군가가 허락 없이 사진을 찍을 때면 경고에 가까운 어조로 그 사진을 지우라고 화를 냈지만 지금은 오히려 환하게 웃으며 카메라를 응시한다. 또 전에는 두세 사람이 옆에서 거들어줘도 제대로 일상생활을 꾸려나가지 못했는데, 지금은 혼자서도 다채로운 생활을 누릴 수 있다. 또 전에는 자다가 악몽을 꾸고 나면 사나흘은 괴로워했지만 지금은 차를 몰다 중간에 타이어가 펑크 나도 여유롭기만 하다. 누군가가 그녀에게 다이어트를 한 동기를 물으면 그녀는 간단하게 대답한다.

"못생겼다고 흉볼까 봐서요."

누군가가 그녀에게 체력 단련을 하는 목적을 물으면 그녀는 간단하게 대답한다.

"오래 살고 싶어서요."

누군가 그녀에게 날씬해지고 난 뒤의 느낌에 대해 물으면 그녀는 간단하게 대답한다.

"적게 먹으면 정말 날씬해져요. 날씬해지면 정말 예뻐 보이고, 예뻐 보이면 그만큼 이로운 점이 많아요."

그렇다면 당신은 어떠한가?

날마다 당신의 속마음은 '하나님, 나도 그녀처럼 날씬해지고 싶어요'와 '우와, 이거 너무 맛있는데?' 사이에서 배회하고 있지 않나? 매번 체중계의 바늘이 가리키는 숫자를 볼 때면 옷은 물론 양말까지 모조리 벗어 던지거나 화장실을 다녀오거나 심지어 눈썹까지 밀어버리고 싶지 않나? 설탕을 넣지 않은 밀크티는 싫어하지 않나? 인간의 '육욕(六欲)' 중 식욕이 가장 강한 탓에 매번 갈비, 오리구이, 햄버거, 치킨에 무너지지 않나? 낮에 5천 보를 걸었다는 핑계로 저녁에는 밥 한 그릇 더 먹지 않나? 밥 한 숟갈 더 먹는다고 살찌지 않으리라고 생각하지 않나? 커피 리필을 해준다고 혹은 두 잔째는 50퍼센트 할인해주기 때문에 한 잔만 마시면 낭비라고 생각하지 않나? 함께 술 마시고 놀아줄 친구들이 줄을 서서 기다리는데 그들과 함께 어울리지 않는 건 우정이 아니라고 생각하나?

음, 이 세상에 억울한 뚱보는 없다!

음식을 힘으로 바꿀 수 있다면 당신은 분명 역기 챔피언이 됐을 것이다. 혹은 지식으로 바꿀 수 있다면 당신은 대학자가 됐을 것이다. 하지만 안타깝게도 음식은 그저 지방으로만 변할 수 있다. 믿지 못하겠다면 체중계를 보라. 체중계의 바늘을 속일 수 있겠는가? 그러므로 자신에게 기대를 가지고 있다면 절대로 다이어트를 포기해서는 안 된다. 그 점은 당신도 잘 알고 있을 것이다. 외모를 중시하는 사회에서는 아름다운 용모를 가진 사람이 기준이 될 수밖에 없다.

호의를 담아 이렇게 충고해주고 싶다. 뚱뚱한 몸매와 어떻게 입어도 보기 흉한 패션은 철저한 배신자처럼 당신의 궁색함과 무절제를 만천하에 폭로할 것이다. 또한 신체 각 부위의 지방은 충직한 방패처럼 그 어떤 각도에서 날아오는 큐피드의 화살도 모조리 막아낼 것이다.

이런 말을 익히 들었을 것이다.

"몸매가 좋다는 것은 식욕을 절제할 줄 안다는 것을 의미하고, 품성이 좋은 것은 자기 수양에 절제가 있음을 의미하며, 주위 사람들로부터 인기가 좋다는 것은 성미를 자제할 줄 안다는 것을 뜻하며, 사업이 잘된다는 것은 당신이 시간, 능력, 체력 면에서 모두 절제하고 있음을 의미한다."

안타깝게도 대다수 사람은 절제 있는 삶을 추구하면서도 하나같이 균형을 잃은 생활을 하고 있다. 가령 3개월 동안 10킬로그램을 다이어트하기로 다짐하지만 오히려 5킬로그램이 더 는다. 일찍 자고 일찍 일어나는 습관을 기르기로 결심하지만 밤마다 스마트폰과 컴퓨터에 빠져 밤을 새우기 일쑤다. 세련되고 단정한 외모를 유지하기로 결심하지만 날마다 늦잠 자서 아침이면 부랴부랴 출근 준비를 하느라 옷매무새를 다듬지도 못하고 집을 나서기 일쑤다. 날마다 직접 밥을 짓고 반찬을 만들기로 계획하지만 실상 배달 음식으로 끼니를 때우곤 한다.

얼핏 보기에는 기운이 팔팔 넘치고 원기 왕성해 보이지만 실상은 온몸이 병이다. 감기 한 번 걸려도 사나흘은 병가를 내고, 한 번 넘어져도 제대로 일어서지도 못한다. 겉으로 보기에는 적극적으로 발전해나가는 것 같지만 실상은 적극적으로 폐인이 되어가고 있다. 택시를 잡지 못하면 어린아이처럼 엄마 아빠를 찾으며 울어대고, 물건의 상표를 잘못 뜯으면 길길이 날뛰며 화를 낼 것이다.

문제는 술을 마시면 괴롭고, 또 실수를 저지를 것임을 잘 알기에 금주를 맹세하지만 막상 식사 모임에 나가면 '오늘 하루만 취하자'는 유혹에 넘어가곤 한다. 흡연이 건강에 나쁘다는 사실을, 차가운 물에 머리를 감으면 두통이 생긴다는 것을, 군것질을 많이 하면 식사를 제대로 하지 않게 된다는 것을, 길거리 음식이나 아이스크림을 많이 먹으면 배탈 나기 쉽다는 것을, 유튜브나 SNS에 빠지면 잠을 제대로 잘 수 없다는 것을, 밥을 먹자마자 드러누우면 배가 나온다는 것을 당신은 잘 알고 있다. 그렇게 잘 알고 있으면서도 그 유혹을 이기지 못한다. '내 인생은 내 마음대로!'라는 핑계 아래 자업자득의 방식으로 스스로를 해친다.

그래서 당신은 한편으로는 밤을 지새우고 또 다른 한편으로는 가장 비싼 마사지 팩과 아이크림을 바른다. 또한 기를 쓰고 음식을 먹어 치우면서 또 다른 한편으로는 비타민, 구기자차를 마신다. 한마디로 한편으로는 자기 건강을 해치면서 또 다른 한편으로는 건강식품을 먹고 있다. 이는 인간성에도 부합된다. 자기 자신이 위를 망치고 있다는 사실을 알면서도 음식 탓을 하고, 자기 스스로 건강을 해치고 있다는 사실을 알면서도 스트레스 탓을 하고, 자기 자신이 인생을 망치고 있다는 사실을 알면서도 운명 탓을 한다.

사실 자율은 자신과의 전쟁이며, 적수는 바로 당신의 천성이다.

나는 당신의 걱정 근심을 잘 알고 있다. 머리를 짜내 작성한 기획안을 상사로부터 인정받았지만 그걸 어떻게 실행할 것인지 한층 걱정스럽고 불안하다는 사실을, 이번 시험에서 좋은 성적을 거뒀지만 앞으로 지금의 성적을 유지하며 더 좋은 성적을 얻을 방법을 고심하고 있다는 사실을, 회사에서도 인정받거나 혹은 사업이 나날이 승승장구하는데 주변에는 이미 큰 성공을 거둔 친구가 많아 마음이 초조하고 불안하다는 사실을…….

그래서 당신은 아직 발생하지 않은 일 때문에 불안으로 밤을 지새우고, 일시적인 우울감은 폭식으로 이어지며, 무료함을 달래기 위해 드라마에 빠지고, 제아무리 노력해도 남보다 못하다는 생각에 방탕한 생활에 빠진다. 소극적인 정서는 당신이 유혹 앞에서 그 어떤 저항도 할 수 없게 한다. 이때 자율은 특히나 중요하다. 예컨대 동물처럼 본능과 욕망을 따르고, 고통으로부터 도망쳐서 편안하고 쉬운 것을 선택한다면 당신이 얻는 것은 자유가 아니라 노역이다. 당신의 인생은 선택이 아니라 복종이 되고 만다. 바꿔 말해서 당신 마음대로 인생을 살기를 원한다면 절제와 인내를 배워야 한다. 가령 일하고 휴식하는 것, 식욕, 정서 등을 스스로 통제할 수 있어야 한다.

성장 과정에서 우리는 자신의 욕망을 다스리는 법을 배워야 한다. 욕망을 다스리는 주체가 되어 원하는 대로 인생을 살아야 한다. 그 욕망에 끌려 다니며 상처투성이가 되어서는 안 된다!

자율은 처음에는 꾸준한 인내를 필요로 하지만 나중에는 자기 하고 싶은 대로 마음대로 할 수 있다. 일찍 자는 사람은 남보다 먼저 선창 안으로 몸을 피해 정서의 풍랑을 순조롭게 피할 수 있다. 일찍 일어나는 사람은 놀이공원에 맨 처음 입장한 관광객처럼 가장 새롭고 질서 있는 세상의 모습을 볼 수 있다. 삼시 세끼를 꼬박꼬박 잘 챙겨 먹는 사람은 운명의 VIP 카드를 받은 것과 같으며, 그의 생활은 막다른 골목에 처할 일이 없다. 꾸준히 체력 단련을 하는 사람은 세월에 대항하는 비밀병기를 가진 것과 마찬가지로 가끔은 미울 때도 있지만 영원한 아름다움을 간직한다.

자율적인 사람에게는 사랑이 부족한 것보다 수면 부족이 더 무섭고, 재물보다는 목숨을 더 소중히 여긴다. 그들의 특징은 신속하게 착수하고 집중력을 오랫동안 유지한다. 그들은 건강한 신체야말로 흥미로운 영혼에 잘 어울리며, 나약한 신체는 영혼의 감옥이라는 사실을 잘 알고 있다.

그러므로 당신의 건강을 잘 보살피라. 어차피 당신의 심리는 이미 삶에 짓밟혀 이상해질 대로 이상해지지 않았는가?

'내 인생은 내 마음대로!'라는 핑계 아래 자업자득의 방식으로 스스로를 해친다.
마음대로 인생을 살기를 원한다면 절제와 인내를 배워야 한다.

21

포기는 쉽지만
지키는 것은 어렵다

SNS를 훑어보다 오랜만에 류난쯔의 최근 사진이 올라온 것을 발견했다. 머리칼을 짧게 깎은 사진 옆에는 '스포츠형 헤어스타일은 킹카인지 아닌지를 판단하는 유일한 기준이다'라는 글이 적혀 있었다.

류난쯔는 모두가 인정하는 우등생인 데다 외모도 잘생긴 편이었지만 약간 노안이다. 고3 시절 대입 시험을 위해 밤낮으로 문제집과 씨름을 벌이는 데다 스트레스가 심해 원형탈모 증세까지 나타났다. 어느 날인가는 이런 일도 있었다. 류난쯔가 시내버스 정거장에서 버스를 기다리는데 지팡이를 짚은 할아버지가 시력이 나쁜 듯 눈을 가늘게 뜨고서 그에게 물었다.

"노형, 기차역에 가려면 여기서 시내버스 타고 가는 게 맞소?"

류난쯔는 자신의 목울대를 쥐고서는 깊게 가라앉은 목소리로 이렇게 짓궂게 대답했다.

"그렇소, 노형."

그해 대입시험에서 류난쯔는 전국 10위권 대학에 진학할 수 있는 점수를 맞았지만 영어는 73점에 불과했다. 영어 대신 더 많은 시간을 할애했던 수학에서 만점을 받은 그는 낮은 영어 점수를 대수롭지 않게 여겼다. 대학 입학 후 영어 강의 첫날에서야 그는 73점이 무엇을 의미하는지 피부로 실감할 수 있었다. 대단히 서투른 영어로 더듬더듬 자기소개를 하다가 강의실이 웃음바다로 변하고서야 그는 '멘붕'의 의미를 깨달았다.

　하지만 그보다 더 큰 상처를 입은 것은 동기들의 자기소개를 듣고 나서였다. 고3 때 자신이 외운 영어 단어는 기껏해야 100개가 될까 말까인데 무려 영어 단어 1만 개를 외웠다는 친구고, 자신은 톨스토이의 영문 이름조차 쓸 줄 모르는데 톨스토이 전집을 번역했다는 친구며, 자신은 초등학생인 사촌 동생의 영어 교과서조차 읽지 못하는데 찰스 디킨스의《두 도시 이야기》에 관한 영문 논문을 발표한 친구도 있었다.

　그날 밤은 류난쯔의 인생에서 중대한 분수령이 되었다. 밤새도록 자신을 되돌아보며 자문했다.

　"이대로 내 수준을 인정하고 실력이 월등한 애들 사이에서 밑바닥 성적을 유지하면서 지내야 할까? 아니면 지금이라도 영어 공부를 시작해서 나의 무너진 자존심을 다시 세워야 할까?"

　마침내 그는 결정했다. 이대로 포기하지 않고 영어에 죽기 살기로 덤비기로! 그날 이후 류난쯔는 영어 노래만 듣고, 자막 없이 외국어 영화를 보고, 컴퓨터 게임도 영문 버전을 사용했다. 그런 과정에서 영어 공부의 묘미를 터득하게 되었다. 단어 하나를 외울 때마다 색연필로 줄을 그었다. 그럴 때면 컴퓨터 게임에서 악당을 하나하나 응징하는 듯한 쾌감이 들었다. 영어책을 읽다가 이해하기 힘든 구절은 먼저 사전으로 그 뜻을 해석한 뒤 거울 앞에서 그 구절을 반복해서 읽었다. 그다음에는 마치 유치원생들 앞에서 구연동화를 하는 것처럼 생동감 넘치는 표정과 동작으로 그 구절을 외웠다. 듣기가 잘 안 될 때는 귀에 이어폰을 꽂고 밤낮으로 CNN, BBC를 들었다. 자신이 멋진 앵커나 혹은 인터뷰를 하는 스타라고 상상하면서 말이다.

이처럼 눈물 나는 노력 끝에 류난쯔는 점차 자막 없이 TED의 연설이나 외국어 영화를 볼 수 있게 되었고, 영문 고전 소설도 거뜬히 읽을 수 있게 되었으며, 영문 자료도 자유로이 검색할 수 있게 되었다. 영어 강의 시간도 달라졌다. 이제는 더 이상 책상에 머리를 파묻고 숨을 필요 없이 동기들과 당당하게 영어로 토론을 벌일 수 있었다. 영어 스피치 콘테스트에서는 무대 아래 있어도 그만 없어도 그만인 청중이 아니라 단상 위에서 정확한 발음으로 유명인사들의 명언을 줄줄이 읊어대는 참가자가 되었다.

사실 힘들어서 포기한 일보다는 포기한 탓에 한층 힘들어지는 일이 더 많다. 우리가 무언가에 자극을 받고 새로운 결심을 하는 것은 그다지 어려운 일이 아니다. 정작 어려운 것은 그 일의 결과를 예단할 수 없는 상황에서 피곤하고, 따분하고, 온갖 스트레스를 받으면서도 꾸준하게 노력을 기울이는 것이다. 이는 완전히 다른 두 결과를 가져온다. 꾸준히 견지한다면 하나의 신화를 만들어내고, 중도에 포기한다면 뭇사람의 웃음거리로 전락한다.

그렇다면 마음속으로 '나는 노력할 것이다', '나는 변화할 것이다', '나는 누구누구처럼 잘난 사람이 될 것이다'라고 외치는 당신은 어떠한가?

하루를 노력하고서는 '음, 이 일은 나한테 매우 중요해, 반드시 끝까지 해야 해'라고 생각한다. 1주일이 지나면 '어, 생각보다 꽤 귀찮네, 제발 끝까지 해야 할 텐데'라고 생각한다. 그리고 보름이 지난 뒤에는 "흐음, 그다지 나에게 중요한 것 같지 않아. 오늘 하루는 좀 미루자"라고 말한다. 그렇게 하다 말다 한 달이 지나고 나서는 "에잇, 내가 왜 이 일에 나의 소중한 시간을 낭비하고 있는 거지?" 혹은 "어? 내가 언제 그 일을 한다고 했어? 말도 안 돼! 내가 그 일을 어떻게 해?"라고 말한다. 사실상 당신이 불가능하다고 말한 그 일은 이미 누군가가 일찌감치 완성한 일이다. 당신은 항상 신중하고 또 신중하게 계획을 세워야 한다고 스스로를 일깨운다. 다시 말해서 당신은 이미 오랜 시간 생각만 하고 있었다. 이젠 그 생각을 실천으로 옮겨야 할 때다!

안타까운 사실은 평생 준비하고 계획만 세우다 끝내는 사람이 너무 많다는 것이다. 사람과 사람의 격차는 실질적인 행동이 하나씩 하나씩 쌓여서 생긴다. 남들은 두 시간 동안 단어를 외우는 동안 당신은 반나절 내내 컴퓨터 게임만 즐긴다. 남들은 연습문제를 세 장 푸는 동안 당신은 예능 프로그램 세 편을 본다. 남들은 1킬로미터를 달리는데 당신은 온종일 잠만 잔다. 이러한 행동에 30일을 곱하고, 다시 12개월을 곱한다면 남들과 당신 사이의 격차가 어느 정도가 될지 상상하고도 남을 것이다.

내가 해주고 싶은 충고는 이렇다. 당신의 시작점이 남들보다 얼마나 뒤처져 있든, 혹은 당신이 얼마나 많은 실수를 저질렀든, 당신의 진도 속도가 얼마나 느리든 중요하지 않다. 그저 시작하라. 그러면 아직 시작하지 않는 사람들보다 선두에 설 수 있다. 또한 끝까지 그 일을 견지한다면 당신보다 앞서 나간 사람들과의 거리도 한층 가까워질 것이다.

무언가를 견지하는 것은 단순히 결과를 위해서만이 아니다. 그러한 꾸준한 견지는 당신의 젊음을 활기 넘치게 해주고 또 방향성을 제시해준다.

그 어떤 초조함과 방황도 행동 앞에서는 패배하고 만다. 다시 말해서 꿈을 이루는 과정에서 최대의 걸림돌은 언제 달성할지 알 수 없는 막막함이 아니라 그저 꿈만 꾸며 행동하지 않는 것이다.

언젠가 누군가가 한밤중에 10여 통의 메시지를 보내왔다. 글자 수가 족히 3천 자, 메시지에는 글쓰기에 대한 무한한 열정과 어떻게 좋은 글을 써야 할지에 대한 끝없는 곤혹감이 담겨 있었다.

그는 글쓰기 속성 동영상 강의를 수십 편 구독하고 다양한 글쓰기 동아리 활동에 적극적으로 참여했으며, 여러 웹사이트에 회원으로도 가입했다. 하지만 5개월이 지나도록 쓴 것은 글 두 편이 고작이었다.

그는 날마다 컴퓨터 앞에 앉아 모니터를 뚫어져라 바라보며 키보드를 두드리지만 머릿속은 백지처럼 텅 비어 있었다. 날마다 아침에 일어나면 기분이 나빴고, 막상 글을 쓰고 있노라면 자신이 저급하고 졸렬하며 괴상한 표현에만 치우치는 듯한 느낌이 들었다. 그는 자신이 글쓰기에는 재능이 없는 것 같지만 결코 포기하고 싶지 않았다. 그래서 나에게 메시지를 보냈다고 털어놓았다. 영감을 찾는 비결과 속성으로 글쓰기 능력을 향상시킬 비결을 묻기 위해서 말이다.

나는 그에게 이렇게 회신을 보냈다.

'글쓰기 문제라면 알려줄 만한 특별한 비결 같은 건 없습니다. 이 세상에 정말로 단 두 달 만에 천하제일의 명저(名著)를 만들어낼 비결이 있다면 나에게 첨부 파일로 보내주세요.'

사실 내가 하고 싶은 말은 이렇다. 천성적으로 뛰어난 자질을 가진 사람은 그리 많지 않다. 특히 글을 쓰는 일에는 지름길이 없다. 쓰고, 읽고, 생각하고, 기록하면서 지식을 넓히는 것 외에는 딱히 방법이 없다. 그리고 습득한 것이 많을수록 진정한 자신의 글을 쓸 수 있다.

이른바 '무엇을 써야 할지 모르는' 원인은 하나이다. 머릿속에 들어 있는 것이 많지 않아서 뽑아낼 것이 없는 것이다.

우리는 인내심은 걸핏하면 펑크가 나고 이상(理想)은 좀체 모습을 드러내지 않는 시대에 살고 있다. 또한 날마다 수많은 사람이 기나긴 노력의 과정을 생략하고 손쉽게 이룰 수 있는 성공의 지름길을 찾아 헤맨다.

그 때문에 우리는 이러한 광고 문구의 홍수 속에 살고 있다. 예컨대 'XX 영어 스터디, 단 1개월 만에 제로 상태에서 유창한 영어 회화를 가능하게 해줍니다!', 'XX 글쓰기 스터디 캠프, 3개월 만에 책 출간을 보장합니다!', 'XX 다이어트약, 식단 조절이나 운동을 하지 않고도 2킬로그램을 뺄 수 있습니다!' 등등. 그 결과 우리는 돈은 돈대로 시간은 시간대로 노력은 노력대로 투자하며 얼핏 비결을 터득한 것처럼 보이지만 여전히 백지상태를 면하지 못한다.

정말로 뛰어난 사람은 잘 안다. 이른바 지름길이란 우직해 보일 만큼 꾸준히 견지하는 것이라는 사실을. 영어를 잘하려면 열심히 단어를 외우고 문법을 익혀야 한다는 것을, 날씬해지고 싶다면 식단을 조절하고 꾸준히 운동해야 한다는 것을 잘 알고 있다. 또한 지식과 지혜는 결코 천부적인 재능이나 마법이 아니라 폭넓은 독서를 통해서 얻을 수 있다는 사실을 잘 알고 있다. 뛰어난 성적도 우연이나 행운이 아니라 수많은 문제를 풀면서 닦은 실력 덕분임을 잘 알고 있다. 그래서 그들은 눈앞의 성공과 이익에 목매지 않으며, 즉각적인 효과를 좇지도 않는다. 그저 날마다 목표를 향해 꾸준히 전진할 따름이다. 그 결과 남들이 방황할 때 그들은 자신이 무엇을 해야 할지를 정확히 알고 있으며, 남들이 속수무책일 때 그들은 방법을 찾아내고, 남들이 막다른 골목에 처했을 때 그들은 거뜬히 출구를 찾아낸다.

그러므로 당신의 인생이 바닥에 곤두박질치고 남들보다 뒤처졌다고 생각될수록 자기 힘으로 자신을 일으켜 세워야 한다. 그렇다면 우리는 어떻게 자신을 일으켜 세울 수 있을까? 자신의 갈망에 충실해야 한다. 즉, 조급해하거나 포기하거나 무성의하게 방치하지 않고 지금 하는 일에 최선을 다하는 것이다. 설령 그것이 음식을 조리할 때 조미료의 분량을 정확히 조절거나, 블로그에 글을 업로드할 때 최대한 오탈자를 피하거나, 독서할 때 마음에 드는 문장을 기록하거나, 저녁에는 일찍 잠자리에 들거나, 낮에는 스마트폰을 최대한 멀리하거나, 사랑을 고백했다가 퇴짜 맞았을 때 다시 용기를 내어 고백하거나, 외출할 때는 문을 잠그는 것을 잊지 않거나, 언제나 미소로 사람을 대하거나 등등일지라도. 능력에 한계가 있고, 기회도 많지 않고, 출발점이 남들보다 뒤처진 당신에게는 이러한 사소한 것들도 매우 중요하다.

내가 하고 싶은 말은 이거다. 제아무리 거창하고 요원한 목표라도 수년을 나누고 다시 365일로 나누면 적은 노력으로도 달성할 수 있는 작은 성취에 불과하다. 반면에 제아무리 사소한 일이더라도 365일을 곱하고 다시 수년을 곱하면 거창하고 어마어마한 큰일이 된다.

변화는 하루하루가 쌓이는 기나긴 과정이다. 단 며칠 만에 괄목상대할 수 있는 큰 변화를 바라서도 안 되고, 한순간에 환골탈태할 수 있기를 바라서도 안 된다. 그것은 변화가 아니라 성형 혹은 장기이식에 가깝다.

변화는 눈에 보이지 않는다. 태양이 동녘에서 떠올라 우리 머리 꼭대기까지 오는 동안의 속도를 알 수 없는 것처럼, 나뭇잎이 언제 갈색으로 변하는지를 알 수 없는 것처럼, 당신이 언제쯤 남들보다 월등하게 발전할 수 있는지 알 수 없는 것처럼, 혹은 언제쯤 남들보다 현저하게 뒤처지는지 알 수 없는 것처럼.

천 리 길도 한 걸음부터이지만 인생의 나락으로 떨어지는 것도 한 번의 게으름이 초래한다.

언젠가 누군가가 즈후(지식공유 플랫폼)에 이런 질문을 올려놓았다.

'사장에게 연봉을 올려달라고 암시하는 방법 좀 알려주세요.'

그 사람이 소개한 상황은 이랬다. 명문대학을 졸업하고 중견 회사에 입사한 지 수 년이 지났는데 사장이 한 번도 연봉을 인상해주지 않았다. 그는 내심 억울했지만 그렇다고 사장에게 직접적으로 말을 꺼내지도 못했다. 그러다 보니 업무에 대한 열정도 사라지고 대충 일 처리하는 것이 습관이 되고 말았다.

'사장이 연봉을 인상해주면 그때부터 열심히 일할 겁니다. 하지만 인상해주지 않는다면 지금처럼 그저 시간이나 때우겠지요. 어차피 돈을 적게 주는 사장이나 업무를 태만하게 하는 직원이나 피장파장 아닙니까?'

그의 게시 글에 달린 베스트 댓글의 내용은 이랬다.

'회사에서 당신만큼 뛰어난 사람이 없을 정도로 능력이 출중하고, 또 현재의 연봉보다 훨씬 많은 효용 가치를 발휘했다면 그런 암시 따위는 필요가 없지요. 아마 사장이 먼저 나서서 당신의 연봉을 인상해줬을 겁니다. 그럼에도 사장이 연봉을 인상해주지 않은 거라면 회사를 때려치우세요. 그런 곳에서 부당한 대우를 받을 필요가 없습니다. 하지만 지금까지 당신이 언제든지 값싼 노동력으로 대체할 수 있는 만큼의 효용 가치를 발휘했다면 아마 사장은 당신의 연봉을 인상해줄 필요성을 못 느꼈을 겁니다. 회사는 자선기관이 아니잖아요?'

사실상 많은 이가 업무에 기울이는 노력은 그저 해고를 당하지 않을 만큼의 수준에 불과하다. 또한 그들이 받는 월급도 당장 회사를 때려치우고 싶은 생각이 안 들 정도의 수준에 불과하다.

인류라는 종은 지극히 단순하면서도 동시에 대단히 교활하다. 여기서 단순하다고 말하는 이유는 우리가 '노력하면 그만큼의 보답을 받는다'는 확신이 들면 곧바로 열심히 노력하기 때문이다. 반대로 교활하다고 하는 이유는 '노력해봤자 헛수고이다'라고 생각하면 온갖 방법을 동원해서 게으름을 피우기 때문이다!

이러한 본성 때문에 수많은 사람이 계속 타성에 젖어 살아가고 있다. 그래서 우리 주위에는 정크푸드를 게걸스럽게 먹어 치우면서도 근육질의 건강한 몸매를 꿈꾸고, 밤낮으로 게임에 묻혀 살면서도 뛰어난 성적의 우등생이 되기를 바라고, 사무실에서 게으름을 피우면서도 하루라도 빨리 돈을 벌어 금전적으로 자유로워지기를 바라는 사람이 많다.

온종일 간신히 목에 풀칠이나 하며 그 어떤 삶의 생기도 동기도 없이 살고 있다면 영웅이 되고자 하는 꿈을 버리고 착실하게 평범하고 비루한 삶에 만족하며 살라고 말하고 싶다. 아무런 힘도 들이지 않고 크게 성공하기를 바란다면 꿈 깨라!

자기 힘으로 자신을 일으켜 세우는 법.
자신의 갈망에 충실해야 한다. 조급해하거나 포기하거나
무성의하게 방치하지 않고 지금 하는 일에 최선을 다하는 것이다.

젊은 시절에는 갖고 싶은 것이 많다. 부자이고 싶고, 권력가이고 싶고, 자유롭고 싶고 또 세계 곳곳을 여행하고 싶다. 하지만 진정으로 뛰어난 사람은 탐내서는 안 되는 것, 또 죽자 살자 덤벼서 쟁취해야 할 것을 알고 있다.

그러므로 무슨 일인가를 결심했을 때는 남들에게 '그 일을 할 만한 가치가 있을까?', '과연 내가 할 수 있을까?' 등의 질문을 하지 말라. 애니메이션 〈원피스〉에서 루피가 '해적왕'이 되겠다고 결심할 때 주변 사람들에게 "내가 해적왕이 될 수 있을까?"라고 묻는 걸 본 적 있는가?

당신이 한 가지 분명하게 깨달아야 할 사실이 있다. 이 세상의 모든 선택에는 그에 상응하는 결과가 따른다는 것이다. 즉, '편안하지만 절망적인 삶을 사는가?' 아니면 '고통스럽지만 희망적인 삶을 사는가?'이다. 예컨대 닭장에 갇혀 사는 닭은 먹거리 걱정은 없지만 대신 조만간 솥에 들어가 음식상에 오를 운명이다. 반면에 들판의 학은 자신의 힘으로 하루하루 먹거리를 구해야 하지만 대신 드넓은 세상을 날아다니며 자유로이 살 수 있다. 바꿔 말하면 당신이 원하는 결과에는 그에 상응하는 대가를 치러야 한다. 견디기 힘들어서 포기하고 싶다면 그 어떤 후회나 원망도 해서는 안 된다.

이른바 '이를 악물고 버틴다'라는 말은 '얼마간의 희생이 필요하다'라는 뜻이다. 그러기 위해서는 진심에서 우러나오는 마음으로 희생을 치르며 설령 나쁜 결과를 얻더라도 기꺼이 받아들일 마음의 준비가 필요하다.

여기서 특별히 강조하고 싶은 것은 노력에 항상 보답이 따르는 것은 아니며, 또 즉시 그 효과를 볼 수 있는 것은 아니라는 점이다. 아마 철모르는 아이들만이 '노력하면 반드시 성공한다'는 말을 곧이곧대로 믿으며 '미래'는 곧 '행복하게 될 것이다'라고 믿을 것이다.

그렇다면 우리는 왜 그처럼 끝까지 견지하며 계속해서 노력하는 걸까? 왜 실패할 것이라는 사실을 알면서도 반드시 성공하려고 애를 쓰는 걸까? 그것은 고통스러운 노력은 결코 다른 사람과 나눠 가질 수 없고 오롯이 혼자의 힘으로 버텨야 하기 때문이다. 또한 흔하고 평범한 사람으로 평생 그럭저럭 살아가기 싫기 때문이다. 또 돈이나 사랑, 생계 때문에 노심초사하기 싫고, 자신이 싫어하는 일을 하며 평생을 살고 싶지 않으며 좋은 것은 값비싼 대가를 치러야 한다는 사실을 잘 알기 때문이다. 마지막으로 인생의 결과가 원하는 대로 이뤄지든 혹은 뜻대로 이뤄지지 않든 상관없이 어차피 한 번 태어난 인생을 후회하지 않고 살고 싶기 때문이다!

내가 조언하고 싶은 말은 이렇다. 지금까지 내가 한 말들을 맹목적으로 과신하지 않는 것이 좋다. 당신이 갈망하는 것이 없고, 또 행동으로 끝까지 지켜나갈 수 없다면 그 어떤 조언이나 명언도 헛소리에 불과하다!

22

우수하다는 것은
자기 느낌이 아니라
객관적인 사실이다

아마도 대부분의 사람이 근무하는 시간대였던 탓인지 커피숍은 한산했다. 직원은 모카커피 두 잔을 내놓은 뒤 자발적으로 사라졌다. 아마도 우리가 그저 대화를 나누는 것일 뿐 결코 다투고 있는 것이 아니라는 사실을 알기 때문이었으리라.

나의 맞은편에 앉아 욕설을 내뱉고 있는 사람은 장츠였다. 문서 파일을 바닥에 내동댕이치며 길길이 날뛰는 그의 모습은 마치 꼬리를 밟힌 강아지 같았다. 그는 분노에 가득 찬 표정으로 말했다.

"내가 누굽니까? 가난한 집안에서 태어나 독학으로 이십 년을 공부해서 대학원까지 졸업했습니다. 그런데 겨우 중졸 학력의 늙다리 팀장이 몸종 부리듯 이걸 고쳐라, 저걸 고쳐라 합니다. 근데 웃기는 것은 그의 요구가 하나같이 유치해서 웃음이 나올 정도라는 겁니다. 기본적인 미학 상식마저 이해 못 하는데 어떻게 그 자리까지 올라갔는지 모르겠어요!"

그 말을 하는 동안에도 그는 여러 번 욕설을 퍼부었다. 그러고는 이어서 말했다.

"동료들도 하나같이 자신의 이익에만 목매는 소인배예요. 그저 꼬리 흔들며 아부나 떨지 정작 할 줄 아는 것은 하나도 없어요. 창의성은 물론 활기조차 찾아볼 수가 없어요. 세상을 씹어 먹고도 남을 만큼 혈기 왕성한 나이인데 어쩜 그렇게 퇴직을 앞둔 중늙은이들처럼 몸을 사리고 알랑거리기만 하는지, 원!"

그는 바닥에 내동댕이친 파일을 가리키며 말했다.

"저 기획안은 그 사람들이 늙다리 팀장의 지시대로 작성한 건데 나더러 참고하라네요. 참고는 무슨 개뿔!"

그의 설명을 듣고 있자니 그는 날마다 "당신은 고작 이것밖에 안 돼!"라는 인증서를 들고서 주변 동료들에게 찍어주고 싶어 안달이 난 사람 같았다. 한바탕 울분을 터뜨린 그는 그제야 내 존재를 의식하고서 마음을 진정시켰다. 나는 말했다.

"회사에서 자네 입지를 다지기 위해 윗사람에게 머리를 숙이는 것은 창피한 일이 아니야."

그가 말했다,

"내가 머리를 숙여야 한다면 그 사람들이 먼저 무릎을 꿇어야 해요."

내가 물었다.

"그럼 사직서를 낼 생각인가?"

그의 눈빛이 암울해지면서 탄식이 흘러나왔다.

"솔직히 말해서 이 업계에서는 우리 회사보다 더 좋은 대우를 받는 곳을 찾기 힘들어요. 늙다리 팀장이 조금만 더 저를 신뢰해준다면 다른 누구보

294
295

다 우수한 성과를 올릴 자신이 있습니다!"

내가 그에게 먼저 머리를 숙이라고 권유한 것은 그가 하고 있는 일의 미래 전망이 탄탄해서였다. 그가 늙다리라고 비웃는 그 팀장은 업계 내에서는 대단한 실력자로 알려진 사람이었다. 또 그가 활기나 창의성은 찾아볼 수 없는 소인배라고 업신여기는 동료들도 실은 콘테스트 수상 경력을 가진 유능한 인재들이었다.

그가 그처럼 일고의 가치도 없다는 듯 동료들을 업신여기는 이유는 자신의 지위가 낮아서 의견도 무시당하는 데서 오는 억울함 때문이고, 그가 분노하는 이유는 현재 그의 처지에서 다른 선택의 여지가 없기 때문이었다. 또한 막무가내 거만한 표정을 짓는 것은 내면의 유약함 때문이고, 큰소리를 땅땅 치는 것은 마음속에 의심으로 가득 차 있기 때문이며, 경박하고 성급한 태도는 자신이 무시당한 데서 오는 억울함 때문일 것이다. 그는 겉보기에는 기골이 장대한 건장한 젊은이지만 실상 내면은 처음으로 연애편지를 받은 소녀처럼 당황해서 어쩔 줄 몰라 했다.

내가 하고 싶은 말은 이렇다. 우수하다는 것은 자기 느낌이 아니라 객관적인 사실이다!

예컨대 당신이 내놓은 기획안은 학력이나 인맥을 다 내던져도 주변 사람들을 만족시키고도 남기에 굳이 애써서 설명하거나 혹은 설득할 필요가 없다. 똑같은 일이 주어졌을 때 다른 사람은 1주일 걸려서야 겨우 완성하는 것을 당신은 단 3일 만에 완벽하게 완성한다. 또한 당신의 참여로 한 팀의 실력이 월등하게 강해지거나 혹은 전체 팀의 이미지가 평균 이상으로 상향 조정된다. 또한 모두가 답안을 제시하지 못하는 문제를 당신이 기발한 방법을 생각해내어 해결한다. 이처럼 당신이 우수하다면 객관적인 사실로 드러나게 마련이다.

우리가 자주 하는 착각이 하나 있다. 누군가가 당신을 대하는 태도가 내심 바라던 태도와 차이가 날 때 당신은 상처를 받는다. 그리고 푸대접받는다고, 무시당한다고, 심지어 모욕을 당했다고 여긴다. 하지만 실제로 당신에게 상처를 입힌 것은 다른 사람의 태도가 아니라 당신 자신의 위치나 능력에 대한 오판이다.

그래서 직장에서 뜻대로 일이 잘 안 풀릴 때는 모든 일의 원인을 '나의 능력 부족이다'라고 받아들이는 것이 심리적으로 훨씬 좋다. '누구누구의 안목이 모자라서', '환경 조건이 엉망이라서', '재능을 펼칠 기회를 얻지 못해서'라고 여긴다면 단 하루도 마음 편히 보낼 수 없다. 더불어 처음 입사했을 때는 적극적이고 활발했던 당신의 직장생활도 점점 한 그릇의 국수처럼 변할 것이다. 이제 막 밥상 위에 차려진 국수는 면발이 탱탱하고 맛이 좋지만 시간이 지나면 면이 불고 국물이 졸아서 맛이 변질되는 것처럼 말이다. 작가 류츠신은 말했다.

"온갖 고난을 다 겪었다고 생각하지만 사실은 뒤뚱거리며 걸음마를 배운 것뿐이며, 경쟁의 비결을 깨달았다고 여기지만 실상은 아직 경쟁할 자격조차 없다."

그러므로 더 이상 교만한 태도로 자신을 변호하지 말라. "모두가 나를 이해해준다면 내가 어떻게 이처럼 평범하게 살겠는가?" 하고 말이다. 난 오히려 반문하고 싶다.

"모두가 당신을 이해하지 못한다면 당신이 가지고 있는 '뛰어난 개성과 재능'은 어떻게 되는 건가?"

대다수 사람은 '남들이 날 이해하지 못하는' 것을 그들이 이해할 수 있느냐 없느냐를 따지는 능력의 문제라고 여긴다. 하지만 실제로는 그들이 이해해주기를 원하느냐 아니냐에 달린 선택의 문제이다.

언젠가 한 남성이 나에게 여러 통의 실시간 메시지를 연달아 보내고서는 제풀에 화가 나서 애꿎은 나에게 분노를 터뜨린 적이 있다. 당시 내가 메시지를 확인했을 때는 이미 밤 11시가 훌쩍 넘은 시각이었다. 그의 첫 번째 메시지는 '지금 접속하고 있습니까?'였다. 그는 이내 메시지를 연달아 보냈다.

'지금 폰 안 보나요?'

'왜 안 보는 거죠?'

급기야 그는 격노의 메시지를 보냈다.

'당신은 뭐가 그리 잘나서 사람을 상대도 안 하는 거죠?'

내가 대범한 사람이라는 것을 보여주기 위해 미소 모양의 이모티콘을 누르고는 이렇게 설명했다.

'미안합니다. 24시간 내내 SNS에 올라오는 메시지를 확인할 수가 없어서요.'

그러고서는 그가 나의 사과를 받아들였는지 궁금해서 직접 그에게 물었다. 그가 설명한 상황은 대충 이랬다.

그는 대학 3학년생으로 지난 3년 동안 300여 권의 책을 읽었다고 한다. 그런데 독서량이 늘어날수록 주변의 동기들과 대화가 안 통하는 느낌이 들었다. 친구들이 한결같이 너무 단순하고 지식이 얕아서 그들과 대화를 나누는 것은 시간 낭비라는 생각이 들 정도였다. 이러한 상황이 자신의 성격 문제인지 아니면 심리적 문제인지 알 수 없다고 고민을 털어놨다.

그의 설명을 듣고 있자니 순간 정신이 번쩍 들었다. 좀 전까지 비몽사몽 세고 있던 양들이 순식간에 모조리 달아난 느낌이었다. 내가 물었다.

'처음 대학에 입학했을 때는 동기들과 이야기가 잘 통했나요?'

그는 이렇게 대답했다.

'아니요. 하지만 그때는 친구들과 딱히 나눌 대화가 없다고만 여겼는데 지금은 아예 무시하게 돼요. 왜냐하면 걔들은 날마다 게임이나 아이돌에 관해 이야기하거나 아니면 저속한 농담이나 주고받거든요. 그런 모습이 너무 너절하고 시시하다고 느껴져요. 걔들은 이처럼 좋은 대학에서 대학생활을 누릴 자격이 없다는 생각마저 들어요.'

순간 말문이 막혀 할 말을 잃고 있는데 그가 나름대로 대책 방안을 설명해주었다.

'저는 친구들과 관련된 모든 동아리 모임에서 탈퇴했고, SNS에서도 친구들을 모두 차단했습니다. 그리고 개인 블로그를 새로 만들었어요. 정말로 그 애들과는 그 어떤 교류도 하고 싶지 않았거든요.'

나는 먼저 그에게 장문의 메시지를 보내 '서로 다름 속에서 같음을 추구'해야 할 필요성을 설명했다. 일반적으로 말하면, 사람은 저마다 좋아하는 것과 장단점이 있어서 게임을 좋아하는 이도 있고, 사교 활동을 즐겨 하는 이도 있고, 즐거운 놀이 이벤트를 잘 만드는 이도 있다. 이러한 것들은 각기 다른 관점에서 보면 모두가 장점에 속하며, 당신이 책을 많이 읽어서 박식하다는 장점을 지닌 것과 마찬가지이기 때문에 누가 낫고 누가 못났다는 식의 우열을 가릴 수 없다고 말이다.

우리는 누구나 자신이 독특하고 특출하다고 여긴다.
하지만 실제로는 그렇게 특별한 점이 없다.

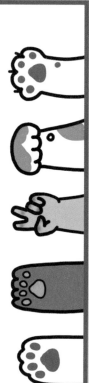

나의 긴 설명에 그는 '네' 하고 짧은 회신만 보내왔다.

그래서 나는 다시 장문의 메시지로 그에게 스스로에게서 문제의 원인을 찾아보라고 충고했다. 가령 친구 무리로부터 왕따를 당하고 있는 건 아닌지? 평소 일상생활에서 불유쾌한 마찰을 일으키고 있는 건 아닌지? 친구들과의 관계에서 우월감을 찾지 못해서 그러는 건 아닌지?

그는 또다시 '네'라고 짧게 답신했다.

순간 나의 머릿속에 한 장의 그림이 그려졌다. 두 마리 소가 풀을 뜯어먹으면서 이야기를 주고받는 장면이다. 이때 소 한 마리가 또 다른 소에게 말했다.

"비록 원주율이 3.1415926으로 단순화되지만 실상은 순환하지 않는 무한소수야."

그러자 다른 소가 이렇게 대답했다.

"음메."

우리는 누구나 자신이 독특하고 특출하다고 여긴다. 하지만 실제로는 그렇게 특별한 점이 없다.

설령 당신이 초등학교 시절 우등생이었고, 중고등학교 시절에는 선생님의 총애를 듬뿍 받으며 전교는 물론 시 전체에서 다섯 손가락 안에 드는 우수한 성적으로 명문대학에 입학했더라도 막상 대학교에서는 특별한 학생 축에 들지 못한다. 왜냐하면 당신 주변의 동기들도 당신과 마찬가지로 초등학교 시절, 중·고등학교 시절 모두 우등생이었고, 또 그들이 살던 도시에서 다섯 손가락 안에 드는 우수한 성적의 뛰어난 학생이었으니까.

설령 당신의 학력이 높고, 많은 상장을 받고 또 여러 자격증을 취득했을지라도 당신의 회사에서는 특별한 사원 축에 들지 못한다. 당신 주변의 동료들도 높은 학력을 지니고 있고 다양한 상장을 받으며 수많은 인재를 물리치고 그 회사에 입사했으니까 말이다.

설령 당신이 엘리트 집단에 들어가더라도 그것은 당신의 일부 조건이 그 엘리트 집단에 들어갈 자격에 부합되었기 때문이다. 하지만 그 조건이 모든 새로운 구성원의 진입 조건이 될 수는 없다. 그 집단에서 당신은 그다지 특별한 축에 들지 못한다.

한 사람의 성인으로서 남들은 무조건 자신의 심미 기준과 기호를 인정해줘야 한다고 여기며 불만족스러우면 분노하거나 공격하거나 멸시하면서 또 자신에게는 아무런 문제가 없다고 여긴다면 그는 평생 우수한 사람이 될 수 없다. 진정으로 우수한 사람은 함부로 주변 사람을 무시하지 않는다. 그들의 뼛속 깊이 스며든 교양과 그들의 정신 속에 쌓인 지식과 이론이 그러한 행동을 결코 허락하지 않기 때문이다.

이런 착각을 하는 사람이 많다. 자신의 인생관, 가치관, 세계관만이 한층 정확하고 더욱 우수하며 더욱 위대하다고 말이다. 이는 편견과 무시를 불러올 따름이다. 예컨대 학력이 높은 사람은 학력이 낮은 사람을 무시하며 그들이 교양이 없다고 여긴다. 또 학력이 낮은 사람은 학력이 높은 사람은 차갑고 정이 없다고 무시한다. 혹은 일부 영업사원은 컴퓨터 프로그래머는 주로 집 안에 틀어박혀 일하기 때문에 너무 내성적이고 소통 능력이 부족하다고 무시한다. 반면에 컴퓨터 프로그래머는 영업사원들의 업무는 기술적 함량이 없는 단순 노동이라고 무시한다. 혹은 매번 여행 사진이나 새로 예매한 영화표를 SNS에 올리는 이들은 온종일 자녀들의 사진을 SNS에 올리는 이들을 보고 삶의 즐거움과 행복을 제대로 즐기지 못한다고 여긴다. 반면에 후자는 전자들이 낭비와 사치스러운 삶을 너무 포장한다고 멸시한다.

그래서 자신의 특별함을 돋보이게 하고자 남들이 좋아하는 것은 무조건 반대하고, 남들이 떠받들고 환호하는 것은 오히려 무시하고 경멸한다. 문제는 남들을 무시하고 경멸한다고 해서 당신이 대단해지는 것은 아니라는 사실이다.

나는 당신이 온갖 방법과 수단을 다 짜내 '특별한 사람'이 되기 위해 노력하다가 마지막에는 '특별히 평범한' 혹은 '특별히 이상한' 사람이 될까 봐 걱정스럽다.

영화 〈굿윌헌팅〉에 다음과 같은 명대사가 나온다.

"넌 아직 어린아이일 뿐이야. 네가 뭘 지껄이는 건지도 모르고 있어."

"내가 너에게 미술에 대해 물으면 넌 온갖 정보를 다 갖다 댈걸. 미켈란 젤로를 예로 들어볼까? 넌 그의 걸작이나 정치적 야심, 교황과의 관계, 성적 본능까지도 알 거야. 하지만 시스티나성당의 내음이 어떤지는 모를걸? 한 번도 그 성당의 아름다운 천정화를 본 적이 없을 테니까."

"전쟁에 관해 묻는다면 셰익스피어의 명언을 인용할 수도 있겠지. '다시 한 번 돌진하세, 친구들이여!' 하면서. 하지만 넌 상상도 하지 못해. 전우가 도움의 눈빛으로 널 바라보며 마지막 숨을 거두는 걸 지켜보는 게 어떤 건지."

"사랑에 관해 물으면 너는 시를 읊겠지만 한 여인에게 완전한 포로가 되어본 적은 없을 걸. 진정한 상실감이 어떤 건지 넌 몰라. 그건 타인을 나 자신보다 더 사랑할 때 느낄 수 있는 거니까.”

사실 10대, 20대 초반의 나이에 우리는 대부분 ‘모든 것을 다 알고 있는 것 같지만 실제로는 아무것도 모르는’ 청년기를 보낸다. 그러므로 자신을 진리를 통찰한 고수처럼 여기지 말라. 우리 조상들을 3대 이상 거슬러 올라가면 모두가 농부 출신이다. 그러므로 세습 귀족처럼 굴지 마라.

대개는 당신은 자신의 눈에만 신으로 보일 뿐 다른 이들의 눈에는 그저 ‘괴짜’에 불과하다. 마치 줄지어 서서 빛을 뿜는 가로등 중 하나가 고장 나서 불빛이 깜박거리는 것처럼 말이다. 물론 그래서 여느 가로등과는 다르 겠지만 그렇다고 특별하거나 우수한 것은 아니지 않는가?

자신이 얼마나 뛰어나고 출중한지 강조하지 말라. 또한 마주치는 사람마다 당신이 얼마나 많은 고생을 하고 또 얼마나 많은 특기를 가지고 있는지도 말하지 말라. 특히 언어나 정서를 통해 당신에 대한 상대방의 관점이나 태도를 바꾸려고 들지 말라. 그저 자신이 본질적으로 보잘것없고 또 대단히 평범하다는 사실을 이해하려고 노력하고 또 그것을 즐겨야 한다.

성장 과정에서 우리가 깨닫게 되는 이 세상의 황당함 무정함, 견고함, 고지식함은 그저 손톱만큼에 불과하다. 이제 막 걸음마를 뗀 인생에서 겪어 봤자 얼마나 많은 일을 겪었겠는가? 모두가 지극히 사소한 일들이기에 굳이 감출 필요도 없다.

언젠가는 당신도 자신이 평범하고 또 재능에도 한계가 있다는 사실을 받아들이기를 바란다. 또한 남들에게 이해받지 못하고 또 호감을 주지도 못한다는 사실도 차츰 받아들이기를 바란다. 자신이 결국에는 그다지 멋스럽지 않은 어른이 되리라는 사실을 받아들이는 것처럼 말이다.

성숙함은 더 이상 자신이 남보다 뛰어나다고 여기지 않으며 또 자신을 함부로 낮추며 하찮게 여기지 않는 것이다. 그리고 대내적으로는 오만함이 줄어들고, 대외적으로는 편견을 버리는 것이다.

PART 5

실상 시간은
그저 모든 병을
완치시킬 수 있다고
떠벌리는 돌팔이 의사에
불과하다

23

대뇌는
당신 개인의 공간이지,
타인의 경마장이 아니다

어색한 대화를 즐겨 하는 친척이 제일 끔찍하다. 사촌 여동생이 올해로 나이가 스물일곱인데 그녀의 이모는 지금도 걸핏하면 이렇게 묻는다.

"너는 아빠가 좋아 엄마가 좋아?"

그녀가 그 이야기를 들려줬을 때 나는 배꼽을 잡고 웃었다. 하지만 사촌 여동생은 담담한 듯 이렇게 말했다.

"난 이미 익숙해졌어."

그녀가 대학원 박사과정을 시작했을 때 이모는 200킬로미터의 먼 거리를 마다하지 않고 차를 몰고 찾아와 이렇게 만류했다.

"애, 너도 나이를 먹을 만큼 먹었고, 네 엄마 아빠도 이젠 늙었잖아. 공부를 계속하는 것은 더 이상 안 될 말이다. 평생 부모에게 기대고 살 거니? 박사과정 밟았던 네 사촌 오빠 좀 보렴. 삼 년이나 넘게 공부한답시고 돈만 축내더니 결국은 일개 평교사밖에 더 되니? 박사 학위 따봤자 전망도 없고 게다가 넌 여자잖니? 더 이상 시간 낭비하지 말고 빨리 시집이나 가라!"

사촌 여동생은 이모에게 자신이 일찌감치 경제적으로 독립했고 또 장학금과 여러 혜택을 받고 대학원에 진학했다는 말은 하지 않았다. 그저 웃으며 이렇게 대답했다.

"이모, 알았어요. 내일 선 보러 나갈게요. 박사 공부는 안 할게요."

그러고는 자신의 방으로 묵묵히 짐을 꾸렸다. 다음 날 베이징으로 가서 대학원 입학 신청을 하기 위해서 말이다.

훗날 사촌 여동생은 뉴델리로 가서 공부할 기회를 얻었다. 그 소식을 들은 이모는 그날 밤 전화를 걸어왔다. 이번 여행이 얼마나 위험하고 무의미한지를 무려 두 시간 동안 잔소리를 해댔다.

"애, 넌 박사 공부 따위는 할 필요가 없다고 그토록 신신당부했는데도 왜 이모 말을 듣지 않니? 이젠 인도를 간다고? 넌 영화도 안 보니? 인도는 사람도 많고 아주 위험한 곳이야. 게다가 요즘엔 외국 대학의 학위도 따봤자 별 볼 일 없어. 그러니 그만 고향에 내려와라. 이모가 좋은 일자리 소개해줄게!"

사촌 여동생은 이번 출국이 외국 대학의 학위를 따기 위해서가 아니라 전공 분야의 정상에 있는 학자를 만나기 위해서라는 것도, 또 영화 속 내용은 모두가 허구에 불과하다는 것도 굳이 설명하지 않았다. 그 대신 이렇게 말했다.

"이모, 안심하세요. 나 인도 안 가요. 좀 있다 교수님 찾아가서 사정 이야기할 거예요. 마침 제 친구가 인도에 가고 싶다고 하니까 그 애에게 양보하려고요."

전화를 끊고서 그녀는 컴퓨터를 켰다. 뉴델리 일정을 짜기 위해서 말이다.

나는 그녀에게 물었다.

"그런 식으로 대처하면 이모가 크게 실망할 텐데 걱정도 안 돼?"

사촌 여동생은 대수롭지 않은 듯 이렇게 대답했다.

"어차피 이모에게 나는 동네북인데, 뭘. 내가 무엇을 하든 실망할 건데 굳이 신경 쓸 필요 있어?"

요즘처럼 통신과 교류가 편리한 시대에 우리는 주위 사람들로부터 조언이나 질책을 받는 일이 많아졌다. 물론 당신을 걱정하는 관심에서 비롯된 것이지만 때로는 불필요한 간섭일 때가 많다. 당신이 올바르다고 믿는다면, 또 당신의 목표를 향해 전진하고 있다고 믿는다면 그저 미소로 응대하라. 지속적인 노력을 기울여 결과를 통해 자신이 옳았음을 증명하면 된다. 굳이 짜증을 내거나 화를 내면서 인간관계를 끊을 필요는 없다! 당신이 높게 날아오를수록 미처 날지 못하는 사람들에게는 당신이 하찮게 보일 수가 있다는 점만 기억하면 된다.

주위 사람들의 조언이나 질책을 받아들일 때 중요한 두 가지 기준이 있다. 하나는 그 사람이 당신이 원하는 인생을 살고 있는가? 둘째는 그 사람처럼 당신도 우월한 조건을 갖고 있는가?

그렇다면 당신은 어떠한가?

당신은 영화를 볼 때 정말로 그 장르를 좋아해서 선택하는가 아니면 SNS에서 화제가 되어 네티즌들이 앞다퉈 리뷰를 올리기 때문에 덩달아 보는 건가? 당신은 정말로 그 작가의 주장이 싫은 건가 아니면 주변 사람들이 그 작가를 비판해서 덩달아 싫어하는 건가? 당신은 정말 그러한 생활을 동경하는 건가 아니면 명성을 날리는 유명인사들이 그러한 생활을 칭송하기 때문에 동경하는 건가?

그저 어느 이야기의 주인공이 불치병에 걸렸을 때 백만장자가 "돈은 중요하지 않다"라고 말했기 때문에 당신도 재물을 하찮게 여기는가? 어느 낯선 사람의 "스타일이 촌스럽다"라는 평가 한마디에 당신이 그토록 마음에 들어 하던 모직 코트를 포기하고 심지어 자신의 안목조차 의심하는가? 그저 수다쟁이 이웃의 "두 사람이 잘 안 어울린다"라는 말 한마디에 연인에 대한 의구심을 품고 심지어 이별할 마음까지 먹는가? 고작 친한 친구의 "믿을 만하지 못하다"라는 말 한마디 때문에 이직의 기회를 포기하고 무료하고 따분한 직장에서 벗어나지 못하는가? 어느 글 속의 '신중하게 자기 자신의 삶을 살아야 한다'라는 문장 하나 때문에 '무리 속에 파묻혀 사는 것은 바보다. 홀로 우뚝 서야만 뛰어난 엘리트가 될 수 있다'라고 결론 짓는가?

내가 하고 싶은 말은 이렇다. 우리가 이 세상을 살아가는 것은 망아지가 강을 건너는 것과 같다. 실은 그 강은 늙은 소의 말처럼 너무 얕지도 않고, 또 다람쥐의 말처럼 너무 깊지도 않다. 남들의 말에 연연하며 지나치게 낙관적이거나 혹은 비관적일 필요가 없고, 그 사람들에게 자신을 변명할 필요도 없다. 또 당신 주변에서 잠시 이득을 보기 위해 가식을 떠는 사람, 허풍 떠는 떠버리, 거짓을 날조하는 사람들에게 휘둘릴 필요가 없다. 정성과 시간을 들여 충실하게 일하며 당신의 가치를 차근차근 실현한다면 마지막 승자는 당신이 된다.

남들이 싫어하는 것을 당신이 좋아한다고 해서 이상할 것은 전혀 없다. 또 남들이 좋아하는 것을 당신이 싫어한다고 해서 창피한 일이 아니다!

당신의 인생에 '남들의 말' 따위는 그다지 필요하지 않다. 그저 '자신이 원하는 것'을 명확하게 알고 있으면 된다.

어느 남성이 나에게 메시지를 보냈다. 직장에서 억울한 일을 당해서 속상하다고 하소연을 늘어놨다. 그의 사정은 이랬다.

그는 일류 명문대학을 졸업한 후 2류 도시에서 3류 회사에 입사해서 하찮은 일만 도맡고 있다고 했다. 그는 본래 자신이 '뭇 닭 속의 한 마리 봉황'이라고 여겼다. 하지만 현실 속의 그는 뜻밖에도 '뭇 닭 속의 한 명의 멍청이'였던 것이다.

처음 회사에 입사했을 때만 해도 주위 사람들은 모두 그를 특별히 여겼다. 상사는 물론 동료들까지 매우 친절하게 대해줬다. 심지어 40대 중반의 직원까지도 그와 이야기할 때는 존칭을 사용했다. 그리고 걸핏하면 모두들 "일류 명문대학 졸업생이 우리 같은 작은 회사에 들어온 것이 황송할 따름이다!"라고 그를 추켜세웠다.

처음엔 대수롭지 않게 여겼는데 시간이 흐르면서 그의 마음이 변하기 시작했다.

'내가 왜 이런 작은 회사에 들어온 거지? 대학교에서 지능형 로봇을 연구한 내가 이렇다 할 학력도 없는 무지렁이들과 함께 농기계 수리하는 일을 하고 있다니?'

어느 날 회사는 난도가 높은 프로젝트를 수주하게 되었다. 모두 '일류 명문대를 나온 그 사람이 진행해야 한다'라고 여겼다. 그 이유는 프로젝트가 너무 어려웠기 때문이다. 일류 명문대를 나온 사람도 제대로 진행하지 못한다면 나머지 사람은 더 말할 필요가 없을 테니까.

하지만 문제는 그 명문대 졸업생도 같은 생각이었다는 사실이다. 그래서 그는 흔쾌히 그 프로젝트를 떠맡았다. 하지만 보름 동안 밤낮으로 그 일에 매달린 끝에 한 가지 사실을 깨달았다. 학력과 능력은 전혀 별개라는 사실을, 원리를 아는 것과 문제를 해결하는 것은 전혀 다르다는 사실을 말이다.

그의 '데뷔' 공연은 그야말로 엉망진창이 되고 말았다. 공사 기간이 지연된 탓에 상사로부터 호된 질책을 들었다. 그동안 그를 추켜세우며 알랑거리던 동료들마저 뒤에서 이렇게 수군거렸다.

"명문대 출신도 별것 아니군!"

어떤가? 당신에게 엄지를 추켜세운다고 해서 모두가 칭찬하는 것이 아니다. 어쩌면 당신을 겨냥하고 있는 것이다!

'추켜세워서 자만에 빠뜨려 나쁜 결과를 초래하게 하는 것'은 가장 온화하면서도 가장 은밀하게 상대방을 곤경에 빠뜨리는 함정이다! 예컨대 SNS에 셀카 사진을 올린다고 가정해보자. 사진을 올릴 때마다 외모를 칭찬하는 댓글이 달리고, 그 횟수가 많아질수록 당신은 정말로 자신의 외모가 특출하다고 여기게 된다. 혹은 당신이 올린 글이나 동영상에 수많은 댓글이 달린다고 가정해보자. 모두가 이구동성으로 당신이 창의성과 재능이 뛰어나다고 칭찬을 쏟아내면 자신이 작가 혹은 SNS 스타가 됐다고 여기게 된다. 그다음에는 근거 없는 우월감에 사로잡히는데 막상 현실은 그 우월감을 지속시켜주지 않는다. 뭇사람의 찬사를 한 몸에 받으며 자아도취에 빠졌다가 막상 현실을 깨닫게 되면 적잖은 좌절감을 느끼게 된다. 또 남들이 추켜세워줄 때는 득의양양했다가 막상 질책이나 비난을 받게 되면 그 비참함은 갑절이 되어 돌아온다.

할리우드 명감독 스티븐 스필버그와 관련한 일화가 하나 있다.

당시 그가 〈죠스〉로 대성공을 거두고 난 뒤 한 잡지사에서 아직 20대의 나이에 불과한 스티븐 스필버그를 표지 인물로 선정했다. 그리고 표지 인물로 선정된 그달의 잡지에는 스티븐 스필버그에 대한 찬사로 도배되었다. 하지만 잡지사에서 특별히 그 잡지를 촬영장의 스티븐 스필버그에게 보냈을 때 그는 거들떠보지도 않았다. 이에 제작자가 의아해하며 물었다.

"잡지 내용이 온통 자네에 대한 칭찬 일색인데 왜 읽지도 않나?"

스티븐 스필버그는 이렇게 대답했다.

"지금 그들이 나에게 쏟아내는 칭찬을 곧이곧대로 믿는다면 그다음은 그들이 나에게 퍼붓는 비난도 곧이곧대로 믿어야겠죠."

내가 조언하고 싶은 말은 이렇다. 누군가 당신을 칭찬하면, 특히 친하지 않은 사람들이 찬사를 쏟아내면 한 귀로 듣고 한 귀로 흘려라. 예컨대 "당신 참 귀엽네요", "당신은 참 착한 사람입니다", "당신은 대단히 성실한 사람이군요" 등의 말은 진심이 아니다. 지금 이 나이 먹도록 그런 겉치레 인사말 정도의 장점만 갖고 있다면 그야말로 창피한 일이 아닐 수 없다. 바꿔 말해서 낯선 사람들의 평가에 그토록 연연하는 당신은 혹시 인터넷 쇼핑몰을 운영하고 있는 것은 아닌지 궁금하다.

당신이 거목인지 아니면 작은 풀인지는 당신 스스로 깨닫고 있어야 한다. 남들이 당신에게 하늘을 뚫을 것처럼 우뚝 선 거목이라고 칭찬한다고 해서 자기 주제 파악도 못하고 진짜로 거목인 줄 착각해서는 안 된다.

뭇사람의 인정이나 찬사를 함부로 믿지 않는다면 남들의 부정이나 비판에도 쉽게 상처받지 않는다.

당신이 거목인지 아니면 작은 풀인지는 당신 스스로 깨닫고 있어야 한다.
남들이 당신에게 하늘을 뚫을 것처럼 우뚝 선 거목이라고 칭찬한다고 해서
자기 주제 파악도 못하고 진짜로 거목인 줄 착각해서는 안 된다.

우스개 세 개를 들려주고자 한다.

A가 상점 앞에서 B를 우연히 만났다. 그는 놀라며 이렇게 말했다.

"맙소사, C가 그러는데 자네가 지난주에 죽었다고 했는데? 시립 병원에서 뇌출혈로 죽어서 내일이 장례식이라고 했네. 그래서 장례식에 참석하려고 준비하고 있던 중이야."

B가 웃으며 말했다.

"멀쩡하게 잘 살아 있지 않나? 자네가 헛소문을 들었군!"

그러자 A가 이렇게 말했다.

"아니야, C가 헛소리하는 것을 본 적이 없어. 자네보다 더 믿을 만한 사람이야!"

두 번째 우스개 이야기는 내가 좋아하는 작가 제임스 서버의 《댐이 무너진 날》에 나온 이야기이다.

사람들이 북적거리는 거리에서 갑자기 누군가가 동쪽으로 쏜살같이 달려갔다. 약속 시간에 늦거나 아니면 다른 급한 일 때문이었으리라. 잠시 뒤 이번에는 또 다른 사람이 급하게 뛰어갔다. 아마도 신문팔이 소년이었던 것 같다. 이어서 정말로 급한 일이 있는 듯 뚱뚱한 신사가 다급하게 뛰어갔다. 그러자 10분도 채 되지 않아 거리에 있던 사람들 전체가 허둥대며 뛰기 시작했다. 이때 누군가가 "댐!"이라고 외치자 또 다른 사람이 "댐이 무너졌다!"라고 소리쳤다. 제일 먼저 소리친 사람이 누구인지, 도대체 정말로 무슨 일이 벌어졌는지 아무도 모르는 가운데 수천 명이 혼비백산이 된 채 뛰어갔다. 심지어 이렇게 외치는 사람도 있었다.

"동쪽으로 도망쳐요, 그곳은 강에서 떨어져 있어서 안전할 겁니다."

세 번째 이야기는 그보다 더 웃긴 이야기다.

한 젊은이가 집을 새로이 단장하고 있었다. 그는 부엌의 벽지를 새로 바꿀 생각이었는데 벽지를 얼마나 사야 할지 알 수가 없었다. 부엌 벽면의 치수를 일일이 재기 귀찮았던 그는 이웃집 아저씨를 찾아갔다. 두 집의 생김새가 똑같았기 때문이다.

이웃집 아저씨는 이렇게 말했다.

"우리 집은 벽지 일곱 통을 샀지. 내가 정확하게 기억하고 있어. 정원이 딸린 벽지 상점에서 샀는걸. 여러 개의 꽃무늬 벽지를 비교해서 고른 기억이 나."

젊은이는 곧장 벽지 상점에 가서 일곱 통을 사 왔다. 그런데 막상 도배하다 보니 벽지 네 통에 작업이 끝났다. 젊은이는 이웃집을 찾아가 물었다.

"저희 집은 세 통이 남는데요?"

이웃집 아저씨는 우물쭈물하며 이렇게 대답했다.

"우리 집도 자네 집이랑 똑같으니까 벽지 세 통이 남는 게 맞지."

사건의 진상을 알지도 못하면서 마치 그 현장에 있었던 것처럼 말하는 사람, 터무니없는 헛소문을 마치 그 내막을 자세히 알고 있는 것처럼 늘어놓는 사람, 이들이 내놓는 결론은 귀머거리가 벙어리가 하는 말을 듣고, 장님이 귀신의 말을 듣고 하는 말이나 다름없다.

작가 저우궈핑은 이렇게 말한 적이 있다.

"사람들은 모두들 눈을 뜨고 있지만 모두가 세상을 바라보는 것은 아니다. 자신의 눈이 아니라 다른 사람의 말을 통해 세상을 보는 사람은 남들이 말하는 세상을 볼 뿐이다."

영화감독 양더창의 영화 〈마작(麻將)〉에도 그와 유사한 대사가 나온다.

"이 세상에 자신이 원하는 것을 아는 사람은 없다. 모두 누군가가 일러준 대로 살고 있을 뿐이다."

사실 우리는 까치발을 들고 구경하며 남들이 하는 말에 덩달아 휩쓸린 채 왈가왈부하며 살아간다. 하지만 당신의 대뇌는 당신 개인의 공간이지 타인의 경마장이 아니다.

문제는 그 일의 실상을 잘 알지 못하는 상태에서 당신이 결론을 도출하는 방법이 오롯이 머릿속의 환상에 기댄다는 점이다! 그래서 잘못된 정보를 생동감 넘치게 전하는 사람이 있고, 또 그 말을 곧이곧대로 믿는 사람이 있다. 예컨대 오늘 어떤 나쁜 일이 터지면 한 무리의 사람이 벌 떼처럼 몰려가서 성토하고, 또 내일 누군가가 헛소문을 반박하면 또다시 한 무리의 사람이 우르르 몰려가 그를 도와 억울함을 호소한다. 오늘 매스컴에서 빅뉴스가 터져 나오면 무수한 댓글이 쏟아져 나온다. 또 내일 그 뉴스가 허위 제보였다는 사실이 밝혀지면 또 수많은 사람이 우르르 몰려가 거짓 뉴스를 방송한 매스컴에 욕설을 퍼붓는다.

새로운 시대의 젊은이라면 그 사실이 명확하게 밝혀지기 전까지는 인내심을 갖고 진상을 기다려야 한다! 홍수처럼 쏟아지는 정보와 값싼 조언 앞에서 당신은 마땅히 신중한 태도를 유지해야 한다. "내가 듣는 모든 정보는 그저 일방적인 관점에 불과하지 사실은 아니다. 내가 보는 모든 것은 그저 일방적인 시각에 불과하지, 그 사건의 진상은 아니다!"라고 말이다.

과잉 정보화 시대에 견식이 짧은 나이일수록 우리는 주관을 지키는 사람이 되도록 노력해야 한다. 왜곡된 사실에 초심을 바꿔서는 안 되고, 주변의 냉대에 자신을 의심해서도 안 된다. 설령 모든 사람이 '그것은 틀리다'라고 말해도 한 그루 나무처럼 그 자리에 우뚝 서 있어야 한다. 무릇 할 수 있는 말은 정확히 말하되, 해서는 안 되는 말은 영원히 침묵을 지켜야 한다.

많이 들을수록 그 말의 사실 여부에 신중을 기하라. 섣불리 언쟁을 벌이거나 부화뇌동하지 말라. 남들이 쏟아내는 비난을 수렴하되 마지막 판단은 보류하라!

'어떻게 하면 100세까지 장수하는가?'라는 문제에 대해 내가 지금까지 여러 방면에서 연구한 결과 찾아낸 답안은 이렇다. 날마다 고기완자를 100년 동안 하나씩 먹으면 된다!

24

충분히
기다리지도 않고
섣불리 왈가왈부하지 말라

나의 사전에 '미친놈'은 좋은 의미의 표현이다. 라오위와 만날 때마다 나의 첫마디는 이렇다.

"미친놈, 잘 지냈어?"

라오위는 고등학교 시절부터 우정을 나누는 절친이다. 첫 수업에서 자기소개를 할 때 그는 격앙된 어조로 반 전체 학생들을 난감하게 만들었다.

"나의 첫인상이 마음에 드는 사람은 손을 들어줘."

모두들 서로 흘끗 쳐다보며 가만히 있자 라오위가 말했다.

"그럼 나의 첫인상이 마음에 들지 않는 사람은 물구나무를 서봐."

그 말에 우리 반은 웃음바다로 변하고 말았다. 그날 나는 내 인생에서 가장 괴상한 일을 저질렀다. 자리에서 벌떡 일어나 칠판 앞으로 나가서 물구나무를 선 것이다. 라오위는 그런 내 모습에 배꼽을 쥐며 이렇게 소리쳤다.

"야, 이 미친놈아!"

새삼 돌이켜보면 참 이상하기도 하다. 나와 라오위는 오랜 세월 우정을 나누면서도 끊임없이 서로에게 욕을 퍼부었다. 비록 고등학교를 졸업하고 각각 다른 도시의 대학에 진학하고 또 그곳에서 직장생활을 하면서도 여전히 전화 통화로 서로를 비웃었다.

라오위는 내 다리가 짧다고 비웃었고, 나는 그의 얼굴이 크다고 비웃었다. 또 라오위는 내 글이 유치하다고 비웃었고, 난 그의 설계가 별로라고 비웃었다. 라오위는 내가 일그러진 표정으로 공을 치던 사진을 갖고 있고, 나는 그가 거절당한 러브레터를 갖고 있다. 라오위는 내가 출근 첫날 여자 화장실에 잘못 들어간 비밀을 알고 있고, 나는 그가 스물한 살 적에 이불에 오줌 싼 비밀을 알고 있다.

우리는 서로의 흑역사와 못생기게 나온 사진을 공유함으로써 우리 우정의 인증식을 마친 것 같았다.

우리는 연락 횟수가 잦은 편이 아니다. 가장 길게는 반년 동안 서로 소식이 뜸한 적도 있다. 하지만 막상 통화하면 한 시간도 넘게 이야기를 나눈다. 그리고 그 한 시간 동안 본론은 3분에 불과하다. 그 외의 대화는 보통 이런 내용이다. '룸메이트와 말다툼을 벌였다', '내가 짝사랑하는 상대가 다른 사람과 연애를 시작했다', '저녁 식사를 준비했는데 아주 맛이 없다', '정말 마음에 드는 신발을 샀다', '애완견이 소파에 똥을 쌌다', '내가 키우는 선인장이 죽었다' 등등…….

우정이란 무엇인가? 만나자마자 오랜 친구처럼 친해지는 것이며, 그 감정이 변함없이 지속되는 것이다. 또 문제가 없을 때는 필사적으로 서로를 방해하면서도 막상 문제가 터지면 끝까지 서로를 지켜주는 것이다. 또 일부러 예의를 갖출 필요가 없고 마음속으로 경계할 필요가 없는 관계다. 또 모든 잡다한 감정에도 일일이 반응해주고, 사소한 일에도 뜨거운 관심을 가져주는 관계다.

일상의 자질구레한 일을 함께 공유하고 자신의 강한 모습과 약한 모습을 숨김없이 드러내 보일 수 있는 친구가 있다는 것은 인생의 가장 큰 행운이다. 그러나 우리 주변에는 자신의 이익에 따라붙었다 떨어졌다 하는 '철새 우정'이 많다.

"나는 친구가 많은데 좋은 친구가 없다", 혹은 "서로를 위해 목숨도 바칠 수 있는 친구들이 사방에 깔렸는데 막상 함께 밥 먹고 영화 볼 사람이 없다"라고 한탄하는 이가 많다. 문제는 당신이 칼로 찔러도 피 한 방울 나오지 않을 사람처럼 강한 모습과 만능 재주꾼처럼 우수한 모습만을 보여주기 때문이다. 그래서 친구들은 그런 당신을 보며 "너에게는 내가 필요하지 않구나"라는 결론을 내린다. 혹은 상대방의 말에 제대로 반응하지 않거나 항상 마지못해 시간을 함께 보내는 듯한 태도를 보이기 때문이다. 그러면 상대방은 '나를 친구로 여기지 않는구나'라고 느끼게 된다.

우정도 사랑과 마찬가지로 정성을 들여서 가꿔야 한다. 누군가와 평생 우정을 나누겠다고 생각해본 적이 없다면 아마 배우 천페이스가 절친 주스마오를 두고 "보고 싶다는 생각을 한 적은 없지만 평생 잊지 않을 것이다"라고 한 말을 이해하지 못할 것이다. 또 자유롭고 해방된 기분을 만끽할 수 있는 친구들과의 모임에 참석한 적이 없다면 무신의 '어젯밤 누군가 나를 배웅해주었다. 앞에서는 횃불을 들고 뒤에서는 피리를 불어줬다'라는 시 구절을 이해하지 못할 것이다.

무슨 일이든 무조건 자신이 이겨야 하고, 무슨 이야기든 자신이 우위를 점해야 하고, 그 어떤 손해도 입으려 하지 않는다면 어떨까? 친구를 그저 경쟁자, 밟고 올라가야 할 사다리, 혹은 목표물로 여기며 사사건건 따지고 흥정한다면 어떨까? 당신이 얻는 거라곤 첨예하게 대립하는 인간관계와 진심이 결여된 형식적인 관심일 것이다. 또한 이득을 얻기 위해 사교 활동에 참여하며 거짓 미소와 가식적인 열정을 보인다면 당신은 그저 믿을 수 없고 순수하지도 않고 견고하지도 않은 인간관계만 얻게 될 것이다.

물론 당신이 진심을 다한다고 해서 상대방도 꼭 진심으로 당신을 대하는 것은 아니다. 하지만 당신의 위선적이고 가식적인 마음은 반드시 그에 상응하는 위선과 가식으로 돌아오며, 당신의 경계와 방어는 반드시 그와 똑같은 경계와 방어로 돌아온다.

스마트폰이나 TV를 열면 볼거리가 무한하고 또 이불속은 따듯하기만 한데 왜 친구들은 그것들을 박차고 나와 당신과 함께 시간을 보내는 걸까? 샤워하고 몸치장을 하는 데 쓰는 샴푸도 화장품도 비싸고, 옷과 신발은 세탁하기도 힘든데 왜 당신의 친구들은 그러한 고생을 감수하면서 당신을 만나러 나오는 걸까? 함께 어울릴 사람들은 부지기수고 젊음을 만끽하기에도 시간은 짧은데 왜 친구들은 당신에게 그 아까운 시간을 낭비하는 걸까?

그러므로 한순간의 갈등으로 친구와 냉전을 벌이고 절교하거나 혹은 각자 멀리 떨어지게 됐다고 해서 우정을 끝내고는 "절교를 하니 지기(知己)를 만난다" 혹은 "이별이 있으니 새로운 만남도 있다"라고 말하지 말라. 그처럼 제멋대로 '절교'를 하고 '이별'을 하기 때문에 당신 주변에는 점점 친구가 사라지는 것이다!

나는 이렇게 조언해주고 싶다. 흑역사이든 허점이든 좀 더 많은 '약점'을 당신이 중요하게 여기는 사람에게 남겨주라. 그래야만 평생을 잊지 않는다!

흑역사이든 허점이든
좀 더 많은 '약점'을
당신이 중요하게 여기는
사람에게 남겨주라.
그래야만 평생을 잊지 않는다!

커커는 항상 긴 머리를 뒤로 묶은 말총머리 헤어스타일을 고수한다. 비록 결혼해서 멀리 항저우로 가서 산 지 여러 해가 지났지만 그녀의 마음은 아직도 어린 소녀이다. 아마도 친구들로부터 고부간의 갈등에 대해 많은 이야기를 들었던 탓인지 커커는 오랫동안 고부관계는 천적관계라고 여겨왔다!

그녀가 아이를 출산하던 날 분만실로 들어가던 커커가 갑자기 괴성을 질렀다. 의사와 간호사가 황급히 이유를 묻자 커커가 손에 쥐고 있던 종이 쪽지를 건넸다. 쪽지에는 이런 내용이 적혀 있었다.

'대자대비한 의사 선생님, 만일 아이를 낳다가 위기 상황이 발생하면 바깥에 있는 가족들이 무슨 말을 하든 무조건 저부터 살려주세요.'

의사와 간호사들은 웃음을 터뜨리고 말았다. 그런데 뜻밖에도 간호사가 호주머니에서 또 다른 쪽지 한 장을 꺼내 보여줬다. 쪽지에는 '만일 위험한 상황이 생기면 아이보다는 산모를 살려주세요'라고 적혀 있었다. 쪽지를 쓴 사람은 바로 그의 시어머니였다.

그 후 두 사람의 관계는 더 이상 설명할 필요가 없을 것이다. 커커는 시어머니에 대한 고정관념과 편견을 모두 버렸다. 어느 날 커커가 남편과 크게 말다툼을 하고 홧김에 발코니에서 엉엉 대성통곡을 했다. 그런데 잠시 뒤 시어머니가 큰 소리로 남편을 나무라는 소리가 들려왔다.

"조상의 덕으로 저렇듯 좋은 아내를 맞이한 것을 감지덕지해도 모자랄 판에 왜 화풀이를 하고 그러니? 이런 못된 녀석아!"

그러고는 발코니에 있는 커커에게 와서 이렇게 위로했다.

"남자들이란 게 원래 다 저렇단다. 아예 상대도 하지 마라. 상대해봤자 너만 스트레스받는다."

커커는 친한 친구처럼 자신의 편을 들어주는 시어머니 모습에 금세 화가 누그러지는 기분이었다.

한번은 이런 일도 있었다. 온 가족이 마카오로 여행을 떠났을 때다. 커커의 남편이 독특한 문양의 넥타이를 사려고 하자 시어머니가 극구 말렸다.

"이천 위안이 넘는 넥타이를 사려고 하다니 네가 졸부라도 되냐?"

반면에 5천 위안이 넘는 핸드백을 마음에 들어 하는 커커에게는 "너에게 아주 잘 어울리는 핸드백 같구나"라면서 그 자리에서 핸드백을 사주었다. 그러자 커커의 남편이 불만에 찬 목소리로 말했다.

"도대체 어머니 친자식이 누구예요?"

고부관계는 아마 이 세상에서 가장 미묘하면서도 어려운 관계일 것이다. 고부관계가 좋은 경우는 매우 드문 대신 일촉즉발의 긴장감을 형성하며 지내는 이가 많다. 며느리는 시어머니가 늙었다는 이유로 생각도 짧고 아는 것도 없고 고리타분하다고 매도하기 일쑤다. 반면에 시어머니는 며느리가 어리다는 이유로 철이 없고 믿을 만하지 못하다고 단정한다. 이처럼 서로에 대한 편견 때문에 사소한 불만과 무심한 홀대가 점점 커지게 마련이다. 급기야 '의견을 제시하는 것은 나에 대해 강렬한 불만의 표시이다', '눈빛이 수상한 게 분명 뭔가 나에게 속이고 있는 것이 분명해', '내 말을 거절하는 것은 사리분별을 못하는 것이다', '먼저 나에게 말을 걸지 않는 것은 나에게 화가 나서이다' 등등의 오해와 불만만 쌓인다. 그리고 시간이 흐르면서 고부관계는 '가끔 느끼는 불만'이 '상호간의 적의'로 확대되고, 더 나아가서는 '난 네가 마음에 들지 않지만 신경 쓰고 싶지 않다'와 '어머니가 나를 싫어하든 말든 난 하나도 안 무서워'라는 사이로 틀어지고 만다. 이처럼 서로를 포기하게 되면 상대방의 느낌은 아랑곳없이 말은 한층 신랄해지고, 서로에 대한 일방적인 '선전포고'는 한층 과감해진다.

내가 하고 싶은 말은 서로 반목하고 대적하는 건 쉽지만, 편안하고 즐거운 생활을 보내는 것이 중요하다는 점이다!

우리가 살아가는 목적은 '너 죽고 나 죽자' 식으로 상대방의 옳고 그름을 따지기 위해서가 아니다. 자신을 위해서는 편안하고 자유로운 생활환경을 만들고, 아이에게는 긍정적이고 건강한 성장 공간을, 사랑하는 이에게는 안락하고 따뜻한 가정환경을 마련해주기 위해서다.

화목한 고부관계는 이렇다. 자신의 주관이 있되 제멋대로 행동하지 않고, 상대방의 말에 귀를 기울이되 무조건 그 말에 따르지 않는 것이다!

당신이 며느리라면 시어머니보다는 친정 엄마와 더 가까운 것이 지극히 정상이다. 값비싼 선물을 사서 친정 엄마에게 선물하는 것도, 시어머니보다는 친정 엄마와 좀 더 많은 시간을 보내는 것도 지극히 정상이다. 그 대신 시어머니가 당신보다는 자신의 아들에게 더 많은 관심을 기울이는 것도 정상임을 이해해야 한다. 당신보다는 자신의 아들을 더 중요하게 생각하며 더 많이 칭찬하는 것도, 또 무의식중에 아들 편을 드는 것도 지극히 정상이라는 말이다.

당신이 시어머니라면 며느리에게 존중해달라고 요구할 수 있다. 하지만 그와 동시에 한 가지 사실을 잊지 말아야 한다. 당신은 며느리의 친엄마가 아니라는 점이다. 당신은 며느리를 배 아파 낳지도 않았고, 힘들여 키우지도 않았다. 그저 며느리에게 남편을 하나 선물했을 뿐 그 어떤 대가도 지불하지 않았다. 그러므로 며느리에 대한 부정적인 생각은 뒤로 미루고 "모두 너희 잘되라고 하는 것이다"라는 핑계 아래 이런저런 지시하는 행위를 그만둬야 한다. 또한 며느리에 대한 태생적인 적대감도 극복하고, '경험자'라는 미명 아래 함부로 질책하는 일도 멈춰야 한다.

당신이 남편이라면 아내에게 이렇게 말하는 것이 좋다.

"어머니는 날 낳아준 분이시고 나이도 많잖아, 당신이 양보 좀 해주면 좋겠어."

물론 그와 동시에 당신의 어머니에게도 이렇게 말하는 것이 좋다.

"우리 모두 한 가족이에요. 그 사람은 내 아내이고 또 어머니의 며느리예요. 아직 젊어서 배울 것이 많으니 어머니가 좀 더 참고 가르쳐주세요."

고부갈등이 모자지간의 갈등이나 혹은 부부간의 갈등으로 바뀐다면 아마 상황은 한층 악화될 것이다. 그러므로 남편은 중간에서 적절하게 완급 조절을 하고, 고부간에는 서로 조금씩 양보를 해야 한다. 그렇지 않을 경우 이 세상에는 원한에 가득 찬 두 여성과 실의에 빠진 기혼 남성만이 늘어날 뿐이다!

다만 라이터처럼 고부 사이에서 불을 지르는 어리석은 남성이 있어서 석성이다!

어느 남성으로부터 이런 메시지를 받은 적이 있다. 그는 이제 직장생활을 시작한 지 6개월이 되었다. 회사에서는 동료들에게 예의를 갖춰 대하고 맡은 일은 착실하게 수행했다고 한다. 그런데 이상하게도 직원들의 회식 모임에 불러주는 사람이 없었다. 또 자신에게 주어진 업무는 고생도 마다하지 않고 열심히 하는데도 상사는 그저 서류 복사나 문서 정리 등의 잡다한 일만 맡겼다. 그 때문에 마치 자신이 외부에서 차출된 임시 직원처럼 항상 겉돌고 왕따를 당하는 느낌이 든다고 했다.

어쩌면 그런 일만 있었다면 그는 묵묵히 참았을 것이다. 그런데 사무실에 신입 직원이 새로 들어오면서 문제가 생겼다. 신입 직원은 유머가 풍부해서 단숨에 동료나 상사로부터 환영받는 인물이 되었다. 그런데 어제 상사가 과일을 가져와서 직원들에게 나눠주는데 자신을 빼놓고 옆자리의 신입 직원에게만 과일을 나눠준 것이다.

남성은 매우 실망스러운 어조로 이렇게 말했다.

"난 지난 반년 동안 소처럼 묵묵히 일했는데 이제 겨우 한 달 일하면서 알랑거리며 아첨이 나 떤 신입 직원보다 못한 대접을 받습니다. 인맥 중심의 사회생활이 너무 혐오스러워요."

나는 이렇게 대답했다.

"친척이라도 자주 왕래할수록 더 친해지는 법이고, 인맥 중심 사회도 서로 정을 베풀수록 관계가 돈독해지는 법입니다. 인맥 중심 사회 자체는 문제가 없어요. 정작 문제가 된 것은 당신이 그런 인맥 중심 사회에 적응하지 못한 것입니다."

내가 하고 싶은 말은 이렇다. 당신이 신입 직원과 비교된 것은 상대방이 청산유수 같은 말솜씨로 주변 사람들의 환심을 사는 데 재능이 특출했기 때문이 아니다. 바로 당신이 오랜 기간 억울한 감정을 갖고서 남들보다 뛰어나고 싶어 하면서도 정작 실력 면에서 크게 향상하지 못했기 때문이다.

당신이 정말로 힘들었던 것은 인맥 중심 사회의 폐단 때문이 아니다. 당신은 그저 신입 직원이 아첨을 잘 떠는 겉모습만 볼 뿐 실질적으로 탁월한 능력을 갖추고 있다는 사실을 보지 못했다. 그저 주변 사람들과 왁자지껄

농담이나 주고받는 모습만 볼 뿐 그의 적극성을 전혀 깨닫지 못한 것이다.

모든 사회에는 저마다 인맥 중심의 요소를 지니고 있지만 그저 인맥만 중시하는 것은 아니다. 또 대다수 사람은 듣기 좋은 말을 선호하지만 그렇다고 듣기 좋은 말만 중시하는 것은 아니다.

인맥 중심 사회에서 '가식'의 일면만을 바라보지 말고 차라리 가장무도회로 여겨라. 흉악한 귀신 모습의 가면, 한가롭고 차분한 모습의 가면, 자신감에 차서 득의양양한 모습의 가면, 얼굴 가득 웃음을 머금은 모습의 가면을 제각각 쓰고 있는 그런 가장무도회 말이다. 비록 그 가면 뒤에 어떤 진짜 모습을 감추고 있는지 알 수 없지만 당신이 진심을 갖고 대하면 즐거움을 주거나 혹은 도움이 되는 친구를 만날 수 있다.

어느 작가는 이런 말을 했다.

"사회는 건강하고 영리하고 최선을 다하는 사람만을 사랑한다. 누가 인내심을 갖고 기다려주는지 혹은 누가 잔소리를 하며 타박하는지 쉽게 알 수 있다. 생활의 모든 것이 공적인 일이 되고, 서로 이용하고 이용당하며, 인심이 삭막하고 야박한 것은 모두가 정상적인 현상이다."

가장 중요한 것은 당신의 실력을 쌓아야 한다는 사실이다. 날마다 원망하고 도망칠 궁리를 할 것이 아니라 꾸준히 시간과 노력을 기울여 실력을 쌓아야 한다.

당신이 성취욕 강한 새내기 직장인이라면, 사장이 당신에게 허심탄회하게 연봉과 이상에 관해 이야기하면 그 말에 진지하게 귀를 기울여야 한다. 왜냐하면 사장의 미래 계획 중 당신이 포함될 가능성이 크기 때문이다. 사장이 연봉을 올려줄 생각은 않고 그저 자신의 이상에 대해서만 늘어놓는다면, 그건 한마디로 당신에게 아무것도 나눠주지 않고 부려먹을 생각만 갖고 있는 것이다.

당신이 야심만만한 경영자라면, 직원이 자신만만하게 연봉 이야기를 꺼내면 성심성의껏 응대해야 한다. 왜냐하면 그는 당신에게 돈을 벌어줄 능력 있는 직원일 가능성이 90퍼센트이기 때문이다. 그 대신 연봉 타령만 하고 열심히 일하지 않는 직원은 경계해야 한다.

현실이 잔혹한 이유는, 당신이 얼마나 노력했든 일단 그 일을 망칠 경우 당신의 노력이 부족한 탓이라고 매도하는 이들이 있다는 점이다.

현실이 아름다운 이유는, 당신이 과거 얼마나 비천하고 구차하게 살든 상관없이 일단 성취를 이루면 전 세계 사람들이 당신을 환영하며 상냥하게 대한다는 점이다!

거침없는 기세로 몰아세우는 현실 앞에서 대부분의 사람은 자기 존재의 미약함과 무력감을 느낀다. 더 나아가 현실이 무자비하고 또 막무가내라고 느끼게 된다. 그래서 일단 불공정한 대우를 받으면 모든 공정과 정의, 규율을 의심하게 되고, 속임을 당하고 나면 이 세상의 진리를 의심하게 되며, 또 대화가 안 통하는 사람과 맞부딪치면 즉각 결별을 선언하고 등을 지며, 일이 뜻대로 이뤄지지 않으면 의기소침해져서 좌절하고 만다. 그러고는 사소한 일에도 긴장하며 어쩔 줄을 몰라 하고, 사소한 헛소문에도 경계심에 빠진다. 그 결과 당신은 점점 편협하고 소심해지며, 삶에 대한 태도도 점점 소극적으로 변한다. 그렇게 시간이 지나다 보면 당신은 유리 심장에다 '피해망상증'에 걸린 사람이 되고 만다.

내가 하고 싶은 말은 이렇다. 기괴하고 현란한 오늘날의 세상에서 살아가려면 누구나 억울한 일도 겪고 고통도 겪게 마련이라는 점이다! 예컨대 우리는 누구나 비행기 시간을 놓친 적도 있고, 줄을 서다 새치기를 당한 적도 있고, 사기를 당하거나 혹은 억울한 누명을 쓰기도 한다. 또 우리는 책임감 없는 동료와 함께 일하기도 하고, 몇 날 며칠 기울인 노력이 수포로 돌아간 적도 있으며, 싫어하는 상사 밑에서 일하기도 한다. 그뿐인가? 부모에게 오해를 받은 적도 있고, 숱한 사랑의 좌절도 겪고, 친한 친구와 등을 지고 원수가 되기도 한다.

이처럼 현실이 완전무결하지 않기 때문에 우리는 노력해야 한다. 우리의 삶은 항상 순풍에 돛 단 듯 순탄하지만은 않기 때문에 낙관적인 마음가짐이 필요하다. 현실을 있는 그대로 받아들여야만 현실도 우리를 받아준다. 또 아름다운 진리를 믿어야만 그러한 진리를 마주치게 된다. 습기 차고 냄새나는 구석에 처박힌 채 이 세상은 원래가 불공정하고 완전하지 않다고 탓하지 말라. 이 세상에는 아름다운 것이 너무나 많다. 그 아름다운 세상은 당신이 발견해주고 느껴주기를 기다리고 있다.

삶이 당신에게 칼을 겨눌 때마다 놀라서 도망치지 말라. 인내심을 갖고 삶이 케이크를 내놓을 거라고 믿어라!

그러한 인내심을 발휘한다면 모두가 외면할 때 유머 섞인 농담으로 스스로를 비웃는 여유를 부릴 수 있고, 냉대를 받아도 의리를 발휘해 상대방을 도와주고, 능력을 인정받지 못해도 좌절하지 않으며, 노력의 대가를 얻지 못해도 초심을 버리지 않는다.

누군가는 그러한 당신을 가슴 아프게 여길지도 모르며, 또 누군가는 그러한 당신을 특별하게 여길 것이다!

25

시간은 그저 모든 병을
완치시킬 수 있다고 떠벌리는
돌팔이 의사에 불과하다

쉬자오는 이야기할 때 항상 밑밥을 까는 성향이 있다. 예컨대 어제 아버지와 대화를 나눌 때도 그녀는 '귀찮기만 한' 남편을 먼저 앞세웠다. 쉬자오가 남편에게 물었다.

"오이맛 감자칩 어디에 있어요?"

스마트폰을 보던 남편이 대답했다.

"난 모르는데."

쉬자오가 따지듯 물었다.

"당신이 먹었어요?"

"아니야. 당신이 먹고서 잊어버린 거 아냐?"

쉬자오는 기분 나쁜 듯 내뱉었다.

"돼지가 먹었나 보네!"

그녀의 남편도 덩달아 언성을 높였다.

"그래, 돼지가 먹었나 보지!"

두 사람이 자꾸 언성을 높이며 날 선 대화를 주고받자 주방을 정리하던 아버지가 끼어들었다.

"내가 먹었다!"

쉬자오는 한참을 혼자서 웃다가 태블릿 PC를 펼치고 드라마를 시청했다. 그제야 아버지는 주방 일을 마치고 밖으로 나왔다. 쉬자오가 말했다.

"아빠, 좀 쉬세요."

그녀의 아버지는 손에 든 쓰레기봉투를 가리키며 말했다.

"이거 버리고 온 뒤에 쉬마."

쓰레기봉투를 들고 현관문을 나서는 아버지의 구부러진 등을 보며 쉬자오는 가슴이 '철렁'하는 느낌이 들었다. 좀 전 '뒤에'라는 아버지의 말 때문이었다.

그녀의 아버지는 '~한 뒤에 ~한다'라는 말을 습관적으로 사용했다. 예컨대 쉬자오가 중학교에 올라갔을 때 아버지는 이렇게 말했다.

"네가 대학에 합격한 뒤에는 내가 마음이 편하겠다."

그녀가 대학에 합격하자 이제는 이렇게 말했다.

"네가 졸업하고 취직한 뒤에는 나도 편한 노후를 보내겠다."

그녀가 막상 취직하고 나자 아버지는 또 이렇게 말했다.

"네가 결혼한 뒤에는 내가 걱정 없이 지내겠구나."

하지만 쉬자오가 결혼을 한 뒤에도 아버지는 여전히 편안한 노후를 즐기지 못했다.

"네가 아이를 낳은 뒤에야 내가 마음이 편해지겠다."

그리고 쉬자오가 마침내 아이를 낳자 아버지는 또 이렇게 말했다.

"손자가 학교에 들어간 뒤에야 내가 완전히 해방될 것 같구나."

쉬자오는 내게 이렇게 말했다.

"내가 아버지를 우리 집으로 모시고 온 것은 편안하게 노후를 보내시도록 하기 위해서였어요. 그런데 정반대로 보모처럼 우리 아이를 보살피고, 집안일을 도맡아 하세요. 아무리 말려도 소용이 없어요. 정말 어떻게 말려야 할지 모르겠어요!"

나는 이렇게 말했다.

"말릴 필요 없어요. 당신이 행복하게 지내면 돼요. 그러면 아버지는 무엇을 하든, 무엇을 먹든, 어디에 있든 항상 편안한 노후를 보낼 겁니다. 하지만 반대로 당신이 행복하지 못하면 아버지는 설령 궁전에 살면서 산해진미를 먹어도 하루하루가 고통일 겁니다."

바꿔 말하면, 당신이 즐겁지 못한 것이 곧 불효이고, 당신이 행복하지 않은 것이 부모의 은혜를 저버리는 것이다.

시간은 돌팔이 의사에 불과하다. 자녀에 대한 부모의 끝도 없는 걱정을 치유하지 못한다. 설령 자식들이 부모의 바람을 하나하나 모두 이뤄내도 부모의 걱정은 조금도 줄어들지 않는다. 그래서 항상 습관적으로 약속을 미루고 또 미룬다.

직장생활을 하든 혹은 집안일을 하든 그들은 나이와 역할이 지워준 막중한 짐을 묵묵히 어깨에 짊어진다. 그들도 아프고 힘들지만 보호해야 할 자식들이 있기에 두렵지 않은 척하며 달갑게 힘든 일을 감수한다.

그렇다면 당신은 어떠한가? 당신도 '~한 뒤에 ~한다'라는 식의 말을 습관적으로 사용하는가? 어린 시절에는 "나중에 크면 부모님께 큰 집을 사드릴게요", "나중에 부자가 되면 비행기 사드릴게요"라고 맹세한다. 그러다

해외여행을 떠나면 자랑하듯 말한다.

"나중에 기회가 생기면 꼭 부모님 모시고 이곳에 다시 올 거예요."

"나중에 돈을 벌면 이곳으로 모셔 와서 맛있는 음식 대접할게요."

고향을 떠나 타지에서 직장생활을 해도 여전히 말투는 변하지 않는다.

"나중에 휴가 때 고향에 내려갈게요."

"요즘 바빠서 나중에 한가해지면 함께 여행 가요."

그보다 더 심각한 경우는 이렇다. 부모가 경제적으로 충분한 뒷바라지를 못 해줘서 억울해하며 자신의 인생을 부모가 망쳤다며 내심 이런 생각을 한다. '소위 잘나가는 부모를 뒀다면 동기들보다 훨씬 성공했을 텐데'라고 말이다.

그야말로 이 세상에서 가장 어리석은 자식일 것이다. 이들은 자신이 이 세상에 태어난 것이 그저 삶을 즐기기 위해서가 아니라 빚을 갚기 위해서라는 사실을 모른다. 당신은 집세, 자동차 할부금, 갖가지 분기 납입금의 채무를 졌을 뿐만 아니라, 당신의 아내, 아이, 그리고 당신의 꿈에도 채무를 졌다. 그리고 당신의 부모에게도 채무가 있다.

무정한 시간 앞에서 자녀가 성장하는 것과 부모가 늙고 쇠약해지는 것은 동시 진행형으로 이뤄진다. 자녀들이 자신도 모르는 사이 성장해서 어른이 되는 동안 부모는 조용히 늙고 쇠약해진다!

"누구나 잘못을 저지를 수 있다"라고 말할 수 있는 것은 연필로 쓴 것을 지우개로 지울 수 있을 때만 적용된다. '효도' 앞에서 당신이 실수를 저지르는 도구는 칼이고 물감이기 때문에 지우개는 아무런 소용이 없다!

잊지 말라, 자녀로서의 역할에는 '유효기간'이 있다는 사실을!

시간은 당신을 구원해주지 않는다. 기적 같은 행운도 없다. 착실하게 노력하며 당신의 계획을 차근차근 실행에 옮기지 않는다면 당신의 미래는 아무런 기대도 품을 수가 없다. 당신의 내일은 더 나아지지 않으며 당신 현재의 곤경이 그대로 재현될 뿐이다.

한 남성이 인생이 망가졌다고 나에게 메시지를 보냈다. 출근해도 아무런 열정이 없고, 회사에서 하는 일도 머리를 쓰지 않아도 되는 하찮은 일들이라서 따분하기만 했다. 퇴근 후에도 딱히 즐거운 일이 없었다. 그도 그럴 것이 반년이 넘도록 친구나 동료들과 모임을 갖지 않았다. 그는 날마다 걱정스럽고 초조하면서도 따분하고 또 외롭다고 하소연했다. 어떻게 노력을 해야 할지도 모르겠고, 그렇다고 이대로 어영부영 사는 것도 싫다고 말이다. 그는 매우 흥분한 어조로 자신의 최근 일상을 메시지로 설명했다.

'요즘에는 마치 뭔가 씌운 듯 재수 없는 일만 연거푸 일어나서 멘탈이 붕괴되는 것 같아요. 오늘 아침만 해도 그래요. 세차게 부는 바람을 맞으며 택시를 잡으려는데 한참을 기다려도 차가 안 오는 거예요. 그런데 갑자기 어디서 푸들 한 마리가 나타나서 나를 향해 마구 짖는 것을 개 주인이 웃으면서 끌고 가더라고요. 겉으로는 차분한 척했지만 개가 멀어지고 나니까 나도 모르게 눈물이 줄줄 흘러나왔습니다. 이 세상은 물론 저 개까지도 나를 무시한다는 생각이 들어서요. 감정적으로 무너지니까 해묵은 괴로운 기억까지 줄줄이 떠올랐어요. 실연당했던 일들, 일자리를 찾아다니면서 느꼈던 무력감, 직장 상사의 냉대와 짜증 내던 모습들이 말입니다. 그러다 보니 내 인생이 실패했다는 생각이 들었어요. 내 인생이 망가졌다고 말입

니다!'

이어서 그의 질문이 우박처럼 나를 향해 쏟아졌다.

'선생님 생각에는 어때요? 내 인생을 다시 일으켜 세울 수 있을까요? 내일은 오늘보다 나을까요?'

나는 대답 대신 세 가지 질문을 했다.

'마지막으로 책을 읽은 적이 언제이지요? 먼저 친구에게 전화를 건 적이 있습니까? 자기 한계를 극복하기 위해 새로운 도전에 나선 적이 언제입니까?'

내가 하고 싶은 말은 이렇다. 당신이 지금 애타게 걱정하고 안절부절못해도 미래는 나아지지 않는다. 당신이 지금 무엇을 하느냐에 따라 달라질 뿐이다! 동기들보다 좀 더 뛰어난 사람이 되고 싶다면 모든 사람이 당신보다 뒤처져서 따라오기를 기대해서는 안 된다. 그들보다 더 꾸준히 노력해야 한다! 현재의 처지에서 벗어나고 싶다면 '기적적인 행운'이 찾아와서 불운으로 가득한 생활이 끝나기를 바라서는 안 된다. 당신의 모든 시간과 노력을 쏟아부으며 자신에게 채찍질해야 한다.

당신에게 행운을 가져다주는 '기적'은 당신의 노력이다. 또 불운한 생활을 끝내는 데 가장 효과적인 처방전 역시 당신의 노력이다.

그럼에도 남들의 능력, 외모, 지위, 재능을 부러워하면서도 자기 팔다리를 꽁꽁 묶어 이불 속, 게임, 스마트폰, 기억 속에 갇혀 지내며 시간이 구원해주기만을 기다리는 건 아닌지 걱정스럽다!

정작 원하는 것은 '봄에는 온갖 꽃이 피고 가을엔 달이 밝고, 여름에는 서늘한 바람이 불고 겨울에는 눈이 내리니, 쓸데없는 일에 마음이 걸리지 않으면 바로 그때가 우리에게 좋은 시절이네!'라는 해탈과 마음의 평온일 것이다. 하지만 현실은 봄에는 졸리고, 여름에는 나른하며, 가을에는 피곤

하고, 겨울에는 잠만 와서 1년 내내 꿈속을 헤매고 있는 건 아닌지.

젊은 시절은 자동 얼굴 보정 기능을 갖춘 카메라와 같아서 당신에게 불가사의한 자신감을 준다. 당신의 앞날은 꽃길만 펼쳐져 있어서 언젠가는 이 세상을 다 가질 것이라고 여기며, 지금 눈앞의 불운이 사라지면 남은 삶은 평탄할 것이라고 여긴다. 하지만 막상 시간이 흐르고 미래의 시점에 도달하고 보면 그곳은 얼마나 각박한 곳인지를 그리고 자신이 참으로 무능력한 사람이라는 사실을 깨닫게 된다!

괴로워하고 걱정하는 것만으로도 과거 혹은 미래의 일을 바꿀 수 있다고 여긴다면 계속 괴로워하고 걱정하라.

SNS에 이런 질문이 올라온 적이 있다.

'고등학교 2학년 시절로 되돌아간다면 수업 시작 4분 전에 자신에게 무슨 말을 해주고 싶은가?'

가장 많은 클릭 수를 받은 베스트 댓글은 이랬다.

'한때 드높은 기세로 이 세상의 모든 적을 때려눕힐 수 있다고 여겼던 청년이여, 너는 나를 너무 실망시켰다.'

인간은 환상과 후회의 동물이다! 천진난만하며 세상 물정 모르던 시절에는 이 세상 모든 것에 호기심을 가진다. 가장 맛있는 음식을 먹고 싶고, 가장 먼 곳으로 여행 가고 싶고, 또 자신은 영원히 변하지 않으며 권위나 금전에 굴복하지 않을 것이라고 여긴다……. 그러나 막상 세상 물정을 조금이라도 알게 되면 또다시 아무것도 모르는 어린아이가 된다.

못사람의 사랑과 관심을 한 몸에 받던 어린 시절에는 아무런 구속도 받지 않는 자유로운 어른이 되려고 애쓴다. 마음껏 사랑하고, 미워하고, 반항하면서 뜨거운 사랑을 하고 멋있는 인생을 만들어가기를 꿈꾼다. 자신은 영원토록 자유에 충성하며 사랑과 증오를 명확히 구분할 것이라고 여긴다. 그러나 막상 지금의 못난 꼬락서니의 어른이 되고 나면 타임머신을 만들어 어린 시절로 되돌아가기를 간절히 원한다.

시간은 그저 만병을 고칠 수 있다고 떠벌리는 돌팔이 의사이다. 시간은 흘러가는 일만 책임질 뿐 당신의 성장을 책임지지 않는다. 또한 파묻기만 할 뿐 상처를 치료해주지 않는다. 당신을 노쇠하게 만들 뿐 꼭 성숙시켜주는 건 아니다. 시간은 아름다운 환상을 만들어주는 대신 수많은 여한을 남긴다. 시간은 그저 무정한 관중일 뿐 과정의 결과는 당신 혼자서 책임져야 한다.

이러한 점을 명확히 깨닫는다면 지금 하는 일에 요행을 바라지 않고, 교제 기간을 사랑의 척도로 삼는 어리석은 짓도 저지르지 않고, 맹세로 충성심을 확인하는 바보 같은 짓도 안 하고, 자신의 과거를 거짓으로 꾸미려고 애쓰지도 않고, 미래를 날조하는 데 시간을 낭비하지도 않을 것이다. 그저 현재에 관심을 갖고 지금의 생활에 최선을 다하며 노력할 것이다.

원하는 것이 있다면 지금부터 쟁취하기 위해 노력하라. 잃어버린 게 있다면 처음부터 그것을 가진 적이 없다고 여겨라. 이를 실천할 수 있다면 당신을 속상하거나 힘들게 하는 일은 없을 것이다.

참, 맞다! 고등학교 2학년 시절로 되돌아가는 환상 따위는 버려라. 대부분의 사람의 현재의 학식으로 따지면 유치원에 돌아가는 것이 제격이다. 정말로 고등학교 2학년 시절로 되돌아간다면 당신은 성적이 나빠서 학교에서 퇴학당할 가능성이 크다.

시간은 그저 만병을 고칠 수 있다고 떠벌리는 돌팔이 의사이다.
시간은 흘러가는 일만 책임질 뿐 당신의 성장을 책임지지 않는다.
또한 파묻기만 할 뿐 상처를 치료해주지 않는다.

26

1초 전에는 '젠장'이
1초 후에는 '좋아'로
변하지 않는 것이 있을까?

사회생활을 하다 보면 누구나 서랍에 사직서를 넣어놓게 마련이다. 그 것은 당신이 사장에게 쓴 사직서가 아니라 사장이 당신에게 쓴 것이다.

나도 언젠가 사직서를 받은 적이 있다. 그 사직서를 쓴 사람은 20대 초 반의 남성이었는데, 나에게 쓴 것이 아니라 그 내용을 검토해달라고 부탁 하기 위해 보낸 것이었다.

솔직히 말하면 그 사직서의 내용은 매우 부실했다. 내용의 90퍼센트는 허울 좋은 감사의 말들로 채워져 있었고, 나머지 10퍼센트는 아무런 의미 없는 축원의 말이었다. 나는 두 번이나 읽어봤지만 도대체 그가 사직하려 는 이유를 알 수가 없었다. 그래서 그에게 자신이 사직하려는 이유를 추가 로 기입하는 것이 좋다고 조언을 해주었다. 그 결과 그의 말문이 펑 터지듯 이 원망과 분노, 울분이 마구 쏟아져 나왔다.

그가 말하기를 제아무리 노력해도 사장은 승진이나 월급 인상에 대해서는 일절 말하지 않았다. 설령 그가 먼저 사장에게 물어봐도 사장은 본론을 피하고 엉뚱한 이야기만 했다. 가령 인생은 무엇인지 회사의 전망은 어떤지를 한참 설명하며 미래의 청사진만 보여줬다.

그뿐만이 아니다. 그는 한 달의 절반은 밤을 새워 프로그램을 짜는데도 사장은 기껏해야 칭찬 몇 마디가 전부였다. 반면에 다른 직원들은 날마다 시간이나 때우면서 그럭저럭 일해도 마치 큰일을 한 것처럼 추켜세워줬다. 특히나 참을 수 없었던 것은 날마다 컴퓨터 앞에서 수다나 늘어놓는 한 동료를 사장이 특별히 관심을 기울이며 보살핀다는 것이었다.

그를 괴롭히는 것은 또 있었다. 그의 대학 동기 상당수는 회사의 고위급 관리자가 되어 연봉이 100만 위안에 달하는데, 그는 아직도 마흔 살의 삼촌과 낡은 방 하나를 세 얻어서 살고 있었다.

이처럼 그는 사장과 회사의 불합리한 점들과 자신의 괴로움과 외로움, 억울함을 구구절절 늘어놓은 그에게 나는 그에게 이렇게 말했다.

"사실 우리는 모두가 비슷합니다. 제아무리 좋은 직업이라도 심리적으로 무너질 때가 있고, 또 대성공을 거둔 기업가라도 추악하고 혐오스러울 때가 있습니다. 직장에서 당신도 예외는 아닐 겁니다."

사실 우리가 사회생활에서 완벽한 고용주를 만날 확률은 이상형의 연인을 만나는 확률과 동일하다. 한마디로 거의 제로에 가깝다. 예컨대 영리한 사장은 권세와 이익을 좇고, 권세나 이익을 그다지 중시하지 않는 사장은 속이 좁고 쩨쩨할 가능성이 크고, 마음이 착한 사장은 유약한 편이다. 또 기세등등한 사장은 독단적인 가능성이 크다. 바꿔 말해서 당신의 모든 선택은 이러한 결점을 가진 사장과 저러한 결점을 가진 사장 사이의 선택이다. 그저 결점이 비교적 가벼운 사람을 택하는 것에 불과하다.

당신이 직장인이라면 다음의 두 가지 기본 사실을 명확히 파악해야 한다.

첫째, 성실한 근무 태도는 확실히 사장을 감동시키지만 그렇다고 당신의 승진이나 연봉 인상으로 곧바로 연결되지는 않는다. 사장은 당신의 노력에 감동하고 또 감동할 것이다. 하지만 당신이 자신의 노력에 대한 청구서를 내민다면 그의 태도는 '감동 모드'에서 '신중 고려 모드'로 전환될 것이다. 왜냐하면 사장은 당신 개인에 대한 감정이 아니라 회사 전체의 이윤에 대한 책임을 져야 하기 때문이다. 당신이 회사를 위해 창조하는 가치가 회사의 대우보다 큰가 크지 않는가? 당신을 해고해서 회사가 입는 손실이 반대로 당신을 승진시키고 연봉을 인상하는 데 소요되는 원가보다 더 큰가 크지 않는가?

둘째, 사장의 편애에 대해서는 원망할 필요가 없다. 당신의 사장을 바보 혹은 자선가로 착각하지 말라. 사장이 열심히 노력도 하지 않고 시간만 축내는 직원을 돈 주고 고용하는 것은 어떤 특정한 시기, 특정한 방면에서 그들이 필요하기 때문이다. 또한 그들을 해고하는 것보다는 고용 상태를 유지하는 것이 훨씬 경제적이기 때문이다.

사회생활의 가장 잔혹한 실상은 이렇다. 얼핏 보기에는 정과 의리로 똘똘 뭉친 것 같지만 실상은 하나하나가 모두 계산적이다!

샤오자오가 사직서를 내기 전에 나를 찾아와 여러 번 하소연을 늘어놓았다. 그녀가 나에게 깊은 인상을 남긴 이유 중의 하나는 나에게 200위안의 봉투를 다섯 차례나 보냈기 때문이다. 그녀는 나의 시간을 '빌려 쓴 대가'라고 했다. 나는 그러한 직접적이면서도 순진한 금전거래가 참 마음에 들었다.

그 일은 대체로 다음과 같았다. 회사 영업부 직원이었던 샤오자오는 몇 날 며칠 악전고투를 벌이며 여덟 차례나 수정을 거듭하고서 기획안을 완성했다. 그러나 사장은 대충 훑어보고는 기획안을 내던지며 이렇게 말했다.

"한 달이라는 시간을 들여서 이런 개 발싸개 같은 걸 기획안이라고 내놓는 건가?"

'개 발싸개'라는 단어가 내리치는 순간 샤오자오는 야구방망이로 머리를 얻어맞는 기분이었다. 억울하기도 하고 화도 나고 또 조급한 마음이 들었던 샤오자오는 서둘러 해명을 하려고 했다. 하지만 사장은 그대로 기획안을 쓰레기통에 처박고는 차가운 목소리로 말했다.

"다시 작성해오게!"

샤오자오는 속으로 '제기랄, 망할 자식'이라는 말을 세 번이나 되뇌고는 큰 소리로 대답했다. "네, 사장님!"

그녀가 내게 말했다.

"그렇게 인정머리 없고 냉혹한 사장은 진절머리가 나요. 아무런 자유도 없고 재미도 없는 회사를 다니려니 너무 힘들어요."

나는 그녀에게 물었다.

"그럼 앞으로는 어떻게 할 생각이죠?"

그녀가 말했다.

"아직 생각 안 해봤어요. 기껏해야 프리랜서나 해야겠죠. 차 한 대 빌려서 여기저기 돌아다니며 시간 날 때마다 글을 쓰고 싶어요. 상상만 해도 너무 행복해요!"

나는 이어서 물었다.

"정말 프리랜서로 일할 자신 있어요? 정말로 고정적인 직업도 집도 없는 생활을 할 자신 있어요? 일고여덟 시간 운전하고 나서도 글을 쓸 자신 있어요? 그처럼 시간만 있을 뿐 아무런 수입도 없는 생활을 견딜 자신 있어요?"

그녀가 볼멘소리로 말했다.

"나를 격려해줘야 마땅하지 않나요? 왜 나를 몰아세우는 거죠?"

나는 말했다.

"당신을 몰아세우려는 것이 아녜요. 그저 당신이 어떤 미래를 원하는지, 또 어떤 대가를 치를 각오가 되어 있는지 명확히 파악했으면 하는 바람입니다."

내가 하고 싶은 말은 이렇다. 무릇 현명한 사직은 지금 당신에게 좀 더 좋은 기회가 있다고 확신했을 때 하는 것이다. '귀찮아 죽겠어', '화가 나 미치겠어', '도저히 참을 수 없어' 등의 이유로 사직해서는 안 된다.

사직은 지금 눈앞에 닥친 문제나 어려움에서 벗어나기 위한 도피 수단이 아니라 미래 나아가야 할 방향에 대한 선택이어야 한다. 약자만이 자신의 능력이 엉망이거나 정서적으로 붕괴되었을 때 사직을 한다. 강자는 자신이 가야 할 길을 잘 알고 있기에 명확한 목표를 갖고 과감히 사직서를 던진다. 그들이 사직서를 내는 동기는 좀 더 넓은 세계로 나아갈 발판을 찾거나 혹은 한 단계 높은 도전을 위해서다.

사실 직장생활에서 억울한 일을 당하지 않는 사람은 없다. 그래서 누구에게나 사직서를 던질 이유는 차고도 넘친다. 예컨대 사장이 인재를 알아볼 줄 모르거나 혹은 직원을 신뢰하지 않거나 혹은 독단적으로 일 처리를 하는 경우가 있다. 혹은 동료들이 출세를 위해 암투를 벌이거나 단결심도 보이지 않고 수동적으로 일하는 경우도 많다. 그뿐만 아니라 회사에는 상사에게 아부를 일삼거나 혹은 업무 효율성이 뒤떨어지는 직원들 천지다. 그뿐인가? '왜 내게 죄를 뒤집어씌우는데?', '왜 나는 죽도록 고생만 하고 좋은 소리도 못 듣는 건데?', '왜 남의 공을 가로채는 사람들만 이익을 보는 건데?', '왜 나는 그렇게 노력해도 결과적으로는 쓸데없는 헛수고가 되는 건데?' 등으로 억울해하는 일도 부지기수다.

문제는 한편으로는 견디지 못하면서도 다른 한편으로는 죽을힘을 다해 견디는 사람이 대다수라는 사실이다. 사회 초년생에게 직장은 즐거운가 즐겁지 못한가의 생활 문제가 아니라 충분한 돈을 벌 수 있느냐 없느냐의 생존 문제이다.

특별히 강조하고 싶은 점은 이렇다. '돈은 적게 주고, 일은 많고, 집에서 멀고, 지위는 낮고, 권한은 작은데 책임은 막중하다'는 점을 당신이 용감하게 사직서를 내는 이유로 삼아서는 안 된다. 어차피 이 세상에 '돈은 많이 주고, 일은 적고, 집에서 가까운' 직장은 없다. 또 '지위는 높고, 권한도 크고, 책임은 작은' 직책도 없다.

그렇다면 사장은 직원보다 훨씬 편안하게 사는 걸까? 꼭 그렇지만은 않다. 사장은 직원보다 더 억울할 때가 많다!

라오차오가 창업한 이후 우리는 오래도록 만나지 못했다. 그런데 얼마 전 그가 나에게 함께 밥을 먹자고 찾아왔다. 라오차오는 자리에 앉자마자 테이블 한가득 음식을 주문했다. 나는 웃으며 말했다.

"차오사장, 먹다 배 터져 죽으면 산업재해 보상을 받을 수 있는 건가?"

사장이 되기 전에 라오차오는 내로라하는 광고 회사의 기획팀장으로 일했다. 요직에 있는 데다 회사를 위해 많은 공헌을 했던 그는 점차 사장을 무시하기 시작했다. 그러던 어느 날 라오차오는 업무 처리 과정에서 실책을 저지른 일로 사장에게 한두 마디 질책을 듣게 되었다. 그런데 그 자리에서 그는 이렇게 고함을 지르고 말았다.

"머리가 어떻게 된 거 아니에요?"

그때의 일이 화제로 오르자 라오차오는 쑥스러운 표정을 지으며 말했다.

"난 그때까지만 해도 사장이 참 바보라고 생각했어. 아무것도 모르면서 무조건 간섭이나 하려 든다고 생각했거든. 그런데 이젠 알겠더라고. 진짜 바보는 나였어. 머리가 어떻게 된 것은 나더라고. 그러고선 지금 사장 노릇을 하고 있으니!"

나는 웃으며 말했다.

"왜 그래? 사장 노릇하기 아주 좋잖아? 돈도 벌고, 시간도 자유롭게 쓰고, 또 자기 맘대로 결정하고. 게다가 입만 열면 수백만 위안 대의 거창한 사업 이야기만 하잖아."

라오차오는 연신 손을 내저으며 말했다.

"무슨 헛소리? 사장 노릇을 하는 게 얼마나 비참한지 알아?"

그러고는 모처럼의 저녁 술자리를 고해성사 자리로 바꾸어놓았다.

"자유롭다면 자유롭지. 내 마음대로 출퇴근 시간을 정할 수 있지만 마음은 그리 편치 못해. 내 머릿속에는 온통 사업의 진척도, 회사 지출 내역, 대출금 독촉, 고객의 클레임 등의 별의별 문젯거리로 가득 차 있어. 예전의 출근 도장만 찍으면 되던 그런 편안한 마음은 완전 사치야. 날마다 언제든지 회사가 망할지도 모른다는 두려움과 걱정에 휩싸여서 살고 있어.

돈을 버는 것도 그래. 확실히 돈을 벌긴 벌었지. 근데 내 마음대로 돈을 쓸 수가 없어. 돈을 벌기는 너무 어렵고 쓰기는 너무 쉽다는 것을 잘 알고 있거든. 게다가 월급날만 기다리는 직원이 십여 명이나 되네. 그들의 월세, 공과금, 대출금이 모두 나만 쳐다보며 기다리고 있는 셈 아닌가? 그뿐인가? 거래처에서 체납한 대금은 또 몇 달이나 기다려야 정산이 될지 알 수가 없고, 회사를 운영하면서 발생하는 자질구레한 과태료나 벌금이 또 얼마인지 모르네.

고객과 직원은 모두 나와 대척점에 서 있어. 고객은 돈을 지불하고 나의 서비스를 구매하는 입장이니까 내가 몇 날 며칠을 밤샘하며 일하는지는 관심 쓸 필요가 없지. 또 직원들은 그들의 시간을 투자하는 대가로 월급을 받는 입장이니까 고객의 비위를 맞추는 데는 관심도 없어.

우수한 직원은 기고만장해져서 걸핏하면 내 말을 무시하기 일쑤고, 반대로 실적이 나쁜 직원은 월급을 안 올려준다고 나를 무시하네. 신입 사원에게 많은 돈과 노력을 투자해서 좋은 인재로 키워내면 안면 몰수하고 이직할 궁리만 하네. 남아 있는 직원들도 마음을 놓을 수가 없어. 내가 사무실에 있으면 저마다 반차니 월차니 휴가를 내고, 또 내가 멀리 출장 가고 없으면 아예 방학을 맞이한 학생처럼 굴지."

여기까지 이야기를 마친 라오차오가 문득 한 가지 일화를 들려줬는데 하마터면 웃음보를 터뜨릴 뻔했다.

어느 날 여직원이 그에게 사직서를 제출했다. 라오차오가 그 이유를 묻자 여직원은 단도직입적으로 이렇게 말했다.

"회사가 곧 망할 거예요. 사장님은 모르시겠어요?"

라오차오는 순간 얼굴이 붉으락푸르락해지며 화가 치밀었지만 막상 그의 입에서 나온 말은 이 말뿐이었다.

"좋아, 성공을 비네."

어떤가? 한 회사를 운영하는 경영자라도 이처럼 많은 원망과 남들에게 말하지 못하는 고충이 있다. 하지만 사장이라는 위치 때문에, 아직 희망과 열정이 있기에 그들은 직원들이 무성의하게 일하고, 사장을 오해하거나 심지어 배신해도 덤덤하게 한 귀로 듣고 한 귀로 흘려버린다. 또한 고객이 까탈스럽게 굴고 난처한 요구를 하고 위약을 해도 '한편으로는 무너지면서도 또 다른 한 편으로는 스스로 치유하며' 견딘다.

퇴근 시간이 다가오는데 사장이 새로운 일을 맡긴다. 마음속에서는 저주의 말이 쏟아지지만 얼굴에는 환한 미소를 지으며 "알겠습니다"라고 대답한다.

해외 여행을 떠나려는데 평소 친하지도 않은 친구가 불쑥 변기 뚜껑 구매 대행을 부탁한다. 내심 불쾌하고 못마땅하지만 얼굴에는 친근한 표정을 지으며 "알았어, 걱정하지 마"라고 대답한다.

수십 년 동안 연락이 없던 학창 시절 동기가 갑자기 SNS로 연락해서 그의 아들 돌잔치에 참석해달라고 초대장을 보낸다. 속으로는 반감이 치밀지만 겉으로는 쿨하게 '그래, 꼭 갈게'라고 회신한다.

인생은 본래가 무자비한 한 편의 각본이다. 당신에게 우레와 같은 박수를 보내기도 하지만 또 뺨을 후려치기도 한다. 당신에게 사심 없는 축원과 찬사를 보내기도 하지만 당신의 숱한 노력을 수포로 만들기도 한다. 당신에게 마음이 통하는 친구와 연인을 선사하지만 또 당신이 싫어하는 사람에게 아부하게 만들기도 한다. 당신에게 맛있는 음식을 주지만 또 배탈에 시달리게도 한다.

하지만 당신은 뛰어난 '연기자'가 되는 선택을 할 수 있다. 난관에 부딪혀 허둥지둥 죽을힘을 다해 헤쳐 나아가지만 겉으로는 평온한 모습을 보일 수 있다. 밤에는 이불을 뒤집어쓰고 울더라도 겉으로는 간도 쓸개도 없는 사람처럼 웃으며 비위를 맞출 수 있다. 혼자 있을 때는 무력감을 느끼며 속상해하면서도 SNS에는 당신의 찬란하고 아름다운 순간을 자랑할 수 있다.

왜냐하면 슬퍼하고 의기소침해지는 것은 쉽지만 조금도 멋있지가 않다는 것을 알고 있기 때문이다. 모든 것을 참고 열정적으로 살아가는 것이 진정으로 멋있다는 것을 알기 때문이다!

누군가가 이런 말을 한 것도 그 때문일 거다.

"어릴 때는 눈물이 모든 문제를 해결하는 무기이다. 하지만 어른이 되면 웃음이야말로 현실에 맞설 수 있는 무기가 된다."

누구나 정서적으로 무너지는 순간이 있다. 또 누구나 "그만두면 될 것 아냐!"라며 책상을 내리치거나 혹은 사장실로 쳐들어가 한바탕 고함을 치고 싶은 마음을 품는다. 그러나 결국에는 꾹 참고 만다. 이 직장을 때려치우고 새 직장을 찾으면 더 나쁜 대우를 받는 것은 아닌지 알 수가 없고, 당장 이달의 신용카드 대금과 은행 대출금 상환이 걱정되고, 또 가족들이 눈에 밟혀서이다. 순간적인 충동으로 벌인 일은 수습하기가 힘들다는 사실을 잘 알기 때문이다.

즐거운 인생은 도피라는 방식으로 눈앞의 힘든 현실을 잊는 것이 아니라
죽을힘을 다해 헤쳐 나아가야 한다는 각오로 직면해야 하는 문제이다.
이른바 낭만적이고 여유 있는 삶은 그러한 생활의 문제들을 모두 해결한 뒤에 얻는 포상이다.

그래서 온종일 일하고 지친 몸을 이끌고 집에 들어와 어렵사리 잠들고 다시 다음 날이면 알람 소리에 눈을 뜨고 출근 준비를 하며 몸과 마음을 추스른다. 그리고 사무실이라는 포연 없는 전쟁터로 뛰어 들어가는 것이다.

즐거운 인생은 도피라는 방식으로 눈앞의 힘든 현실을 잊는 것이 아니라 죽을힘을 다해 헤쳐 나아가야 한다는 각오로 직면해야 하는 문제이다. 이른바 낭만적이고 여유 있는 삶은 그러한 생활의 문제들을 모두 해결한 뒤에 얻는 포상이다. 실망은 희망으로 눌러야 하고, 슬픔은 노력으로 절제해야 한다. 생명에 대한 모든 연연함 속에는 이 세상의 그 어떤 고통보다도 강력한 것이 있다.

부디 차분한 어른이 되자. 속세에 깊이 몰입하면서도 또 초연할 수 있고, 아무런 원망 없이 마음껏 살다가 충만감과 초연함으로 흙으로 돌아가야 한다.

27

순수하다는 것은
아는 게 적다는 뜻이 아니라
지키는 게 많다는 뜻이다

쥐쯔가 SNS에 이런 글을 올렸다.

'성의나 솔직함, 청순함을 모두 거짓으로 꾸밀 수 있다면 이 세상에 남아 있는 진짜가 있을까?'

연유를 묻고 나서야 그녀가 룸메이트를 극도로 혐오하고 있다는 사실을 알 수 있었다.

쥐쯔와 룸메이트는 둘 다 아르바이트를 하며 생활비를 벌었다. 그런데 쥐쯔가 날마다 밤을 지새우며 글을 써서 원고료를 버는 동안 룸메이트는 인터넷 쇼핑몰에서 물건을 구입하고 악플을 달아 판매자에게 환불받는 방식으로 돈을 모았다. 두 사람이 온라인 글짓기 대회에 참가했을 때도 마찬가지다. 쥐쯔는 온전히 자신의 실력으로 3등을 차지했지만 룸메이트는 돈을 주고 댓글 알바 부대를 동원해서 최고의 평가를 받아 1등을 차지했다.

쥐쯔가 룸메이트에게 혐오감을 느끼게 된 것은 판매자를 압박해서 환불

받았음에도 마치 자신이 고생해서 돈을 번 것처럼 여기저기 떠벌리며 자랑하고 다녔기 때문이었다. 그뿐인가? 글짓기 대회에서 상을 받은 것도 책을 많이 읽어서 자기 실력으로 받은 것처럼 자랑해댔다. 하지만 그보다 더욱 혐오감을 불러일으킨 것은 룸메이트가 추악한 행위를 벌이는 것보다는 그녀가 아름답고 가식적인 가면을 쓰고 있다는 점이었다.

나는 쉬쯔에게 물었다.

"그럼 당신은 왜 악플을 달아 판매자에게 환불을 요구하지 않았나요? 또 왜 룸메이트처럼 댓글부대를 동원하지 않았나요?"

그녀가 말했다.

"난 그런 행위는 부끄럽고 추악한 행위라고 생각하기 때문이에요."

나는 이렇게 말했다.

"그럼 됐어요. 당신은 그녀를 경멸하기로 결정했잖아요. 그러니 그 사람과 경쟁할 필요가 없어요. 수단과 방법을 가리지 않는 사람을 경쟁자로 여기는 것은 너무 창피하지 않나요?"

내 말은 이렇다. 당신이 옳다고 생각하는 일을 계속하라. 그 사람은 간교한 꾀를 부렸기 때문에 비록 승리했어도 영광 없는 승리이고, 당신은 정도(正道)를 지켰기 때문에 영광스러운 패배를 한 것이다!

SNS에 친구들과 어울리는 사진을 많이 올린다고 해서 친구가 많은 것은 아니다. 또 앞에서는 누구보다 공명정대한 것처럼 보이지만 실상은 당신보다 더 많은 거짓말을 하고 사는 사람도 많다. 그러므로 그런 사람들의 겉모습만 보고 비교하며 속상해할 필요가 없다.

성숙함을 나타내는 척도 중 하나는 도덕군자인 양 가식을 떠는 사람을 만나더라도 혹은 암암리에 중상모략을 당해도 내면의 목소리에 귀를 기울

성숙함을 나타내는 척도 중 하나는 중상모략을 당해도 내면의 목소리에 귀를 기울이며 타협하지 않는 것이다.
백방으로 방법을 강구하면서 변함없이 자기 자신으로 살아가는 것이다!

이며 방종하지 않고 타협하지 않는 것이다. 비우호적인 환경에서도 백방으로 방법을 강구하면서 변함없이 자기 자신으로 살아가는 것이다!

그 어떤 환경에서도 당신은 자기 생각과 뜻을 지켜나가야 한다. 설령 패배가 뻔하고 또 남들의 오해를 받더라도, 혹은 집단에서 왕따를 당하더라도 그대로 항복해서는 안 된다. 당신이 정말로 따져봐야 할 것은 자신이 거드름피우며 허세를 부리는 사람들과 싸울 수 있는지, 눈에 뻔히 보이는 아첨꾼들과 싸울 수 있는지, 속 좁은 부러움과 질투를 이겨낼 수 있는지이다. 난징대학의 장이빈 교수는 말했다.

"물성(物性)적인 사회에 발을 내딛는 여러분이 저속함과 뻔뻔함에 부딪혔을 때 생리적으로 깊은 혐오감을 느낄 수 있기를 바랍니다."

학업이든 직장생활이든, 일상적인 생활이든 혹은 사랑이든 당신 내면의 목소리가 가장 좋은 참모이다. 그러므로 양심에 위배되는 일은 절대 해서는 안 된다. 자신의 한계선을 지킨다면 그로 인해 무언가를 잃거나 손해를 볼 수 있다. 하지만 반대로 무엇을 얻게 된다면 자랑스럽고 떳떳할 것이다.

그러므로 이 세상이 불공평하다고 원망하지 말라. 또한 '착한 사람은 81번의 난관을 헤쳐 나아가야만 성불(成佛)할 수 있는데 왜 악인은 손에 든 칼만 내려놓아도 성불할 수 있는가?' 같은 불평도 늘어놓지 말라. 그저 자문하라.

"나는 나쁜 사람이 되기를 원하는가? 나쁜 일을 저지르고도 마음 편히 살 수 있는가?"

우리는 살아가는 데 최소한의 마지노선을 가져야 한다는 걸 잘 알고 있다. 하지만 상당수 사람의 마지노선은 '상황에 따라', '기분에 따라' 변한다.

누군가는 '배신'을 우정의 마지노선으로 여긴다. 그 결과 이미 상대방에게 철저히 속았는데도 이렇게 고민하기 시작한다.

'어쩌면 말하지 못할 고충이 있었을 거야. 혹은 나에게 상처 주는 것이 싫어서 속였는지도 몰라. 어차피 그 애처럼 속마음을 허심탄회하게 털어놓을 친구는 찾기 힘들잖아.'

누군가는 '열정'을 사업의 마지노선으로 여긴다. 그 결과 소심한 상사로부터 죽도록 부림만 당하다 사직서를 내기로 결심했을 때도 이렇게 머뭇거린다.

'이처럼 좋은 기회를 함부로 포기할 수는 없어. 어느 회사를 가든 저런 상사는 부지기수야⋯⋯.'

사람이 많은 곳에서는 쓰레기를 분리해서 버리다가도 주위에 사람이 없으면 함부로 쓰레기를 버리는 사람이 있다. 또 대낮에 반려견과 산책할 때는 자발적으로 분변을 처리하면서 밤에 산책할 때는 반려견이 아무 데서나 대소변을 봐도 모른 척하는 사람이 있다. 혹은 SNS상에서는 대단히 이해심 많고 점잖은 척 굴면서도 사적인 자리에서는 횡포를 부리는 사람이 있다. 외부 사람들 앞에서는 대단히 교양 있는 척하지만 가족들 앞에서는 폭력적인 태도로 욕설을 뱉는 사람도 있다.

사실 진정한 마지노선은 '절대 아니다', '타협의 여지가 없다', '남들이 보지 않는 곳에서도 똑같이 행동한다'라는 것을 의미한다.

그 사람이 교양이 있는지 혹은 신뢰할 만한 인물인지 판별하려면 지켜보는 사람이 없는 곳에서도 최고의 도덕성을 보이는가를 살펴보면 된다. 마지노선이 있는 사람은 이 세상의 혼탁함과 어두운 부분을 모르는 것이 아니다. 그러한 모습을 누구보다 잘 알기에 자신만큼은 원칙을 지키려는 것이다.

이러한 사람들은 눈앞의 이익을 위해 자신의 원칙을 포기하지 않는다. 원칙을 어기면 오점이 남고, 요행을 바라게 되면 양심에 부끄럽다는 사실을 잘 알고 있기 때문이다. 이러한 사람들은 자신이 추악하게 전락하는 것을 용납하지 않는다. 또 이른바 '지름길'과 '편리'를 위해 투항하지도 않으며, 금선이나 여색, 권력에 미혹되지도 않는다. 이러한 사람들은 아름다운 것들을 위해 아낌없이 힘을 쏟는 일이야말로 삶의 즐거움임을 알고 있다. 그래서 추악한 것은 일절 돌아보지 않는다.

그들은 나쁜 사람들이 훨씬 이롭고 유리하다는 사실을 알면서도 여전히 좋은 사람이기를 선택한다. 또 게으름을 피우면서도 출세 가도를 달릴 수 있다는 사실을 알면서도 여전히 성실함을 선택한다. 그들은 양심과 도덕을 판 대신 풍족한 대가를 얻을 수 있다는 사실을 알면서도 여전히 양심을 지킨다.

마지막으로 중국 현대만화의 선구자 펑쯔카이 선생의 명언을 기억하길 바란다.

'동물 중에는 여우처럼 털가죽이 가치 있는 동물이 있고, 소처럼 고기가 가치 있는 동물이 있다. 그리고 줏대 있는 통뼈가 가치 있는 동물이 있는데, 바로 사람이다.'

넘어져도 괜찮아
무릎 좀 까지면 어때

초판 1쇄 인쇄 2025년 3월 5일
초판 1쇄 발행 2025년 3월 13일

지은이 | 라오양의 부엉이
옮긴이 | 하진이
펴낸이 | 전영화
펴낸곳 | 다연
주   소 | 경기도 고양시 덕양구 의장로 114, 더하이브 A타워 1011호
전   화 | 070-8700-8767
팩   스 | 031-814-8769
이메일 | dayeonbook@naver.com
편   집 | 미토스
본   문 | 디자인 [연:우]
표   지 | 강희연

ⓒ 다연

ISBN 979-11-90456-64-7 (03320)

※ 잘못 만들어진 책은 구입처에서 교환 가능합니다.